U0547346

The Everyday Life of the Templars

The Knights Templar at Home

圣殿骑士的日常生活

[英] 海伦 · 尼科尔森 (Helen Nicholson) / 著
欧阳瑾 / 译

上海社会科学院出版社
SHANGHAI ACADEMY OF SOCIAL SCIENCES PRESS

前言与致谢

本书实际上属于一份进展报告，是根据我对 1308—1313 年英格兰与威尔士两地的圣殿骑士团财产史料进行的研究撰写而成的。在本书中，我摘录并分析了英国国王爱德华二世(Edward Ⅱ)手下官吏对圣殿骑士团财产所做的记录，时间跨度是从 1308 年 1 月圣殿骑士们遭到逮捕开始，直到 1313 年底这些财产被转交给医院骑士团(Hospitallers)为止；其间的数年里，有专人替国王管理着圣殿骑士团的财产。这些翔实的史料，非但能够让我们对 1308—1313 年的农业实践、农业生产和就业情况形成独特的见解，还能让我们深入地了解这个重要的中世纪团体在环境、社会和文化都出现了变革的一个时期之初的运作情况、宗教生活，以及它在更广阔的社会中所扮演的角色；不久前，布鲁斯·坎贝尔(Bruce Campbell)把这个时期称为"大转型"(The Grand Transition)时期。

我在 2003—2004 年就开始了这项研究；当时，我获得了一项"英国科学院/利弗休姆信托基金高级研究奖学金"(British Academy/Leverhulme Trust Senior Research Fellowship)，需要完成不列颠群岛(British Isles)上审判圣殿骑士团的相关文献的抄录与翻译工作。我已经把那些文献的学术版和译文加以整理，出版了两卷本的《英伦诸岛针对圣殿骑士的诉讼》(*The Proceedings Against the Templars in the British Isles*)。1308—1313 年的财产记录，可以让我们在一定程度上了解和解释这些诉讼中的各种细节情况——比如这些诉讼表明，有些不属于圣殿骑士团成员的证人，其实都是圣殿骑士团的赞助人、雇工或者领受圣殿骑士团津贴的人。这些文献不但数量极其庞大，而且很难用现代读者可以理解的方式呈现出来；这就意味着，将它们抄录、分析和发表出来是一件相当耗时、极其复杂的事情。然而，我还是希望本书会让读者深入了解到这些史料中蕴藏着的一些珍贵财富，并且促使更多的人关注这些文献的研究。

在2011—2015年的4年时间里，我先后担任过卡迪夫大学（Cardiff University）"历史与威尔士史"（History and Welsh History）专业和整个历史系（History Department）的管理和领导任务，因此几乎没有什么时间来做研究。感谢系里的同事，他们任由我在2015—2016年请了一年的假去做研究，这才让我的研究推进到了足以撰写本书的程度。刚开始做这个项目的时候，我还是根据微缩胶卷和查阅档案来进行研究；但随着时光流逝，如今的研究已经数字化了。非常感激菲利普·斯莱文（Philip Slavin），他允许我使用他在"国家档案馆 E 358/18-20"（The National Archives E 358/18-20）中的数码照片；感谢我的丈夫奈杰尔·尼科尔森（Nigel Nicholson），他为其余的文献拍摄了数码照片。我要感谢国家档案馆（National Archives）全体工作人员的帮助，尤其要感谢保罗·德里伯格博士（Dr Paul Dryburgh），以及大英图书馆西方手稿部（British Library Department of Western Manuscripts）的全体工作人员。我还要感谢迈克·杰斐逊（Mike Jefferson），他不但与我探讨这些文献、它们的种种难点和怪异之处，还允许我在本书中引用他尚未发表的博士论文中的一些内容。2012年和2013年，我曾分别向索尼埃学会（Saunière Society）和埃莫学会（Emmaus Society）提交过一些初步的研究成果；对于从他们那里获得的鼓励、具有建设性的建议和切实的支持，本人深表感激。我也非常感激赫尔大学（University of Hull）的约翰·沃克

(John Walker),他在2014年组织了一场关于英国和爱尔兰圣殿骑士团经济的研讨会;感谢科尔曼·欧·克拉巴格(Colmán Ó Clabaigh)在2013年邀请我去参加"第三届格伦斯塔尔历史会议"(Third Glenstal History conference)。这些都是展开探讨和辩论的宝贵论坛。

此外,我还要感谢克里斯蒂·马约罗斯(Christie Majoros)、梅丽莎·朱利安·琼斯(Melissa Julian-Jones)以及其他朋友和同事,感谢他们在会议上、通过电子邮件和"脸书"(Facebook)支持我,与我进行讨论。本书的注释中也含有一些特定的感谢。尤其要感谢特蕾莎·范恩(Theresa Vann)和伊亚尔·波莱格(Eyal Poleg),感谢他们就这项研究如何能够变得更加充分数字化所提出的宝贵建议。与此同时,读者在下述网址可以看到上述文献的抄录文本和评论:

https://www.wattpad.com/user/HelenNicholson.

https://gawainsmum.wordpress.com/.

http://blogs.cardiff.ac.uk/knightstemplarsestates/author/shahjn.

注释中的缩写

MS:手稿

PATBI:H. J. 尼科尔森编著并翻译,《英伦诸岛针对圣殿骑士的诉讼》[法纳姆(Farnham):阿什盖特出版社(Ashgate),2011]

RS:案卷丛书(Rolls Series)

TNA:裘园(Kew),英国国家档案馆(The National Archives of the UK)

术语表

耕马(Affer):犁地的马。

善会(Confraternity):字面意思是指“同胞情谊”。是一种互助群体,其中的成员每年会向宗教修会捐赠。

津贴(Corrody):定期的食物、衣服和现金补助,其中有可能包括住宿补助。

津贴领受人(Corrodian):领受津贴的人。

奉献者(Donat):字面意思是指“献身于某个宗教修会的人”。可能已经宣誓服从该修会,并且承诺不会再加入另一个宗教修会。

农场雇工(*Famuli*):农场劳动者。

两岁羊(Hogaster):两岁的绵羊。

口粮(Livery):分配给雇工的东西,这里是指分发的混合谷物。

畜瘟(Murrain):通用术语,指任何牲畜所得的疾病,但在绵羊身上很可能是指羊疥癣病(ovine sheep scab)。

羹汤(Potage):农场雇工所喝的一种浓汤或者浓粥,用燕麦熬制,间或掺有豌豆或大麦。

阉羊(Wether): 绝育了的公绵羊。

目　录

引　言

正如克莱尔沃修道院的院长伯纳德(Abbot Bernard of Clairvaux)曾经写下的一句名言所说的,圣殿骑士们既是修道士,也是骑士。[1]但更广为人知的一直都是他们的骑士身份,而不是他们种种僧侣般的品质。同时代的人撰写的作品描述的一般都是圣殿骑士们与基督教世界(Christendom)敌人之间的一场场战斗,而不是他们日常的虔诚之举;而且,同时代的人显然对圣殿骑士团的军事成就更感兴趣,对他们坚定不移的祷告就不那么有兴趣了。[2]

在12世纪和13世纪,也就是圣殿骑士团声名最为鼎盛的时候,越来越多的个人开始记录他们在这个世界上的经历——可圣殿骑士们不是如此。一些十字军战士(Crusader)记述了他们在十字军东征中的经历:比如说,杰弗里·德·维尔阿杜安(Geoffrey de Villehardouin)和罗贝尔·德·克拉里(Robert de Clari)记述了两人在第四次十字军东征(Fourth Crusade, 1202—1204)期间的个人经历;而多年以后,让·德·茹安维尔(Jean de Joinville)也记下了自己随着法国国王路易九世(French King Louis Ⅸ)征战埃及和巴勒斯坦(1248—1254)的往事。[3]一些宗教人士,不论男女都记载下了他们生活的具体情况,比如:12世纪晚期,本笃会(Benedictine)修道士布雷克隆德的约瑟林(Jocelin of Brakelond)撰文记述了他在萨福克郡(Suffolk)圣埃德蒙兹伯里(Bury St Edmunds)修道院的职业生涯;一个世纪之后,德国修女马格德堡的梅希蒂尔德(Mechtild of Magdeburg)也描述了她与上帝之间的关系。[4]然而，尽管圣殿骑士们曾经在羊皮纸上写下过支援圣地（Holy Land）的呼吁，他们却没有把自己日常生活的细节付诸笔端。[5]虽然各个修道会的修士们撰写了许多神学著作，圣殿骑士们却是一心专注于实践，而不是写作。

圣殿骑士团是一个宗教团体，与欧洲中世纪的无数个宗教团体一样，成立于11世纪末和12世纪的宗教改革运动期间，是该运动的组成部分，而其中绝大多数成员也像其他宗教人士一样，一生都在祈祷和工作，以支持这个宗教团体。圣殿骑士团与绝大多数宗教团体之间的巨大差异就在于，圣殿骑士的首要任务是捍卫基督教世界，尤其是捍卫基督教在叙利亚和巴勒斯坦的圣地；而且，圣殿骑士团曾源源不断地将人员、物资和资金等资源送往军事前线，同时还有祈祷这种精神支持。由于圣殿骑士团自身的注意力全都集中在边疆上，因此他们的同时代人和后来的学者集中论述的也就是他们在这一领域的活动了。

然而，圣殿骑士团的大多数成员其实都生活在远离边疆的欧洲，生活在骑士团广布于欧洲各地的庄园内；很多人从来没有到圣地朝觐过，他们的战争是用祈祷而不是切切实实的武器进行的。本书要论述的就是那些圣殿骑士的情况。

如今有很多论述圣殿骑士团历史的优秀著作描述了圣殿骑士团的发展过程。[6]至于本书，我的前提是读者对圣殿骑士团的一般性历史已经颇为熟悉了：比如，它成立于1120年、在1129年获得了教皇的认可、它的军事行动、骑士团的成员在1307年和1308年因被指控为异端而纷纷被捕，以及1312年骑士团解散。我撰写本书的目的并不是要回顾这些熟悉的内容，而是要探究一些迄今尚未得到广泛研究的领域。

本书重点介绍了圣殿骑士们在西欧各地庄园内的生活情况，正是这些庄园为他们在基督教世界的边疆地区所实施的军事行动提供了支持。

圣殿骑士团的地产就是圣殿骑士们获得军事成就的后台;没有这种后台,他们就不可能作为一支军事力量展开行动。我的关注重点是英格兰的圣殿骑士团,因为如今有大量的存世证据都是源自英国圣殿骑士团的地产,却还没有为学者们所广泛采用,而这正是我本人的重点研究领域。然而,为了构建一幅欧洲圣殿骑士团的生活图景,我也参考了其他学者已经发表的一些研究成果,其中论述了爱尔兰、法国、西班牙和意大利圣殿骑士团的情况。

我们如何重现中世纪人们的生活

圣殿骑士团存在的时间不到两个世纪,700 多年以前就寿终正寝了。很显然,我们是不可能将生活在 700 多年前的人们的生活全部重现出来的,他们所处的社会与当今的欧洲社会大相径庭。除了我们在信仰和文化方面与他们有诸多差异之外,现存的史料也没有提供充足的信息来让我们重现他们生活中的方方面面。尽管王室、贵族和教会内一些了不起的官吏留下了一些证据,但那些非贵族群体——商贾、工匠、小商贩、较穷的神职人员、农民和农场雇工等——却很少留下他们自己的记录。这些人的活动,只有在他们犯了罪或者做出了什么不当之举(比如没有缴税)的情况下,才会出现在现存的史料当中。

尽管如此,学者们还是利用各种各样的现存史料——包括世俗法庭和教会法庭的记录、纳税记录、庄园账目和遗嘱,再加上考古证据——对中世纪欧洲日常生活的方方面面进行了研究,比如工资、饮食,以及人们所住建筑物的情况。[7]我广泛地借鉴了这些成果,把圣殿骑士团自身的地产记录中的证据结合到了背景之中。

圣殿骑士的日常生活为何很重要

在其鼎盛时期，圣殿骑士团的地产曾遍布天主教世界(Catholic Christendom)的大部分地区，只有斯堪的纳维亚半岛(Scandinavia)和波罗的海(Baltic)诸国除外(参见图1和图2中的地图)。据估计，圣殿骑士团曾经是英格兰最大的土地拥有者之一。[8]虽说圣殿骑士们曾经为多任教皇和国王充当顾问，因此有可能发挥着巨大的影响力，但绝大多数圣殿骑士都出身于小骑士或者非骑士家庭；这些家庭太过无足轻重，故而没有留下任何历史记录。[9]

具有讽刺意味的是，正是圣殿骑士并非全都出身于贵族家庭这一事实，意味着他们能让我们深入了解中世纪欧洲社会的大部分情况。12—14世纪早期，记录中世纪生活的大部分史料都由贵族所作，或者为贵族所作，而贵族在总人口中却只占极少数。尽管圣殿骑士们并非贵族，他们却留下了描述自身价值观和信仰的记录，以及关于其地产的信息。通过研究他们的生活，我们能深入了解圣殿骑士们出身的那些非贵族家庭的生活，哪些人利用捐赠支持过他们、租用过他们的地产，以及哪些人曾经跟他们一起生活等情况。我们还可以一窥他们的佃户和那些在圣殿骑士团地产上为他们劳作的人的生活情况。

现存哪些史料

把各种不同的现存证据结合起来，我们就能在一定程度上理解圣殿骑士的生活情况。

图1　圣殿骑士团的地产，以及本书中提及的位于欧洲和中东地区的其他地点（本书插图系原书插附地图，下同）

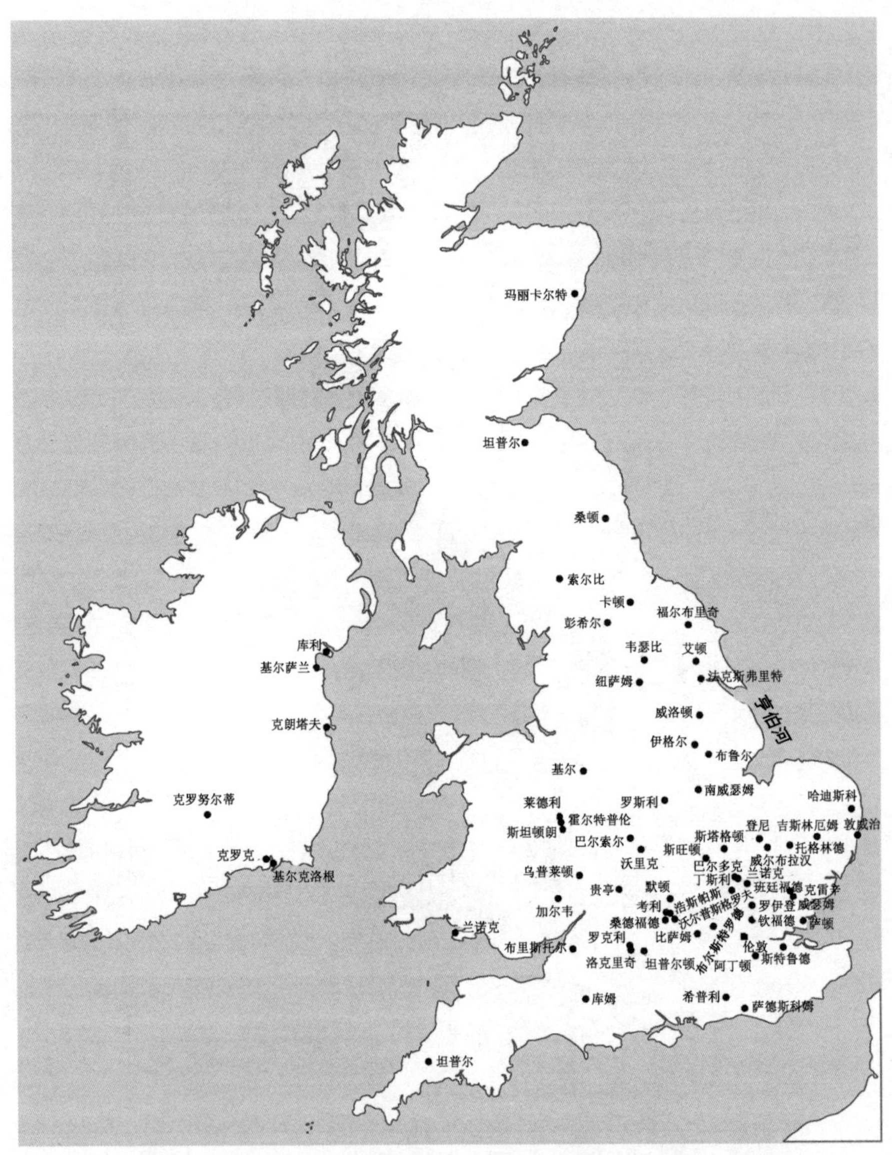

图 2　本书中提到的英国和爱尔兰两地圣殿骑士团的一些地产

凭借圣殿骑士们留下来的文物，考古学不但能让我们深入了解他们所住房屋的结构和设计情况，还能让我们了解他们的物质文化。许多优秀的考古研究已经描述和分析了圣殿骑士团在圣地和欧洲的史料。[10]圣殿骑士在黎凡特地区①的地产曾经被伊斯兰军队占领、洗劫，然后遗弃，这些提供了表明圣殿骑士生活方式最直接的证据。例如，对位于加利利(Galilee)的瓦杜姆雅科布(Vadum Iacob)那座曾经在 1179 年被萨拉丁②手下军队攻陷的圣殿骑士团要塞进行的发掘，就出土了武器、工具、陶器，以及在那次围攻中丧生的人类和动物的骸骨。[11]

1312 年圣殿骑士团解散之后，欧洲许多原属该骑士团的地产还在继续使用。教皇克雷芒五世(Pope Clement Ⅴ)曾经颁下谕旨，将圣殿骑士团的地产移交给了欧洲另一个主要的宗教—军事团体圣约翰医院骑士团(Order of the Hospital of St John，即医院骑士团)，以便后者可以继续为捍卫基督教世界提供支持。医院骑士团修复或者重建了其中的许多地产；他们还把地产租赁给了佃户，其中有些佃户后来持续不断地进行重建和修复，其他佃户则任由各种建筑日渐成了废墟。无论是哪种情况，如今存世的地产都与圣殿骑士团时代的大相径庭了，而考古发掘也必须考虑到多层居住的情况，不能只是考虑到圣殿骑士们居住时的情况。更重要的是，圣殿骑士团的大多数地产并非建于全新的地点之上，而是建在人类已经生活了数个世纪之久的地方。比如说，在埃塞克斯郡(Essex)的克雷辛圣殿(Temple Cressing，那里直到 20 世纪 80 年代都是一个正常耕作的农场)，考古人员就发现了青铜器时代(Bronze Age)的工具和铁器时代(Iron Age)的陶器，还有都铎王朝(Tudor)时期(16 世

① 黎凡特地区(Levant)，一个并不精确的历史地名，大致指地中海东部的沿海地区。——译者注(如无特别说明，本书脚注皆为译者注)

② 萨拉丁(Saladin, 1137—1193)，中世纪杰出的伊斯兰军事家、政治家兼埃及阿尤布王朝的创建者，曾在 1187 年的“哈丁之战”中打败并俘获了耶路撒冷国王和圣殿骑士团团长，随后占领了耶路撒冷。

纪)及此后的大量建筑工程和物品。[12]圣殿骑士团在克雷辛圣殿修建的两座大型谷仓,如今依然存于世上(参见图3);可在英格兰其他原属圣殿骑士团的遗址上,几乎却没有留下他们所建的什么原始建筑。例如,在赫里福德郡(Herefordshire)的加尔韦(Garway,参见图4),圣殿骑士团在教堂里建造的圆形中殿于14世纪早期变成了一座长方形中殿,后来医院骑士团还加高了塔楼。尽管许多前往圣殿骑士团遗址参观的现

图3　英格兰埃塞克斯郡克雷辛圣殿的大麦谷仓

图4　赫里福德郡的加尔韦教堂,位于英格兰和苏格兰之间的边境地区

代游客只对圣殿骑士居住在其中那个短短的时期——不到200年——感兴趣,但重要的一点是我们必须记住,如今留存下来的很多东西,很可能都是在圣殿骑士们生活的那个时期之后出现的。

考古发掘的成本和许多原属圣殿骑士团的遗址如今仍在日常使用中这一事实,意味着我们可用的考古证据很是有限。然而,圣殿骑士团和同为军事—宗教团体的医院骑士团似乎没有采用标准的规划来修建他们的建筑物,而是遵循着当地的习俗。他们在欧洲大部分地区都拥有地产,就说明他们的地产适应了当地的条件。这也意味着,我们不可能根据建筑的设计和布局去确认原属圣殿骑士团或者医院骑士团的地产;两者各个分团的模样通常都与世俗的庄园相类似,只不过较大的分团里通常都建有一座小礼拜堂。

同样,对原圣殿骑士分团所在地进行的考古发现,也与人们对世俗住宅进行的相类似。这些会所里没有任何东西表明它们属于宗教场所:没有十字架,没有圣骨匣,也没有便于携带的其他圣物。这一点并不奇怪:宗教物品可能十分贵重,因此当那些地产不再用于宗教目的之后,人们就会把宗教物品移走。只有那些没有价值而被扔掉的物品才会留下来,才会被后人找到。然而,圣殿骑士团地产上的一些物品确实保存了下来,只是不属于考古发现,而是在日常使用中保存下来的——例如,原属圣殿骑士团教堂里的壁画、祭坛装饰品和雕塑作品。[13]圣殿骑士们的坟墓上通常都没有什么与众不同的墓碑为标志;他们可以指望的,充其量不过是一块简单刻有十字架的普通墓碑罢了。尽管如此,还是有少量刻有圣殿骑士团统领肖像的墓碑留存了下来。[14]

描述圣殿骑士们日常生活最显而易见的一种书面资料,就是该骑士团所有成员都须遵守的《团规》和规章制度了。1129年1月,在法国香槟地区(Champagne)特鲁瓦(Troyes)召开的一次教会会议(Church Council)批准了圣殿骑士团的拉丁语《团规》,而教皇也在此次会议上认可了这个新的宗教团体。[15]虽说《团规》中的一些章节在1129年前可能已经有了法语版，但整部《团规》在1129年后才被翻译成法语，而后来又增添了一些规章制度——这一点，我们将在下一章进行探讨。[16]这些文本结合起来，共同构成了乔万尼·阿马图齐奥（Giovanni Amatuccio）所称的圣殿骑士团“规范语料库”（normative corpus），即规定了圣殿骑士团内部规程与行为准则的文本。

然而，人们的生活并不一定会循规蹈矩，特别是在那种社会准则必须涵盖一个活动范围极其广袤——西起葡萄牙和爱尔兰、东至耶路撒冷、北起苏格兰的玛丽卡尔特（Maryculter）、南至加沙（Gaza）——的宗教团体之时。那些与军事行动相关的规章制度，可能只适用于身处基督教世界的边疆、经常与非基督徒作战的修士。因此，尽管圣殿骑士团的规章制度定下了行为准则，但基督教世界各地的圣殿骑士并不一定全都是日复一日地按照这种准则生活的。话虽如此，规章制度中涉及忏悔苦修的部分还是含有许多应用这些规章制度的例子；它们都被描述为真实事件，骑士团的长老曾经根据它们来做出决定。其中，部分例子还涉及圣殿骑士团里一些有名有姓的修士、团长和历史事件，让我们可以一瞥圣殿骑士团历史上的一些重要时刻，以及团中修士们在不同情况下的行为。[17]

还有一些证据则可以帮助我们查漏补缺。圣殿骑士团自身的档案中，记载了他们拥有的地产，以及如何获得那些地产的情况；这种信息让我们能够对他们与整个社会之间的关系、对他们的势力网络进行评估。比如，1185年英格兰的圣殿骑士团统领杰弗里·菲茨·史蒂芬（Geoffrey fitz Stephen）修士曾经下令，对他所辖骑士团领地（*bailia*）或者责任地区内的圣殿骑士拥有的全部土地、教堂、磨坊以及应收租金进行了一次清查。最终的“调查清册”（Inquest）中，包括哪些人向骑士团捐赠了财产、哪些人属于骑士团的佃户以及他们欠了多少租金和劳役、哪些人每年都向“兄弟会”（*fraternitas*，这是圣殿骑士的一种组织形式）支付费用等情况。[18]

尽管圣殿骑士团的主要档案已经不复存在，但国家和地方档案馆里还是保存了这个骑士团的许多文件，而其中的大部分都还没有公之于众。这些文献中既有骑士团捐赠人的捐献特许状，也有因为各种权利和土地所有权而发生的法律纠纷和达成的协议等记录，我们从中能够看出圣殿骑士团周围的势力网络。[19]它们还能让我们了解到一些特定地产的情况，例如：1165 年，有两位教友把位于香槟地区波塞斯(Possesse)的一座医院捐献给了圣殿骑士团。虽然圣殿骑士团平常并不经营医院，但在这种情况下，附近的拉讷维尔(La Neuville)管理地的骑士团统领不得不命人去管理那家医院，确保医院保持良好的水准。[20]有些原始特许状上还附有验证印章，展示了圣殿骑士想要传达给旁观者的各种形象，包括："上帝的羔羊"(Lamb of God，即基督)，耶路撒冷的图像，两位骑士共骑一匹马的著名形象，基督的头像(例如，可参见图 5、图 6 和图 7)。[21]

图 5　圣殿骑士团大团长伯特兰·德·布兰克福特(Bertrand de Blancafort)的铅印，出自 1168 年 4 月 27 日的一份特许状，其中有圣墓教堂(Holy Sepulchre)的穹顶

图 6　伯特兰·德·布兰克福特铅印的另一面，上面是共骑一匹马的两名骑士

图7　一份1279年的特许状上德国圣殿骑士团团长韦克金德(Wikekind)修士的蜡印,上面是基督的头像

除了存有行政管理方面的记录,位于圣地的圣殿骑士团还撰写过一些时事通讯,要求西方提供支援。[22]在13世纪下半叶,有两名圣殿骑士——圣殿骑士奥利弗(Oliver the Templar)和利古特·博诺梅尔(Ricaut Bonomel)——创作过一些歌曲,强调进行十字军东征,帮助圣地的天主教基督徒的必要性。[23]12世纪,英格兰的两位主要修士曾经请人将一些宗教作品从拉丁语翻译成盎格鲁—诺曼法语(Anglo-Norman French),以便它们可以为那些不懂拉丁语的修士所用。[24]

外人撰写的作品也能让我们了解到圣殿骑士团的一些情况;只不过,这些作品向我们传达的往往都是作者的期望,而不是圣殿骑士们本身的情况。12世纪30年代,可能就在圣殿骑士团成立15年之后,克莱尔沃修道院的院长伯纳德想象的是,圣殿骑士们在各方各面都服从统领的指挥,连衣服和食物也由统领分发,并且只有最基本的衣食,还认为他们都住在一个没有妇女儿童、没有个人财产、在所有事情上都意见一致的社区里——这正是早期基督教理想的体现。伯纳德还写道,在极少数不打仗的情况下，圣殿骑士们都是自力更生，修补盔甲和衣服，或者整理物品。他们从不下棋或者玩骰子，不去打猎或者携鹰出狩，不看戏剧，也不听说书人讲故事。他们都剪着短发，并且很少奢侈地洗浴。[25]

伯纳德将圣殿骑士团这个宗教组织描述成了一个苦修群体，务实且高效，遵循着修道理想，尽管他们不像修道院的僧侣那样专注于冥想默祷——但这究竟属于真实情况，还是伯纳德阐释的一种范例呢？伯纳德是西多会①的主要成员，秉持着该修会的“返璞归真”(back to basics)的精神目标，旨在为他手下的僧侣提供一种像圣殿骑士一样的理想的基督徒生活榜样。他的信用拉丁文写就，表明这是写给西多会的修道士和其他宗教人士的，而不是写给受教育程度不高的圣殿骑士们的。如果在侍奉上帝的过程中连流血牺牲的圣殿骑士们也能过上这样一种忘我且神圣的生活，那么擅长于冥想默祷的修道士们无疑就能获得更大的灵性了。伯纳德写这封信是为了宣导和树立一种理想，而不是在描述圣殿骑士的日常生活。

其他撰述者都属于鹦鹉学舌，他们重复着伯纳德对圣殿骑士兼具修士与骑士两种身份的描述，却没有对伯纳德创造的这种形象做出任何增补。[26]很可能是在12世纪80年代末，曾任英国国王亨利二世(Henry Ⅱ)手下朝臣、后来又担任牛津教区执事长一职的教士沃尔特·梅普(Walter Map)写道，圣殿骑士团在圣地进行的战争并未能阻止领土落入穆斯林手中，但他接着说：“他们在耶路撒冷干了些什么，我并不清楚；但在这里，于我们之中，他们却过着十分安宁的生活。”[27]同时期的历史著作中，几乎没有提及圣殿骑士团在远离基督教与伊斯兰教之间边境地区时的所作所为。只有当他们与知名人物接触时，圣殿骑士才会被人们注意到：比如向

① 西多会(the Cistercian monastic order)，天主教会的修会之一，于1098年在法国东部建立。

一位圣洁的公爵夫人献上一条腰带、拒绝将一位失宠的王室官吏的财产移交给国王,或者遭到一位咄咄逼人的王位继承人巧取豪夺的时候。[28]

讽刺作家则找到了一些机会,对圣殿骑士们的行为进行了评论。《世界之光》("Sur les États du monde")是一部用盎格鲁—法语(Anglo-French)撰写于13世纪中叶的讽刺作品,其作者曾经批评圣殿骑士团一心赚钱,而不是在饥荒时期把粮食分发给穷人和需要帮助的人:

> 圣殿骑士极其勇敢强悍,
> 自然知道如何自食其力,
> 只是太爱金钱,不舍毫厘。
> 价格高企之时
> 他们卖掉小麦
> 而非分给各个家庭。[29]

但另一方面,这位作家却没有指责圣殿骑士有性放纵的毛病:很显然,其他所有的神职人员和宗教团体都犯有那种罪孽,唯独圣殿骑士团没有。这位作者笔下的圣殿骑士都在专心致志地为圣地赚钱,因此对女人不感兴趣。然而,14世纪早期普罗旺斯的吟游诗人(Provençal troubadour)罗斯坦赫·贝伦盖尔(Rostanh Berenguier)却在其政治歌曲《海港》("Pos de sa mar")中抱怨说,欧洲的圣殿骑士没有为基督教世界做任何有益的事情:

> 既然许多圣殿骑士都将自己放逐到大海的此岸,骑着许多灰马,在树荫之下安歇,凝视着他们的金发;既然他们经常给世界树立坏的榜样;既然他们的自负之心如此强大和猛烈,以至于令人无法直视;那么,波尔特(Bort,罗斯坦赫诗歌的收阅者),请告诉我,看到他们在许多田地里和树木下浪费着因上帝才被赐予的财富,且不乏

耻辱之举与罪行时,教皇为何还会容忍他们?[30]

面对着东方领土陷落的局面,罗斯坦赫·贝伦盖尔认为圣殿骑士团留在欧洲本土的修士太多了,而派到前线去的却不足。这种观点得到了其他作家的认同。不过,至少源自英格兰的证据表明,在他创作这首诗歌的时候,绝大多数远离边境地区的圣殿骑士会所里生活的圣殿骑士都很少。

因此,当时的文学作品告诉我们的多属旁观者对圣殿骑士们的看法,而不是圣殿骑士们的真实生活。同样,中世纪手稿的插画绘制师在描绘圣殿骑士的时候,所绘的形象也不一定与圣殿骑士团自身规章制度中所述的情况相符。佩鲁贾(Perugia)的圣贝维纳特(San Bevignate)那座原属圣殿骑士团的教堂里的壁画中,有一幅绘着一群长着胡子、身穿带帽白袍的男子从一座石头房屋向外张望,面对着一头狮子的画作(参见图8)。历史学家普遍认为,画中的这些男子都是圣殿骑士,不过,他们也有可能是早期的基督徒。[31]

图8 13世纪中叶的白袍人物壁画,出自(意大利)佩鲁贾原属圣殿骑士团所有的圣贝维纳特教堂

13世纪描绘圣殿骑士们休息情景的最著名画作，或许就是卡斯提尔（Castile）国王阿方索十世（Alfonso Ⅹ）的象棋书《对弈集》（*Libro de Ajedrez dados y tables*）中描绘两位圣殿骑士下棋的那幅插画了（参见图9）。圣殿骑士团的规章制度不允许他们下棋，但由于此书的每一幅插画中都描绘着两位不同的棋手（有些是宗教修会的成员，其余的则是朝臣），所以把圣殿骑士们囊括其中只是表明他们属于国王阿方索的朝廷中的组成部分罢了。[32]圣殿骑士们还戴着兜帽，而他们的规章制度中有一条就是禁止戴兜帽。[33]另一方面，由于圣殿骑士团的加泰罗尼亚语（Catalan）版的规章制度中提到了修士们参加全体教士会议时身着带帽长袍的情况，故有些修士显然确实戴过兜帽：

> 参加全体教士会议之时，修士（……）若是身着连帽袍服，则不得头戴兜帽。[34]

图9　两名圣殿骑士正在下棋，出自卡斯提尔国王阿方索十世的象棋书《对弈集》

在世俗君主和教会统治者的行政管理案卷中，也提到过圣殿骑士团（参见图 10）。这些案卷中记载的都是一些必须牢记的事情，而不是一些可以想当然的事情，但它们确实表明了圣殿骑士与当权者之间的常规关系。主教们的登记簿册中，既载有圣殿骑士团举荐他们的神父、由主教批准后担任教区司铎的情况，也显示出主教们曾让圣殿骑士团负责管理教区的教堂。[35] 比如说，1248——1269 年的鲁昂（Rouen）大主教尤德·里戈尔（Eudes Rigord）的登记簿册中就表明，此人曾经驻跸于巴黎圣殿骑士团（Paris Temple）之所，并且授予一位圣殿骑士圣职，任命后者担任教区司铎。[36] 1272 年，沃尔姆斯的主教埃伯哈德（Bishop Eberhard of Worms）曾将米伦（Mühlen）的女修道院［位于沃尔姆斯主教区的奥斯特霍芬（Osthofen）和韦斯特霍芬（Westhofen）之间］的所有权和管理责任都授予圣殿骑士团，并且由圣殿骑士团负责供养院中的修女。[37]

图 10　担任阿拉贡（Aragon）国王詹姆斯二世（James Ⅱ）管家一职的圣殿骑士团军士修士（sergeant-brother）豪姆·德奥勒斯（Jaume d'Ollers）

有些行政管理文件中还记录了一些纠纷。13 世纪 70 年代，英国国王爱德华一世(Edward Ⅰ)下令对英格兰各郡进行清查,以查明哪些人在宣称拥有原本应当属于国王的权利。这些清查记录被称为“百户区卷宗”(Hundred Rolls),其中就记载了圣殿骑士在他们拥有地产的社区里与当地公民产生的数桩纠纷。当地人都抱怨说,林肯郡(Lincolnshire)格里姆斯比(Grimsby)和其他各地的圣殿骑士拥有种种特权,既妨碍公正,又压迫民众。[38]正如克拉伦斯·帕金斯(Clarence Perkins)所言,骑士团的修士“免交通行费的权利不但让他们能够在各个市镇以低于当地商贾的价格销售商品,还使他们在自己的市集上把商贾应缴的过路费提高到了压榨性的程度”。[39]继“百户区卷宗”清查之后在1279—1280年进行的“权利开示令状”(*Quo Warranto*)清查期间,在苏塞克斯郡做证的人都抱怨说,英格兰的圣殿骑士团团长和医院骑士团团长一直都把他们的十字架挂在并非其佃户的房屋上,以便于他们不用缴纳过路费。[40]

在利用自然资源和骑士团修士对当地社区所做的贡献方面也存在着冲突。格里姆斯比的人抱怨说,英格兰圣殿骑士团团长阻断了格里姆斯比港口上游的水流,损害了韦洛(Wellow)修道院院长手下那些佃户的利益,而且格里姆斯比的圣殿骑士团“客人”(*hospes*)不缴纳“佃户税”(tallage)和“国库税”(aids)这两种王室税赋。[41]实际上,王室曾经赐予圣殿骑士团和医院骑士团特权,让两者在英格兰和爱尔兰的每座市镇里都有一个“客人”(即房客或者佃户)、在苏格兰的每座城镇里都有一座宅基地(toft)不用缴纳“佃户税”和其他税赋,因此这种拒绝缴纳税赋的行为完全就是他们的权利。[42]

尽管这些案卷记录让我们可以深入了解13世纪末宗教修会与城镇居民之间的关系,但也很容易放大它们所记载的各种恶劣关系。由于这些记录的目的在于调查此种纠纷,并且解决圣殿骑士团之类的宗教修会是否擅自征取他们无权征收的税费问题,因此它们描述的都是不利的场景。

同样，在审判圣殿骑士团期间(1307—1312)记录下来的证言，几乎全都属于不利之词。由于审判的目的在于证实人们针对圣殿骑士团的种种指控，因此现存的诉讼记录中一般都剔除了有利于他们的证据。只有少量有利的证词被保存了下来：在塞浦路斯(Cyprus)岛上，仅有一位非圣殿骑士证人的证词对圣殿骑士团不利；而在英格兰，伦敦新圣殿(New Temple)周围地区的一系列非圣殿骑士证词中，证人们对圣殿骑士团的修士既有负面评价，也有正面评价。[43]由于这种证据是为了加强对圣殿骑士团的指控才被记录下来，因此我们很难判断出其中是否含有可靠的信息；但是，如果一个又一个证人都给出了相同的背景信息——比如说，任何人都可以在一天中的任何时候自由进入一座圣殿骑士团的礼拜堂——那么，当时的实际情况很可能就是如此。[44]

具有讽刺意味的是，一些最详尽地描述圣殿骑士生活的史料都是在1307年和1308年圣殿骑士团的修士们遭到逮捕之后记载下来的。当局对他们的地产进行了清点存档，其中记录了圣殿骑士团礼拜堂里的祭祀用品、房屋中的家具、作坊里的工具、田地里的粮食和牲畜，以及每个分团储藏室里存放的食物和酒水。[45]例如，这些盘点清单表明，阿拉贡王国、法国南部阿尔勒(Arles)和伦敦新圣殿等地的礼拜堂里，都配有奢华的家具和设施。[46]阿拉贡王国的圣殿骑士团会所有一些时间较早的财产清单被保存了下来，是遵照阿拉贡国王詹姆斯二世之命在1289年和1299年清点记录而成的。[47]不同国家留存的档案在某些方面会有所不同：比方说，诺曼底(Normandy)地区制作的财产清单是用法语写就，而英格兰、爱尔兰、法国南部和意大利南部的财产清单则是用拉丁语记录的。诺曼底的财产清单中列出了圣殿骑士团每个会所的雇工姓名，而英格兰和爱尔兰的财产清单中则没有列出。

圣殿骑士团的财产被没收之后，都由教会或者王室政府管理着，直至它们被转交到医院骑士团、另一个宗教修会或者世俗统治者的手里。

大部分英格兰和威尔士两地被没收的圣殿骑士团地产的账目，如今都保存在裘园的英国国家档案馆里。英国历代国王通常采取的政策都是将落入他们手中的地产压榨一光，圣殿骑士团的地产无疑也不例外：英国国王爱德华二世手下的官吏曾经廉价出售这些地产上的家畜、解雇庄园里的雇工，并且尽可能地多为王室国库攫取收入。然而，圣殿骑士们被捕之后的最初几个月里，由于形势的发展还不明朗，国王并没有充分压榨那些地产的利润，所以当时记录的账目表明了圣殿骑士管理期间收入与支出的流动情况。这些档案还显示了圣殿骑士团庄园和会所里雇用的工人所承担的职责，并且列出了定期领取圣殿骑士团津贴的赞助人姓名。香槟地区特鲁瓦附近的佩恩斯(Payns)的圣殿骑士团管理地的账目，以及英格兰和威尔士两地圣殿骑士团庄园的账目也被保存了下来。[48]

英国国王爱德华二世治下，位于威斯敏斯特(Westminster)的财政署(Exchequer)曾将负责管理每处地产的王室官吏所做的账目细节汇总起来，制作成账目卷宗。登记入册的账目采用了庄园账目的标准格式：收入(或者现金收缴账)，接着是支出(或者现金支出账)，然后是一份粮食和牲畜的资产负债表(即“谷物与牲畜账”)，其中列明了上一份账目中结转的款项、会计期间的生产与支出，以及结转数据。有些账目的末尾还附有一份“固定资产”列表，即庄园物品的盘点清单，从马车、犁铧到礼拜堂里的装饰品和厨房用品，通通记了下来。大多数地产都有两份登记在册的账目：一份是简单汇总了细目的原始账目；另一份是后来制作的副本，已经将它与该庄园提交的其他账目进行了交叉核对，进行了必要的更正，其中还说明了每个保管人在其任期内尚欠的款项。账目中的一些详细情况也被保存了下来，使得人们可以对登记在册的账目副本进行查核。[49]此外，英国国家档案馆里还保存着为圣殿骑士团地产所制作的“扩展”副本，即每处地产的应得收入和应付支出账目，是根据当地人宣誓后[即“宣誓人”(juror)]给出的证词记录下来的。应付的津贴以及一处地产每次从一位保管人移交给另一位保管人时的盘点清单，也有单独的记录。[50]

这些档案都存在一些显而易见的问题。登记在册的账目，不但对账目细节中的一些信息进行了调整，还略去了一些信息。执行吏（sheriff）和其他保管人可能侵占了庄园里的资产，多计了支出并夸大了损失。例如，加尔韦的执行吏就攫取了原属圣殿骑士团统领的那匹驯马，只不过它在摔断了一条腿之后死掉了；而在诺森伯兰郡（Northumberland），那些曾经被要求报告拖欠圣殿骑士团未偿债务的宣誓人都发牢骚说，执行吏侵占了庄园里的大量羊毛、羔羊、牛奶和鸡蛋。[51]中世纪的所有账目中都有这样的问题，但由于王室财政官吏都急于从圣殿骑士团的地产上攫取尽可能多的钱财，因此他们很可能仔细勘验过账目，以便将挪用和欺骗行为减少到最低限度。[52]这些档案资料能够让我们勾勒出这些地产从1308年1月圣殿骑士团被捕，直到1313年底被移交给医院骑士团为止的那段时间里每年的发展情况。然而，由于我们在这里关注的是圣殿骑士的日常生活，而不是王室保管人管理地产的情况，因此在本书中，我只采用了圣殿骑士们被捕之后第一年里记录下来的、与圣殿骑士团直接相关的资料。

一个更大的问题在于，这些记录只是为我们提供了圣殿骑士在一个环境与社会发生如此重大的变革，也就是不久前被布鲁斯·坎贝尔称为“大转型”时期之初的大致活动情况。[53]因为这些变化开始之前——也就是1270年左右之前——圣殿骑士团并无这样的档案记录保存下来，因此我们无法判断出，圣殿骑士团是否改变或者如何改变了他们的活动来应对不断变化的形势。然而，正如我们将在本书第四章中看到的，由于圣殿骑士团的农耕实践通常都是为了获得最好的收成，因此他们很可能改变了耕作土地的方式来适应新的条件。

既然这些财产清单和账目都很翔实，那么，学者们没有更多地利用它们似乎就令人大感惊讶了。事实上，一些关于个别会所或者地区的研究已经对它们进行过分析，只是由于它们提供的信息太多，因此我们很难对圣殿骑士团的活动形成一种连贯的印象。老一辈学者都专注于抄录，偶尔还对个别会所或者地区的财产清单进行翻译，但有时很少或者根本没有对它们进行过研究分析。[54] 近年来，学者们已经转而开始将这些档案记录置于中世纪庄园管理的背景之下，对它们进行详细的分析了。在过去的数十年里，已经出现了根据这些档案记录对圣殿骑士团庄园管理方面进行的一些极其详细的研究。例如，乔治·博尔多诺夫(Georges Bordonove)利用利奥波德·迪莱尔(Leopold Delisle)编纂的圣殿骑士团在卡昂(Caen)地区的地产盘点清单，重现了西方一些圣殿骑士团管理地的模样；玛格丽特·墨菲(Margaret Murphy)研究分析了爱尔兰记录的财产清单；艾琳·古德尔(Eileen Gooder)对巴尔索尔圣殿[Temple Balsall，位于沃里克郡(Warwickshire)]和南威瑟姆(South Witham，位于林肯郡)两地的王室管理人账目进行了评估，而P. M. 瑞安(P. M. Ryan)则研究了(埃塞克斯郡)克雷辛圣殿的账目，迈克·杰斐逊分析了整个林肯郡的账目。菲利普·斯莱文利用英格兰和威尔士登记在册的原属圣殿骑士团地产的账目，研究了该骑士团和英国国王手下官吏的产业管理情况。达米安·卡拉兹(Damien Carraz)广泛利用圣殿骑士团的地产清单，对罗讷河(Rhône)流域下游的圣殿骑士团进行了研究，并且重现了圣殿骑士团在法国这个地区的日常活动。维托·里奇(Vito Ricci)利用萨兰托(Salento)的莱切(Lecce)圣殿骑士团会所的财产清单，分析了圣殿骑士在阿普利亚(Apulia)的农业活动情况。玛丽亚·维拉尔·博内(María Vilar Bonet)出版的作品对阿拉贡王国内圣殿骑士团的财产清单进行了分析。迈克尔·威尔马特(Mickaël Wilmart)分析了香槟地区佩恩斯的圣殿骑士团管理地账目。[55] 在本书中，我借鉴了上述研究成果，以便构建圣殿骑士团产业管理的总体图景。

尽管中世纪有大量关于圣殿骑士生活的资料留存于世，但这些证据都很零碎，有时还相互矛盾。显而易见的是，我们不能指望塞浦路斯的圣殿骑士与苏格兰的圣殿骑士遵循着完全相同的生活方式，因为仅是苏格兰的气候就需要人们采用不同的饮食和不同的服装。然而，把多种不同类型的证据结合起来，我们就有可能在一定程度上重现圣殿骑士的日常生活。首先，我们就来探究一下圣殿骑士的理想与准则，即《团规》和条例对他们提出的要求。

注释

1. Bernard, Abbot of Clairvaux, "De laude novae militiae ad milites templi", translated in Barber and Bate, *The Templars: Sources Translated and Annotated* (2002), pp. 215 - 227 和 p. 224。

2. 关于后者的一些例子，参见 Nicholson, *Templars, Hospitallers and Teutonic Knights: Images of the Military Orders, 1128 - 1291* (1993), pp. 109 - 110; Nicholson, *The Knights Templar: A Brief History of the Warrior Order* (2010), pp. 156 - 157; Schenk, "Some Hagiographical Evidence for Templar Spirituality, Religious Life and Conduct" (2011), pp. 103 - 111。

3. Robert de Clari, *La Conquête de Constantinople* (2005); Geoffroi de Villehardouin, *La Conquête de Constantinople* (1973); Jean sire de Joinville, *Histoire de Saint Louis* (1874); Villehardouin and Joinville translated by Shaw as *Chronicles of the Crusades* (1963).

4. Jocelin of Brakelond, *Chronicle of the Abbey of Bury St Edmunds* (1989); Mechtild of Magdeburg, *The Flowing Light of the Godhead* (1998).

5. 例如，参见巴贝尔和贝特(Barber and Bate)翻译的书信，*Letters from the East: Crusaders, Pilgrims and Settlers in the 12th - 13th Centuries* (2010), nos. 25, 27 - 31, 42, 46, 67, 73, 75, 80, 82; pp. 55 - 56, 57 - 61, 78 - 79, 83 - 84, 123 - 125, 140 - 142, 160 - 161, 162 - 163, 168 - 169。

6. 例如：Barber, *The New Knighthood: A History of the Order of the Temple*（1994）；Barber, *The Trial of the Templars*，第二版（2006）；Demurger, *Les Templiers: une Chevalerie Chrétienne au Moyen Âge*（2005）；Forey, *The Templars in the Corona de Aragón*（1973）；Forey, *The Military Orders: From the 12th to the Early 14th Centuries*（1992）；Fuguet and Plaza, *Els Templers, Guerrers de Déu: Entre Orient e Occident*（2012）；Morton, *The Medieval Military Orders: 1120 – 1314*（2013）；Nicholson, *Brief History*（2010），Nicholson，*The Knights Templar: A New History*，第二版（2001）；Sarnowsky, *Die Templer*（2009）。

7. Dyer, *Everyday Life in Medieval England*（1994）；Dyer, *Standards of Living in the Later Middle Ages: Social Change in England, c. 1200 –1520*，修订版（1998）；Campbell, *English Seigniorial Agriculture, 1250 – 1450*（2000）；Schofield, *Peasant and Community in Medieval England 1200 – 1500*（2003）。

8. Slavin, "Landed estates of the Knights Templar in England and Wales and their Management in the early fourteenth century" (2013), p. 38.

9. Forey, "Recruitment to the Military Orders（twelfth to mid-fourteenth centuries）" (1986), pp. 139 – 171.

10. 考古研究包括：Andrews, ed., *Cressing Temple: A Templar and Hospitaller Manor in Essex*（1993）；Boas, *Archaeology of the Military Orders: A survey of the urban centres, rural settlements and castles of the military Orders in the Latin East(c. 1120 –1291)*（2006）；Carraz, "Archéologie des commanderies de l'Hôpital et du Temple en France(1977 – 2007)" (2008), pp. 175 – 202；Fuguet and Plaza, *Els Templers*（2012），pp. 153 – 182；Gerrard, *Paisaje y señorío: La casa conventual de Ambel（Zaragoza）. Arqueología, arquitectura e historia de las Órdenes militares del Temple y del Hospital*（2003）；Gerrard, "Opposing Identity: Muslims, Christians and the Military Orders in Rural Aragon"（1999），pp. 143 – 160；Jan and Jesenský, "Hospitaller

and Templar commanderies in Bohemia and Moravia: their structure and architectural forms", in Nicholson, ed., *The Military Orders*, vol. 2: *Welfare and Warfare* (1998), pp. 235 - 249; Luttrell, "Two Templar-Hospitaller preceptories north of Tuscania", in Luttrell, ed., *The Hospitallers on Cyprus* (1978), article 10, pp. 90 - 124; Mayes, *Excavations at a Templar Preceptory: South Witham, Lincolnshire, 1965 - 67* (2002); O'Conor and Naessens, "Temple House: from Templar castle to New English mansion", in Browne and Ó Clabaigh, eds., *Soldiers of Christ: The Knights Templar and Knights Hospitaller in Medieval Ireland* (2016), pp. 124 - 150; O'Keefe and Grogan, "Building a Frontier? The architecture of the military Orders in medieval Ireland", in Browne and Ó Clabaigh, eds., *Soldiers of Christ* (2016), pp. 81 - 102; Selwood, *Knights of the Cloister* (1999)。

11. "Vadum Iacob Research Project", http://vadumiacob.huji.ac.il/about.html.

12. Robey, "The Archaeology of Cressing Temple", in Andrews, ed., *Cressing Temple* (1993), pp. 37 - 50.

13. Nicholson, *Knights Templar on Trial: The Trial of the Templars in the British Isles, 1308 - 1311* (2009),插图 5。

14. Nicholson, *Knights Templar on Trial* (2009),插图 2—4。

15. Barber, *New Knighthood* (1994), pp. 8 - 9, 14 - 15; Amatuccio, ed., *Il Corpus normativo: Edizione dei testi romanzi con traduzione e commento in Italiano* (2009), pp. 404 - 417,选自 Schnürer, *Die ursprüngliche Templerregel. Kritisch untersucht und herausgegeben* (1908), pp. 130 - 153; Curzon, ed., *La Règle du Temple* (1886), pp. 11 - 70。

16. Upton-Ward, *The Catalan Rule of the Templars* (2003), p. xii; *PATBI*, vol. 2, p. 228 和注释 250。

17. Curzon, ed., *La Règle* (1886), pp. 285 - 330(第 544—642 条); trans.

in Upton-Ward, *The Rule of the Templars: the French Text of the Rule of the Order of the Knights Templar* (1992), pp. 142 - 164; Amatuccio, ed., *Il Corpus normativo*(2009), pp. 282 - 364(Ⅷ); Upton-Ward, *Catalan Rule*(2003), pp. 38 - 98,第 84—202 条。

18. Lees, ed., *Records of the Templars in England in the Twelfth Century: The Inquest of 1185 with Illustrative Charters and Documents* (1935), pp. 1 - 135 以及 pp. lxi - lxii, 4, 38 - 40, 61, 250 对"兄弟会"的论述。

19. 例如,参见 Schenk, *Templar Families: Landowning Families and the Order of the Temple in France, c. 1120 - 1307*(2012)。

20. Peixoto, "Growing the Portfolio: Templar Investments in the Forests of Champagne", in Baudin, Brunel and Dohrmann, eds., *Économie templière en Occident: Patrimoines, commerce, finances*(2013), pp. 207 - 210.

21. 转载于 Nicholson, *New History* (2001), pp. 114, 115, 188, 202, 210 -211。

22. 许多都在 Barber and Bate, trans., *Letters from the East*(2010)中翻译了出来,nos. 25, 27 - 31, 42, 46, 61, 67, 75, 80, 82; pp. 55 - 56, 57 - 61, 78 - 79, 83 - 84, 123 - 125, 140 - 142, 162 - 163, 168 - 169。Barber and Bate, *The Templars*(2002), nos. 21; pp. 21, 99 - 105.

23. Nicholson, *Brief History*(2010), pp. 166 - 167.

24. Nicholson, *Brief History*(2010), pp. 165 - 166.

25. Bernard of Clairvaux, "De laude",第四章, trans. in Barber and Bate, *The Templars*(2002), pp. 222 - 223。

26. Nicholson, *Brief History*(2010), p. 28.

27. Walter Map, *De nugis curialium: Courtiers' trifles*(1983), pp. 68 - 69.

28. Nicholson, *Brief History*(2010), pp. 120 - 121, 181 - 182; *Acta Sanctorum*, October Ⅷ, p. 232E; "Annals of Dunstable" ("Annales de Dunstaplia"), in *Annales Monastici*(1866), p. 222; Roger of Wendover, *Flores historiarum* (1886 -

1889), vol. 3, p. 41.

29. "Sur les états du monde"(1953), p. 123.

30. Rostanh Berenguier, "Pos de sa mar man cavalier del Temple"(1869), pp. 245 - 297, 461 - 531, 649 - 687,以及 pp. 497 - 498。

31. 例如,转载于 Nicholson, *New History*(2001), p. 125。

32. Curzon, ed., *La Règle*(1886), p. 185(第 317 条);Upton-Ward, *Rule*(1992), p. 90; Amatuccio, ed., *Il Corpus normativo*(2009), p. 166(Ⅶ. 24).

33. Curzon, ed., *La Règle*(1886), p. 188(第 324 条);Upton-Ward, *Rule*(1992), p. 91; Amatuccio, ed., *Il Corpus normativo*(2009), p. 168(Ⅶ. 30).

34. *Effrer, depús qu él est asís en son xhapitre [...] no doyt tenir la xhapiró de la xhapa se il à vestua en la teste*: Upton-Ward, *Catalan Rule*(2003), pp. 2 - 3,第 3 条。

35. Schenk, "Aspects and Problems of the Templars' Religious Presence in Medieval Europe from the Twelfth to the Early Fourteenth Century"(2016), pp. 273 - 302.

36. Bonnin, ed., *Regestrum visitationum archiepiscopi rothomagensis: journal des visites pastorales d'Eude Rigaud, archevêque de Rouen, MCCXLⅧ-MCCLⅪⅩ*(1852), pp. 67, 709, 716, 722.

37. Schüpferling, *Der Tempelherren—orden in Deutschland. Dissertation zur Erlangung der Doktorwürde*(1915), pp. 33 - 34,注释 4。我很感激马库斯·门岑多夫(Markus Menzendorff)在现代的奥斯特霍芬找到了米伦的遗址;如今,已无任何这座女修道院遗迹了。

38. *Rotuli hundredorum temp. Hen. III & Edw. I in Turr' Lond' et in curia receptae scaccarij Westm. asservati*(1812 - 1818), vol. 1, pp. 291 - 292, p. 401.

39. Perkins, "The Knights Templars in the British Isles"(1910), p. 217,注释 61,引用自 *Rotuli Hundredorum*, vol. 1, p. 131,其中圣殿骑士团属于被指责

增收通行费的 5 个群体之一。

40. *Placita de quo warranto temporibus Edw. I. II. and III. in curia receptae scaccarij Westm. asservatae*(1818), pp. 761 - 762.

41. *Rotuli Hundredorum*, vol. 1, p. 292.

42. Perkins, "Knights Templars in the British Isles"(1910), p. 215; Cowan, Mackay and Macquarrie, eds., *The Knights of St John of Jerusalem in Scotland*(1983), pp. xviii, xxvii, lvii.

43. Gilmour-Bryson, *The Trial of the Templars in Cyprus: A Complete Edition*(1998), pp. 51 - 75, 405 - 441. *PATBI*, vol. 1, pp. 112 - 117; vol. 2, pp. 105 -111(MS A fols. 60r - 62v).

44. 在 Nicholson, "Relations between houses of the Order of the Temple in Britain and their local communities, as indicated during the trial of the Templars, 1307 - 12"(2007), pp. 197 - 201 中进行了探讨。

45. Delisle, ed., "Inventaire du mobilier des Templiers du baillage de Caen"(1903), no. xvi, pp. 721 - 728; Vilar Bonet, *Els béns del Temple a la Corona d'Aragó en suprimir—se l'ordre (1300 -1319)* (2000); MacNiocaill, ed., "Documents Relating to the Suppression of the Templars in Ireland"(1967), pp. 183 -226;至于英国的盘点清单,参见 TNA: E 142/10 - 18 and 89 - 119; E 358/18 - 21,以及 E 199 和 SC 6 中的一些文件。

46. Carraz, "L'emprise économique d'une commanderie urbaine: l'ordre du Temple à Arles en 1308", in Baudin, Brunel and Dohrmann, eds., *Économie templière en Occident*(2013), pp. 174 - 175; Salvadó, "Icons, Crosses and the Liturgical Objects of Templar Chapels in the Crown of Aragon", in Burgtorf, Crawford and Nicholson, eds., *The Debate on the Trial of the Templars (1307 - 1314)*(2010), pp. 183 - 197; Salvado, "Templar Liturgy and Devotion in the Crown of Aragon", in Nicholson, ed., *On the Margins of Crusading: The Military Orders, the Papacy and the Christian World*(2011), pp. 31 - 43; Baylis,

The Temple Church and Chapel of St Ann, etc., An Historical Record and Guide(1893), pp. 141 - 145.

47. Miret y. Sans, "Inventaris de les Cases del Temple de la Corona d'Aragó en 1289"(1911), pp. 61 - 75.

48. Pétel, ed., "Comptes de régie de la commanderie de Payns, 1307 - 1308"(1907), pp. 283 - 372; TNA: E 358/18 - 20.

49. 例如,TNA: E 199/18/4 - 5(Upleadon, Herefordshire); E 199/33/3 (Northumberland); E 199/46/21(Worcestershire); SC 6/961/11(Sandford and Littlemore, Oxfordshire); SC 6/1040/18 and SC 6/1040/24(Warwickshire); SC 6/1202/3(Llanmadoc, Glamorganshire); British Library, Harley Rolls A 25 - 27(Temple Bulstrode)。

50. 含于 E 142/10 - E 142/18, E 142/89 - 118 中。至于补助,参见 E 142/9, 发表于 Cole, ed., "Corrodia petita de domibus Templariorum, annis I° & II° Edwardi II"(1844), pp. 139 - 230。

51. TNA: E 358/18 rot. 2; E 142/119 mem. 37.

52. 对这些问题进行的讨论,参见 Dyer, "Changes in Diet in the Late Middle Ages: the Case of Harvest Workers"(1988), pp. 21 - 37 和 p. 24。

53. Campbell, *The Great Transition: Climate, Disease and Society in the Late-Medieval World*(2016).

54. Baylis, *Temple Church*(1893); Blaauw, "Sadelescombe and Shipley, the Preceptories of the Knights Templars in Sussex"(1857), pp. 227 - 274; Prutz, ed., "6. Zum neapolitanischen Prozeß", in Prutz, *Entwicklung und Untergang des Templerherrenordens*(1888), pp. 357 - 364; Hodgson, "Temple Thornton farm accounts 1308"(1895), pp. 40 - 53; Delisle, ed., "Inventaire"(1903), no. xvi, pp. 721 - 728; MacNiocaill, ed., "Documents"(1967), pp. 183 - 226; Miret y. Sans, "Inventaris"(1911), pp. 61 - 75; Higounet-Nadal, "L'inventaire des biens de la commanderie du Temple de Sainte-Eulalie du Larzac

en 1308"(1956), pp. 255 - 262; Pétel, "Comptes de régie"(1907), pp. 283 - 372: 他在"La commanderie de Payns et ses dépendances à Savières, à Saint—Mesmin et au Pavillon", *Revue Champenoise et Bourguignonne*(1904), pp. 25 - 84, 133 - 181, 281 - 314 中分析了这些账目。对圣殿骑士团盘点清单的研究现状,在 Schenk, "The Documentary Evidence for Templar Religion", in Borchardt, Döring, Josserand and Nicholson, eds., *The Templars and their sources* (2017), pp. 201 - 202 中进行了分析。

55. Bordonove, *La Vie quotidienne des Templiers au XIII siècle*(1975), 第 7 章;Murphy, "From swords to ploughshares: evidence for Templar agriculture in medieval Ireland", in Browne and Ó Clabaigh, eds., *Soldiers of Christ* (2015), pp. 167 - 183; Gooder, *Temple Balsall: The Warwickshire Preceptory of the Templars and their Fate*(1995), pp. 31 - 63; Gooder, "South Witham and the Templars. The Documentary Evidence", in Mayes, ed., *Excavations at a Templar Preceptory*(2002), pp. 80 - 95; Ryan, "Cressing Temple: its history from Documentary Sources", in Andrews, ed., *Cressing Temple* (1993), pp. 11 - 24; Jefferson, "The Templar Lands in Lincolnshire in the early fourteenth century"(2016); Slavin, "Landed Estates"(2013), pp. 36 - 49; Carraz, *L'ordre du Temple dans la basse vallée du Rhône(1124 - 1312). Ordres militaires, croisades et societés méridionales*(2005); Ricci, "La precettoria di Santa Maria de Templo de Lecce: un esempio di domus agricola. Un'analisi comparativa", in Libera Associazione Ricercatori Templari Italiani(LARTI), ed., *Atti del XXIX Convegno di Ricerche Templari, Casamari(FR), 4 -5 settembre 2011* (2012), pp. 151 - 196; Vilar Bonet, *Els béns del Temple* (2000); Wilmart, "Salariés, journaliers et artisans au service d'une exploitation agricole templière. La commanderie de Payns au début du XIVe siècle", in Baudin, Brunel and Dohrmann, eds., *Économie templière en Occident*(2013), pp. 273 - 293。

第一章
条例规定的日常生活

圣殿骑士团的《团规》和条例对该骑士团的理想与行为准则做出了规定。尽管这些文献不一定反映了各个分团每天的实际情况，它们却提供了一种了解圣殿骑士期望的指南。

现存最早的圣殿骑士团《团规》的书面版本，是在1129年1月的特鲁瓦教会会议上起草的；当时，这个新的宗教修会获得了身为教皇代表或使者的阿尔巴诺红衣主教(Cardinal-Bishop of Albano)马修・杜・雷莫伊(Matthew du Remois)的批准。《团规》的序言中指出，这个新修会的团长休・德・佩恩斯(Hugh de Payns)修士阐述了"骑士团"(*equestris ordinis*)的"举止与仪式"(*modum et observantiam*)，而这次宗教会议的与会者则批准了他们认为好的和有益的内容，摒弃了那些看似"荒唐"的内容。[1]想必，《团规》中提及的像"不得再招募修女"(*amplius non liceat habere sorores*)和"不得再担任教父"(*nullus compater amplius fiat*)之类的内容体现了圣殿骑士团起初的一些惯常做法，但特鲁瓦宗教会议废止了这些做法。与会者得知圣殿骑士自始至终站着做礼拜之后，便告诉他们说，礼拜过程中的某些时候应当坐着和跪着。《团规》还明确废除了以前规定的在一位修士去世后，于复活节和教会其他一些重大节日里进行的所有祭祀之举，称唯一的供奉应当是在一位修士死后，向一名穷人施舍相当于一位修士40天的饮食。[2]

圣殿骑士团《团规》的基调，与所谓的《圣奥古斯丁守则》(Rule of St

Augustine)的风格无异;后者是中世纪的医院与神职人员群体通常奉循的集体生活规范,其中的成员并非生活在与世隔绝的高墙深院里,而是经常接触到外界。[3]《团规》遵循的主题也与《圣奥古斯丁守则》相同:一切财产归集体所有,修士们一起做祷告,衣着朴素、饮食简单,避免与异性成员亲密接触,避免争吵。然而,其中还增添了一些内容。总计 72 条规定中,有 30 条是逐字逐句摘抄自《圣本笃会规》(Rule of St Benedict)这部最著名的修道戒律。[4]《团规》中也含有骑士团修士们自己的正式决定。禁止仆役与侍从着白色袍服的那条规定声称,该决定是“经由骑士团全体教士会议做出的”(*consilio communis capitula*),由此说明这种正式的管理会议程序在 1129 年之前就已存在。[5]

修道守则并非一种永久性的文件,而是在持续地修改和发展着,以便满足不断变化的需求。圣殿骑士团的《团规》自然也不例外。由于圣殿骑士都从骑士和其他战士中招募而来,大多没有学过拉丁语,所以《团规》必须翻译成圣殿骑士们实际所说的语言才行。拉丁语《团规》的法语译本(参见图 11)不但重新组织了其中的条款、将类似的主题归到了一起,而且对一些条款进行了改述和修正。于是,拉丁语《团规》中规定新入会的修士应有一个察看期,可法语版《团规》中没有提及这一点;拉丁语《团规》告诫修士们不得接触已被逐出教会的骑士,法语译本却吩咐他们把这种骑士找出来,并且应当努力将其招募到圣殿骑士团里。[6]法语译本中增添了一份圣殿骑士应当奉守的斋戒和节日名单,还说这些都是奉教皇英诺森(Pope Innocent)在比萨(Pisa)教会会议上的谕令添加的。这次会议当指 1135 年 5 月 30 日召开的比萨教会会议。[7]拉丁语《团规》中的第 4 条和法语译本中的第 64 条都暗示,圣殿骑士团里的神父当时只是暂时性地为骑士团服务;而教皇英诺森二世(Pope Innocent Ⅱ)在 1139 年 3 月 29 日颁布的谕旨《各样美善恩赐》(*Omne datum optimum*)中,却允准了圣殿骑士团招募司铎修士——因此,《团规》的法语译本必定出现于《各样美善恩赐》这份谕旨颁布之前。[8]由此可知,《团规》的法语译本是在1135年6月—1139年3月完成的。

图11　圣殿骑士团《团规》的古法语译本中的两页

显然,圣殿骑士团的原始拉丁语版《团规》曾经流传甚广,因为在如今存世的6份副本当中,至少有4份是为别的宗教修会制作或者由其他宗教修会保存下来的。西蒙内塔·塞里尼(Simonetta Cerrini)认为,其中有2份副本很可能是为维克多律修会(Victorine canons)制作的,1份为一座西多会修道院制作,还有1份则由圣殿骑士团制作,却由西多会保存。[9]1312年圣殿骑士团解散之后,由于不再需要圣殿骑士团自身保存的《团规》副本,而写有《团规》的羊皮纸可能被重复用到了其他地方,因此只有别的修道院图书馆里的副本被保存了下来。圣殿骑士团的拉丁语《团规》构成了后来一些军事修道团会规的基础,比如条顿骑士团

(Teutonic Order)和利沃尼亚(Livonia)的宝剑骑士团(Swordbrothers)。[10]

为了应对特殊的需求和不断变化的情况,多年来,人们一直在对《团规》进行增补;这些保存下来的增补规章,主要是用法语写成的,还有一些则是拉丁语、盎格鲁—诺曼法语和加泰罗尼亚语。[11]同样,圣殿骑士团解散之后,这些规章可能就没有用处了;因此,不足为奇的是,只有 4 份法语抄本得以完整地保存下来,其他语言的抄本都仅有一些片段存世。[12]由于这些增补的规章制度或者条例(*retrais*)全都没有标注日期,所以对于它们的编纂时间,学者们观点不一。约亨・伯格托夫(Jochen Burgtorf)已经概括了各种各样的可能性,那就是:规定圣殿骑士团里高级官吏职责的所谓"等级律令"可以追溯到 1139 年之前或者 1191 年之后——也就是 1187 年耶路撒冷落入苏丹萨拉丁(Sultan Saladin)之手、耶路撒冷王国的都城迁往阿卡(Acre)之后;但学者们普遍认为,它们是在 1165 年前后制定的。描述修道生活的条例可能与 1187 年以前耶路撒冷王国的情况最为相符,但规定大团长(the grand master)遴选方法的律令似乎与 1179—1180 年间发生的事件有关;关于召开全体教士会议的律令中提到了"朝圣者城堡"[Castle Pilgrim,即阿特利特堡(Atlit)],因此它们必定出现于 1218 年这座城堡建成之后。有两套关于苦修的规定:较早的一套似乎属于较早的增补条例,因此很可能制定于 1187 年之前;后来的那一套更加详细,其中虽然提到了 1257 年蒙古人的入侵,因此必定制定于那一年之后,却又没有提到加斯顿(Gaston)城堡[即巴格拉斯(Baghras)]陷落一事。如今存世的最新规章是用加泰罗尼亚语写就的,必定完成于 1268 年以后,因为其中描述了那一年加斯顿城堡向苏丹拜巴尔斯(Sultan Baybars)投降的过程。[13]加泰罗尼亚语版的规章已经调整得更加连贯,将类似事项归拢到了一起。在 1309 年或 1310 年圣殿骑士团受审期间,有位外人提到过一些新的规章制度;阿莱恩・德穆尔格(Alain Demurger)认为,圣殿骑士团的最后一任团长雅克・德・莫莱(Jacques de Molay)曾经试图改革这个骑士团,但记录这些最后的改革措施的手稿无一保存下来。[14]

流　传

关于入会仪式的规定中概述了圣殿骑士团的规范和日常事务,并且应当向骑士团招募的新成员宣读。[15]新募成员都被告知,若是需要了解更多的情况,可以去请教圣殿骑士团里的其他修士。[16]在对苏格兰的圣殿骑士进行审判期间,两名苏格兰圣殿骑士也证实说,获准加入骑士团的时候,他们收到过这些指示。[17]

法语版的入会条例,要求负责接纳新成员的修士把那些会导致他们被逐出骑士团的过错告知新成员,其中包括对另一名基督徒或者修士使用暴力,以及接触女性——但修士生病之时可以雇用女性来照料自己。还有一些规定,比如:修士应该穿着内衣睡觉、应该用什么样的铺盖、应该穿什么样的衣服,膳食和就餐后到礼拜堂里做感恩祷告的安排,白天在礼拜堂里应做的其他礼拜,以及每天要做的祷告。加泰罗尼亚语条例用一种不同的次序阐述了这些规定,称团长首先应当说明每日要做的祷告和膳食情况,然后是回避女性的规定,明确指出修士们甚至不得从女性那里取水洗手,并且吩咐新入会者不得接触被逐出了教会的人,不得当教父,不得替世俗之人送信,除非是了解信件的内容。然后,团长应当列出那些会导致修士们被逐出骑士团的过错。苏格兰的两名圣殿骑士曾经回忆起关于睡觉时应当穿什么衣服和应当回避女性的规定——其中一条明确指出,他们不得从女性那里取水洗手——他们还被告知了骑士团里的禁食(*jejuniis ac rationibus*)、斋戒规定和种种规程。在法国,索瓦松(Soisson)主教区的助祭修士兼摩埃斯(Moissy)的统领让·德·

科尔梅耶斯(Jean de Cormeilles)修士曾在1311年2月回忆说,入会之时他被告知,应当维护骑士团的良好习俗与传统(*bonas usus et bonas consuetudines*),应当穿着衬衫就寝,必须做的祷告以及他在骑士团里应当如何行事的具体指令。[18]因此,修士们显然是按照条例中的规定获准入会的。

然而,入会之后,圣殿骑士个人接触《团规》各卷和条例规章的情况,我们就不清楚了。在1310年针对圣殿骑士团的诉讼中,英格兰坎特伯雷教省(the province of Canterbury)的一些圣殿骑士曾经否认他们了解骑士团规章簿册中的内容;不过,他们有可能只是试图逃避针对圣殿骑士团的指控罢了。[19]西蒙内塔·塞里尼认为,圣殿骑士团的修士在13世纪下半叶就不再直接阅读《团规》,而是全凭他们在入会仪式上口头背诵的概要了。[20]当然,规范着修道生活的条例中规定,未经修会(即骑士团总部的高级修士们)允许,任何修士都不得持有(*tenir*)《团规》或条例的副本:

> 修会一直禁止修士们保有这些东西,因为曾经有侍从发现并阅读了,然后透露给了世俗之人。这样做有可能危及我们这个骑士团。[21]

尽管如此,加泰罗尼亚语版的条例中却提及了一个例子,称一位修士确实可以接触到条例:

> 一位德国修士离开了朝圣者城堡的会所,后来他的所有物品都被找到了,唯独他保有的那部增补条例除外。[22]

没过多久,那位修士回来并且请求重新获准加入圣殿骑士团;但是,由于他持有的那部条例一直没有找到，所以他的请求遭到了拒绝。这个例子说明圣殿骑士团中的个别成员平时确实持有条例的副本。

圣殿骑士团《团规》的内容

尽管每位圣殿骑士不一定都清楚该团条例中的所有细节，但《团规》中并没有做出任何不同寻常的规定。由于是以《圣奥古斯丁守则》和《圣本笃会规》为基础制定的，因此它与传统僧尼们所遵循的规章制度很是相似。1129 年的《原始团规》(Primitive Rule)中，规定了圣殿骑士应当参加哪些宗教礼拜，他们应当穿什么衣服，他们的鞋子、寝具、食物以及一日三餐该如何安排，他们该如何来去，什么人可以加入骑士团，以及修士们死后该怎么办等内容。其中始终强调，圣殿骑士应当过一种简朴的生活：骑士们不得拥有个人财产，应当吃简单的饭菜、穿朴素的衣服，并且应当服从团长的命令。

圣殿骑士一日的生活围绕着"时祷"(Canonical Hours)进行，即每日进行的 7 次祷告，每次祷告都以一天中的一个小时命名；至于一天中的小时，则是以白天和夜晚各为 12 个小时为依据来计算的。[23]这些时刻会根据一年中的时节而有所不同：在苏格兰这样的北部地区，夏季里白天的时间会很漫长，冬季里则很短暂。这些礼拜时间分别为：早祷(Matins)或晨祷(Lauds)，在黎明之前进行；首祷(Prime)，在日出时分的第一个小时进行；午前祷(Terce)，在白天的第三个小时进行；午祷(Sext)，在白天的第六个小时或者正午进行；午后祷(Nones)，是在白天的第九个小时；夕祷(Vespers)或日落祷；晚祷(Compline)，在黄昏时进行。在实践中，"祈祷时刻"变成了在一天当中的固定时间进行的短祈祷，并且常常早于各自名称所对应的那个小时进行——比如第三个小时的午前祷原本应当在昼夜平分法中的上午 9 点进行，实际上却是全年都在上午 8 点进行；午祷（正午）是在上午 11:30 进行；午后祷（下午 3 点）则是在午后 1:30 或者 2:30 进行的。然而，有些祈祷时刻一直都较为接近于它们的最初时间：早祷仍然在日出前进行，夏季是在凌晨 3:30 或者 4 点钟，冬季则是在早上 6 点钟；首祷是在夏季早上 6 点钟，这是昼夜平分法中的第一个小时，冬天则在早上 6:45 进行；夕祷是在夏季下午 6 点钟，冬季却在下午 4:15，差不多到了日落时分；晚祷进行得很早，夏季是在晚上 8 点，冬季是在下午 6:15，即夜幕降临之后。[24]由于这些祷告时刻与各修道会遵循的祷告时刻相同，因此圣殿骑士团每日生活的大致情况与僧侣的日常生活情况惊人地相似（参见图 12 和图 13）。

拉丁语《团规》中的第一条原本规定，圣殿骑士应当遵循圣城（Holy City），即耶路撒冷的教规制度和常规习俗，参加早祷和所有固定时分举行的短祷。[25]然而，由于圣殿骑士团并非一个与世隔绝的修会，会中的修士经常四处奔波，或是参加军事征战，或是执行教团的其他事务，因此他们需要一种替代方案。于是《团规》中明确规定，他们若是不能参加固定时分进行的祈祷，就应当背诵主祷文（Lord's Prayer）：早祷背诵 13 遍，夕祷背诵 9 遍，其余祷告时刻都是 7 遍。[26]

然后，《团规》又解释了一位修士去世之后应该怎样办：他们每天应当做 100 次祷告，连续 7 天；一名穷人应当领受一位修士的饮食，连续领受 40 天。至于仅仅在骑士团里服务了一段固定时间之后就去世的修士，团中的每位修士都应当诵念 30 遍主祷文，一名穷人则应领受 7 天的饮食。《团规》中还规定说，司铎（1129 年时可能还不是已经宣誓入会的骑士团修士）只应从骑士团领受食物和衣服，而不得领受钱财和其他报酬。[27]

《团规》还说明了修士们在做教堂礼拜的过程中，什么时候应当站着、坐着和跪着（后来又规定他们必须默祷），以及就餐时应当遵循的程

根据《圣本笃会规》设立的“修道节”

因此，无论你是谁，在匆匆赶往天国家园的时候，你都应当首先在基督的帮助之下，遵行这部供新手所用的小小会规。

——《圣本笃会规》(公元6世纪)

修士或修女都应当过着一种顺服、沉默、谦卑且贫穷的生活。他们的一天，是由他们在教堂里做礼拜，加上单独学习和为宗教团体工作(比如在田地里或厨房里干活)等内容构成的。礼拜的时刻，是通过把白昼和黑夜各自分成12个小时来计算的。因此，夏季白昼的每个小时都要比黑夜的每个小时长，冬季则正好相反。

时　间	教堂礼拜	
冬季为凌晨2点左右，就在夏季的晨祷之前	守夜祷/早祷 “晚课”	夏季礼拜时间较短，冬季较长 周日和节日里礼拜时间约为2个小时 冬季晚课之后，一直默读到晨祷
破晓	早祷	
早上6点左右	首祷(第一个小时)	
上午9点左右	午前祷(第三个小时)	
正午12点	午祷(第六个小时)	夏季里午祷过后进餐，然后睡觉午休
下午3点左右	午后祷(第九个小时)	冬季里午祷过后进餐，然后在回廊里诵读经文
天黑之前	夕祷	夏季里夕祷之后是晚餐，然后在回廊里诵读经文
日落 (夏季为晚上8点)	晚祷	晚祷之后不得再出声，然后在宿舍就寝

做礼拜的时候，他们会吟唱赞美诗、诵读诗篇，朗读《圣经》和“教会之父”(Fathers of the Church，即一些早期权威的基督教作家)所撰作品中的章节，以及与这些章节有关的、用于冥想的歌诀。

就餐：从复活节到9月14日，除了斋戒日，都是一日两餐。从9月14日到复活节则是一日一餐。在大斋节期间，每天的那一顿都是在夕祷之后吃。

就寝：他们都是从日落一直睡到黑夜的第八个小时。在夏季，他们还会在午餐过后一直午休到做午祷礼拜的时候。

图12　根据《圣本笃会规》设立的“修道节”(The Monastic Day)

根据《圣殿骑士团团规》设立的圣殿骑士节

时间	礼拜堂里的礼拜（在分团拥有一座礼拜堂的情况下；如果没有，那就是在大厅里）	
晚上	在礼拜堂里做早祷	修士们都应参加祷告 接下来修士们前去检查马匹和装备，并对他们的侍从训话 就寝，直到黎明
早上 6 点左右	首祷 弥撒（或者在午祷之后进行）	
上午 9 点左右	午前祷	
正午 12 点左右	午祷 弥撒（如果此前没有做弥撒）	过后维修盔甲与装备，制作帐篷钉、帐篷柱，或者其他必需之物 接下来是午餐：骑士修士第一批就餐，军士修士第二批就餐；他们就餐的时候，神父会大声诵读经文 去礼拜堂里做感恩祷告："回到他们的岗位上，尽力遵照上帝的指示去做。"
下午 3 点左右	午祷 为逝者做夕祷 为逝者做守夜祷	
傍晚	夕祷 晚祷	晚餐之后做夕祷 饮酒之后做晚祷 查看马匹与装备，必要时对侍从训话
天黑		就寝

说明：斋戒期间，每天只在下午 3 点或 4 点吃一顿饭。

礼拜堂里举行"日课"礼拜之前，会向修士们分发礼拜规程。

全体教士会议在每个周日、圣诞节、复活节和圣灵降临节举行。在远离边陲的欧洲，照管马匹和装备这一点会被分团所需的其他任何工作所取代。

图 13　根据圣殿骑士团规章设立的"圣殿骑士节"（The Templars' Day）

序。与僧侣不同的是，圣殿骑士都没有学过手语，因此必须允许他们说话，但只能悄悄地叫人把什么东西递给他们；他们应当像僧侣一样安静地就餐，同时聆听《圣经》中的一个章节。他们可以吃肉，但每周只有3天可以吃（星期二、星期四和星期天），其他日子里则应吃素。这一点也不同于僧侣。吃饭的时候，他们应当两人一组，并且每个人都必须确保另一人有充足的饭菜——后来又规定，骑士团应当根据现有的资源，把食物平均分配给所有的修士。他们应当饮用等量和类似的葡萄酒。星期五是斋戒日，因此那天只吃一顿饭；其余日子里，他们则吃两顿。吃完饭后，他们应当去礼拜堂里做祷告，感谢上帝。面包碎块应当分给农场雇工、团内仆役和穷人，但没有碎裂的面包应当留着下一顿吃。面包的1/10应当交给施赈人员去分发给穷人。晚祷之前，他们应当吃一点儿点心或者零食，既可以就水食用，也可以搭配加热的葡萄酒吃，这一点由团长来决定。晚祷之后，修士们就应当上床就寝了，尽管他们首先也可以简短地讨论一下必要的事务。修士们都应当起床参加早祷，除非他们极其疲惫；在这种情况下，他们就应当在床上诵念13遍祷文。[28]

《团规》强调，所有修士必须过集体生活。人人都应够吃够用，谁也不应奉行一种过度节俭的生活方式。修士们的着装都有明确的规定。骑士穿白衣，但军士与侍从应当穿廉价的素色衣服，通常是一种叫作“布热尔”（burell）的褐色布料。骑士们唯一可穿的皮草，是用羔羊皮或绵羊皮制成的。重要的是，衣服应当合身。配发新衣服的时候，修士们应当把旧衣交还给相关官员，后者则会将旧衣服发给侍从、随员和穷人。修士们被禁止穿尖头鞋子、系鞋带、留长发和胡须。还有一些条款，规定修士们从复活节到11月1日可以穿亚麻布衬衣，而不用穿羊毛衬衣，每张床上应该配有一条毯子和一个枕头，修士们应当穿衬衫和马裤睡觉，房间里整晚都应点灯。[29]穿着衣服睡觉和寝室里整晚点灯等规定都源自《圣本笃会规》，属于宗教修会的标准规定。[30]

接下来,《团规》又涉及了军事事务:马匹、军事扈从和装备。一名骑士最多可拥有3匹马。侍从都是出于慈善目的而不是为了获取报酬才为骑士团服务的人,他们不应受到殴打。对于前来为骑士团服务有限的一段时间的骑士,《团规》中规定了他们的入会程序。骑士必须服从命令,不能随心所欲。《团规》中还有关于如何分配装备的规定。[31]

修士们不能保有任何秘密;未经团长允许,修士们甚至不能给家人写信(这条规定也源自《圣本笃会规》)。任何人都不得夸耀自己的功绩,不得以此凌驾于其他修士之上。狩猎受到了限制——他们应当集中精力,专猎狮子(想必指的是魔鬼)。[32]然而,《团规》还强调说,修士们属于世俗社会的组成部分:如果遭到法庭指控,他们必须出庭应诉;他们可以拥有土地、雇用百姓和农夫,但应当公正地加以管理。[33]

然后,《团规》考虑到了骑士团不同成员的需求,以及可以招募哪些人到骑士团里来的问题。生病的修士应该有人照顾。修士们彼此之间不得争吵。已婚男子可以获准加入并成为修士,但既不得穿白色袍服,也不得跟守贞修士住在同一座房屋里。假如一位已婚修士先于妻子去世,其部分财产应当交给骑士团,部分财产留给妻子生活,但骑士团不得再接纳修女。修士们须回避那些已被逐出教会的人。新来的修士获准加入骑士团之后,应当经历一段察看期之后,才能成为该团的正式成员。随员和侍从(*tam clientes quam armigeros*)可以加入骑士团,在一段固定的时间内侍奉上帝,但年纪太小而无法作战的男孩不得加入。年老体衰的修士应当有人去照料。[34]

每当需要做出决定之时,团长无须将全体修士召集拢来;他可以召集一个由合适的修士组成的委员会,只是要讨论影响到整个骑士团的重大事务时,团长才会召集所有修士举行全体教士会议(chapter,宗教修会用于指日常事务会议的术语)。受命派往国外执行骑士团公干的修士,应当尽量遵守《团规》。假如一位主教或者世俗人士捐赠财物,修士们就可以收取什一税(即应当交纳给教会的收入的 1/10)。[35]

接下来的数条涉及的是违反骑士团规章制度的过错。犯有轻微过失的修士应当受到惩戒。对于犯有重大过错的修士,团长应在听取耶路撒冷大牧首(Patriarch of Jerusalem)的建议之后将其逐出骑士团。

最后的几条,则是提醒修士们不要嫉妒和背后中伤,不得亲吻女性(哪怕是他们的姐妹和姑姨),也不得去当别人的教父或者教母。[36]

简而言之,1219 年的圣殿骑士团《团规》将一个宗教修会的需求与一个在世俗社会里运作的军事组织的需求结合了起来。妇女、儿童不得加入这个骑士团,修士们也应当尽量减少他们与家人之间的联系。军事人员——包括已婚或未婚的骑士、侍从和其他助手——可以暂时性地加入骑士团。修士们没有与社会隔绝:他们可以拥有土地、雇用农场劳动力和收取什一税。《团规》的设想是,他们会与各地的主教合作,后者会给他们送来新募的成员,并将什一税赠予他们。《团规》中承认,修士们必须为了骑士团的事务而四处奔波,为骑士团募集慈善捐赠。他们可以彼此交谈、对仆役说话,并且适当吃肉。

1129 年的拉丁语《团规》中,有许多的规定是防止修士们采用一种过度苦修的生活方式的:做礼拜的时候,修士们不得始终站着;他们不得因为将就着生活而受到表扬;他们吃饭时必须两人一组,确保两个人都吃饱。[37] 1216 年或者 1218—1227 年的阿卡主教雅克·德·维特里(Jacques de Vitry)记录过一桩逸事:一个军事宗教修会里曾有一人斋戒得太厉害,以至于作战时都无法稳坐在马背上了;不得不在此人摔下马去后帮他重新上马的同僚,曾称此人为“面包清水大人”(Lord Bread-and-Water),因为他只吃面包、喝清水。[38] 圣殿骑士团的规章制度表明,圣殿骑士应当具有适合作战的体格,而不该像修道士一样去抑制自身的生理需求。

《团规》还禁止圣殿骑士长久独处。他们过着集体生活。虽然他们应当安静地做祷告，以免打扰身边的人，但他们通常会在礼拜堂里一起做祷告。他们吃饭时，是两人一组。《团规》的法文译本中规定，他们应当两人结伴来去；对当时的宗教人士来说，这是一种标准的做法。[39]他们所做的一切，必须接受公众的监督：即便是晚上就寝，他们也穿着内衣，点着灯睡觉。前文已经提到，点灯属于《圣本笃会规》中规定的一条修道守则；但从军事的角度来看，这种安排意味着若是夜间遇袭，由于身上已经穿有部分衣服，他们就能迅速武装起来，做好战斗准备了。

1129 年的《团规》表明，圣殿骑士团以耶路撒冷王国为大本营，前往海外的所有修士都是为了执行骑士团的公干而去，但他们最终都会返回东方。其中还提供了一些信息，指出了团长、配发衣物和寝具的官员、总管或者大管家（*dapifer*）、施赈官以及专职教士等人员的职责。然而，随着这个骑士团不断壮大、组织机构变得日益复杂起来，就需要制定更多的规章制度了。

后来的规章制度

圣殿骑士团的等级律令——如前所述，它们很可能制定于 1165 年前后——极其详细地阐述了位于骑士团总部和拉丁东方的各级官员的职责，说明了圣殿骑士们应该如何组织起来骑马出征、他们应当携带什么样的武器、应该如何照管他们的帐篷和装备、他们行军的次序以及应当怎样设立营地等内容。[40]在说拉丁语的东方或者伊比利亚半岛（Iberian Peninsula）上的伊斯兰边境地区，这些内容可能属于圣殿骑士们日常生活的组成部分，但它们与欧洲其他地区圣殿骑士们的生活却毫不相干。

尽管圣殿骑士团有着详细的军事规程，但等级律令和后来的规章制度中，几乎都没有关于他们训练的信息。我们只能通过字里行间去研究，从中发现没有战事的时候，修士们应该会练习使用武器，比如这样的说法："修士们比武之时不得投掷长矛，之所以禁止，是因为这样做有可能致人受伤。"[41]修士们必须获得团长允许之后才能比武或者赛马，并且禁止试剑，因为长剑有可能被折断。[42]骑士团的条规假定从军的修士都已是训练有素的战士，因此把训练的具体细节交由个人或者每个分团集体组织。

1129 年之后数年里制定的条规表明，克莱尔沃修道院的院长伯纳德为圣殿骑士团生活方式设想的那幅图景并非完全准确。虽然修士们不准下象棋或者十五子棋，但在不赌博的前提下，他们还是可以玩一些棋类游戏。[43]显然，圣殿骑士们的确赌博，因为条规允许他们用一些没有价值的东西下赌注。[44]在东方军事修道会驻扎的城堡里，考古学家已经发现了棋盘和棋子，其中包括了在朝圣者城堡发现的骨制骰子，以及在瓦杜姆雅科布要塞发现的棋盘。朝圣者城堡里的一块棋盘刻在马厩房顶的灰泥屋面上，似乎是为了不让那里的统领发现。[45]当然，玩这种违规游戏的人可能是仆役，而不是圣殿骑士们。

圣殿骑士团后来制定的条规，重申了 1129 年的《团规》中关于骑士们狩猎的那条禁令。[46]尽管 1129 年的《团规》允许他们一周吃 3 天肉，但他们只能食用非狩猎所得的肉类。因此，他们只能食用农场饲养的牲畜、别人捐赠给他们的肉类，或者可以买到的肉类。在其他方面，条规则允许他们食用种类繁多的食物：他们任何时候都可以吃奶酪或鱼，并且每天有两道菜可供选择。等级律令表明，一餐当中所吃的两个肉菜可能是一道牛肉和一道羊肉，而那些不吃牛肉的人（*ceaus qui ne manjuent buef*）则被安排坐在餐桌上只提供羊肉的那一侧。[47]这种情况说明，选择一种肉而不吃另一种肉的原因是有些人在体质上不能吃难以消化的肉类。条规中还声称，所有修士通常有两种肉类可选择，若是分团财力雄厚、统领也允许的话，一餐甚至可以有3道肉菜。这表明，吃什么肉属于个人选择的问题。[48]

按照条规，修士们在斋戒日（即星期一、星期三、星期五和星期六）里有两道非肉类菜肴可以选择，但只应有一道菜需要烹煮；其中提到了奶酪、新鲜的鱼或腌鱼，或者其他的配菜（*autre companaige*）。在星期五，他们吃的可能是一道煮熟的菜，外加一盘青菜（*herbes*）或者其他的配菜。[49] 1129年的《团规》中规定，仆役与助手只吃一道菜，修士们则有两道菜；后来制定的条规又明确规定，修士们若是有3道菜，那么分团内的其余人等（*maisnee*）就应该吃两道菜。[50]修士们都喝葡萄酒，并且每个人获得的葡萄酒应该一样多。[51]描述修道生活的增补条规表明，修士们每一餐至少安排有两种座席（*couvent*），骑士修士应当在首席上就餐。这表明军士修士和分团其余人等都是在次席上就餐。[52]外人也可以在主厅里骑士修士们就座的餐桌上吃喝。增补条规中还暗示出，当时他们还养有宠物和家禽，因为其中禁止修士就餐时给家禽或其他动物喂食。[53]修士们每天通常吃两顿饭，一顿是在正午（*midi*）之后，另一顿是在夕祷过后，而晚祷之前还可以喝一点儿酒。斋戒日里他们只吃一顿，是过了午后祷才吃，也就是下午3点左右之后。[54]

身体不适或者吃不了修会（convent，这里是指骑士团这一团体）所供饭菜的修士，则应当在医务所里就餐。等级律令中规定了医务所里不准吃的某些食物，有奶酪、扁豆、带壳蚕豆、卷心菜（花椰菜除外）、牛肉、山羊肉、绵羊肉、鳟鱼和鳗鱼。[55]规定体弱多病者不能吃这些菜的事实表明，身体健康的修士是允许吃这些菜的。条规的加泰罗尼亚语版是存世的圣殿骑士团条规距今时间最近的版本，其中规定：一位修士若是吃了或者喝了不该吃、不该喝的东西，或者在不当之处吃喝，就有可能受到惩戒，在一年零一天的时间里只能吃面包、喝清水。经常酗酒的修士会被要求做出选择，是“留在分团还是继续酗酒”（*la maisó ho deu vin*）；假如拒绝戒酒，他们就会被逐出分团。[56]

后来制定的条规比 1129 年的《团规》更加详细地规定了向穷人捐赠食物的情况。给修士们供应的食物分量应当极其充足，以至于他们吃剩的食物足以让与修士们数量一样多的穷人吃饱。有适当数量的穷人会在大厅里与修士们一起就餐。修士们应当小心谨慎地切分食物，以便剩饭剩菜的状态适合去赈济穷人。[57]

1129 年之后制定的条规，延续了最初在服装方面的限制措施。骑士与军士修士只准有两套服装，但他们还获准拥有一件穿在衣服外面的毛皮夹克（*pelice coverte*），冬季可以穿一件有毛皮衬里的披风，到了夏季则应该把披风交回去。[58]

全体教士会议

条规中详细地阐述了圣殿骑士团召开会议的规程，尤其是举行“普通教士会议”或者每周事务会议的程序。凡有 4 位及以上修士的分团，每个星期天以及圣诞节、复活节和圣灵降临节（Pentecost）——基督教一年当中的 3 个重大节日——的前一天都应举行一次全体教士会议。[59]条规规定，只有骑士团的成员才能出席会议；由于会议的主要事务就是讨论过失和忏悔，因此让修士们可能犯下的任何过错公之于众并不符合骑士团的利益。会议应当以主祷文开始，由主持会议的修士领诵，然后应由神父进行祷告。[60]

条规关注的主要就是如何处理骑士团内部违犯戒律的行为，以及应当给予违犯者何种惩罚的问题。最严重的惩处就是永远逐出骑士团，这是对杀害基督徒的行径实施的一种惩处措施，而司铎修士并不能赦免圣殿骑士犯下的这种罪行。[61]圣殿骑士团的条规不断得到更新，以便适应日新月异的形势。关于忏悔和惩罚的条规制定于1257—1267年，其中详细地提到了一个例子：安条克（Antioch）曾经有3名圣殿骑士杀害了一些基督徒商贾，他们不但被逐出了骑士团，还遭到了公开鞭笞，并且在东方的4座主要基督教城市——安条克、的黎波里（Tripoli）、提尔（Tyre）和阿卡——游街示众，然后在阿卡南部隶属于圣殿骑士团的朝圣者城堡里被关押至死。条规中还称，阿卡的另一位骑士团修士也受到了类似的惩处。[62]其他导致修士被逐出骑士团的罪行则有：买卖圣职（即花钱加入骑士团）；向没有出席会议的人公开全体教士会议上讨论的事务，包括透露给其他的修士；偷窃骑士团的财物；从大门以外的地方离开一座城堡或者一个筑有防御工事的分团（后来制定的条规把这种行为视为偷窃）；谋反；逃往穆斯林敌人的阵营；信奉异端邪说——在后来的规章制度中，这里又增添了鸡奸——以及在战斗中丢弃骑士团的旗帜。后来制定的条规中，还增加了未经允许担任圣职和未经许可离开边境地区的城堡这两条罪行。[63]

对于一些不太严重的过错，比如不服从命令、殴打另一位修士或另一位基督徒，或者接触女性，惩处措施是在某段固定的时间内，不准犯错的修士穿圣殿骑士团的袍服。假如过错特别严重，犯错的修士也有可能被戴上镣铐，并且遭到终身监禁。至于较轻的罪过，惩处措施就是让犯错的修士每周苦修一定的天数，其间只能吃面包、喝清水，并且必须坐在地上吃。这种处罚中，可能也含有肉刑。最轻的惩罚是送到司铎修士那里去忏悔。[64]

在全体教士会议结束的时候，会议主持者应当声明，凡是犯了过错却没有忏悔的人都不能得到赦免，但凡是忏悔了所犯过错的人都会得到宽宥。然后，此人会为骑士团的所有成员及其准成员（不论男女）、为骑士团所有在世与去世的捐助人做收尾祷告。最后，如果有司铎修士参会，司铎就会领着众人告解，并且赦免那些忏悔了自身所犯罪孽的修士。

如果没有司铎修士参会，修士们就简单地诵念主祷文和一遍《圣母经》(Hail Mary)。[65]

每周举行的这些教士会议，并未留下任何的书面记录。虽然每隔几年才举行一次且骑士团的所有官员全都参会的重要全体教士会议可能有过书面记录，但如今这种会议记录并无单独的文献存世，不过，会议上做出的一些决定有可能纳入了圣殿骑士团的规章制度当中。[66]为了将圣殿骑士团与同属军事修会的医院骑士团进行比较，我们应当注意的是，医院骑士团现存历史最悠久的全体教士会议记录晚至1330年才出现。[67]此种情况表明，这两个国际性的宗教组织在以耶路撒冷王国为大本营的时候，要么是没有全都创建和保存全体教事会议的记录，要么就是这些记录都在1291年埃及的马穆鲁克人(Mamluks)攻陷阿卡、骑士团最后撤离的过程中遗失了。

在海外

1129年的《团规》、法文译本和增补条规全都假定圣殿骑士参与了常规的军事活动。它们规范着东方圣殿骑士们的生活，并且提到那些打算前往欧洲海外(*outremer*)的圣殿骑士时，仿佛他们要去的是一个奇怪而陌生的地方，修士们在那里不一定能够遵守《团规》似的。前往海外的修士在那里犯下的恶行应当得到赦免，因为他们有可能无法完全控制自己的行为：

> ……因为他必须服从骑士团的命令，去承受海上和其他地方带来的痛苦与艰辛。[68]

1309年10月，约翰·德·穆恩(John de Moun)修士在伦敦也对讯问他的人说了类似的话：

> 他说，告解神父会让越过希腊海(Greek Sea)的修士暂停忏悔，直到他们安顿下来。[69]

更广泛地来看，天主教神职人员在奔波之时一般都可以不受某些条规的约束，比如不去酒馆或者不准携带武器的规定。[70]就算没有其他差异，奔波带来的重重危险和耗费的大量时间也在海这边的圣殿骑士和海那边的圣殿骑士之间形成了一条清晰的界限。虽说身处海外的圣殿骑士应当遵守《团规》，但当时的人也认识到，他们有可能做不到这一点。修士们被派往海外，可以是为了替骑士团工作，或者是因为他们生了病；团长应当与东方圣殿骑士团的高级官员及一些资深的修士商量之后，决定派什么人去。他们应当确保，修士们不是出于恶意而被派往海外。[71]

圣殿骑士团的条规中提及的地点大多位于东方。等级律令中简要地提到了法兰西和英格兰、普瓦捷(Poitiers)、阿拉贡、葡萄牙、阿普利亚和匈牙利等地的骑士团统领，并且规定，除非是被团长与教士会议召见，否则他们不得前往东方。[72]资产、马匹和袍服却可以从海外运抵东方——律令中还说明了对它们的处理办法。[73]详尽细致的忏悔构成了法语版条规里距今年代最近的组成部分，其中提到了西方的一些地点，包括对葡萄牙、西班牙、法兰西、普瓦图(Poitou)等地的各省分别提及了一次，并且提到了蒙彼利埃(Montpellier)一位折断了长剑的修士。[74]条规中还有处理海外身亡的修士(比如省级统领、巡察修士和司铎)财产的规程。[75]圣殿骑士团的入会条规中提到，修士们有可能被派往东方，或者被派往阿普利亚、西西里(Sicily)、伦巴第(Lombardy)、法兰西、勃艮第(Burgundy)或者英格兰。[76]

没有提及西方这一点表明，东方的圣殿骑士们对西方的历史事件几乎毫不了解，或者不感兴趣。然而，后来的加泰罗尼亚语《团规》却表明，他们对西方发生的事件有了更加广泛的认识；至于原因，大概是因为这部《团规》是为加泰罗尼亚的圣殿骑士制定的吧。其中不但提到了法语条规中出现过的，发生在葡萄牙、西班牙、法兰西和蒙彼利埃等地的案例[77]，还有来自加泰罗尼亚和阿拉贡但在早期条规中没有出现过的3个案例，并且提到了那些被从东方派到西班牙的修士，规定除非是受到修会召见，否则修士们就不应从西方前往东方。[78]加泰罗尼亚语《团规》中的其他一些案例涉及一位离开耶路撒冷王国的骑士团，转而去了阿普利亚的修士，以及两个关于普罗旺斯的修士离开骑士团的案例。[79]加泰罗尼亚语《团规》还把一桩事件追溯到了法兰西某位统领所处的时期，这表明读者可能知道那是什么时候。[80]

加泰罗尼亚语《团规》表明，西方的圣殿骑士奉守着与位于圣地的修士相同的规章制度，并且了解东方发生的事件。然而，《团规》与规章制度的重点始终集中在东方的骑士团、骑士团的官员及其职责等方面。

成员、仆役与奴隶

1129年的《团规》、后来的法语译本和增补规章，都揭示了圣殿骑士团成员不断增加的过程。拉丁语《团规》中提到了几类人员：属于圣殿骑士团永久成员的骑士和/或修士；暂时性地在圣殿骑士团里服役的骑士和侍从，他们是出于虔诚，而不是为了获取钱财；还有已婚修士，他们与那些发誓保守贞洁的修士不住在同一座房屋里。正如本章开篇时提到的那样，拉丁语《团规》规定，不应再接纳修女加入圣殿骑士团。骑士团雇用了司铎；团里还有军士（*clientes*，翻译成法语后成了 *sargens*）、农场雇工(农场工人)、准会员和内务仆役。[81]到制定等级律令的时候,司铎和军士都可以像骑士一样,成为骑士团里的正式成员了。加入骑士团的修士们都被告知,他们有可能被派往骑士团在那里拥有土地的任何一个国家;军士修士还得知,他们有可能去执行一些底层的任务(*vils mestiers*),比如到小炉窑、磨坊、厨房去干活,去照管骆驼,到猪圈里去干活,或者其他任何一项任务。骑士团还雇用了文书和"瓦赫莱"(*vahlets*)——"马僮"或者"听差",以及其他的仆役和军事人员。[82]

骑士团的条规中还提到了奴隶,他们可以是通过战争获得的战利品,或者购买所得。奴隶的社会地位似乎与骑士团里的役畜一样:需要苦修忏悔的修士会被派去与奴隶一起干活,而奴隶死去之后,会被草草下葬。奴隶对骑士团来说具有价值,因为一位修士若是杀死、伤害或者弄丢一名奴隶,就有可能失去自己的袍服,但这种惩罚与杀死、伤害或者弄丢一匹马的惩罚措施完全一样。职业修士(*Freres de mestier*,即专职执行某项任务的修士,比如铁匠或者木匠,他们手下有干活的奴隶)和负责管理监狱(大概是关押奴隶的监狱)的修士不得擅自用戴镣铐、锁木枷、用剑刺等手段来惩罚奴隶;但若是奴隶罪有应得,他们就可以在未经许可的情况下殴打和鞭笞奴隶,只要不把奴隶打残就行了。奴隶可以出钱赎回自由之身。[83]

13世纪晚期《团规》的加泰罗尼亚语译本扩充了这些规定,重申了奴隶的价值等同于牲畜的价值。骑士团会给经过诊断染上了麻风的修士分配一名前去服侍的奴隶和一头驮运物品的驴子,然后把染病的修士送到圣拉撒路骑士团(Order of St Lazarus)去。内务修士的入会仪式则明确提出了警告,规定他们不能做任何有可能导致一头牲畜或者一名奴隶被俘或者受伤的事情。[84]

拉丁语《团规》中,提到了圣殿骑士团总部的一些官员,包括团长、总管(*procurator*)或负责分发衣物与寝具的官员、一位负责照管病弱修士的总管、监察长或者大管家，以及施赈官。[85]在等级律令中，这份名单大幅增加。掌管衣物和寝具的官员此时成了司衣官（*drapier*）；负责照管病弱修士的总管变成了护士长（*enfermier*）；还有一位元帅、负责东方各地（耶路撒冷王国、耶路撒冷城、的黎波里各地和安条克各地）的统领，以及西方各省（法兰西和英格兰、普瓦捷、阿拉贡、葡萄牙、阿普利亚和匈牙利）的统领。全体教士会议还可以任命巡察官员：虽然条规中没有详细说明巡察官的职责，但巡察官显然会前往西方诸省。[86]耶路撒冷王国或耶路撒冷地区的统领同时兼任整个修会的司库；土科波利尔（turcopolier）负责指挥军事修士作战；元帅可以任命一位副元帅和一位掌旗官（*gonfanier*）；可能还有一位副司衣官，以及一位骑士统领和一位膳食（*de viande*）统领。[87]一些修会官职在其他省份被照搬设立，比如的黎波里和安条克两地也有一位大管家。[88]各个分团都有自己的统领，但有别于整个地区的大统领。[89]"卡萨利耶"（*Casaliers*）则是负责掌管东方属于圣殿骑士团所有的村落与农庄的修士。[90]

大多数高级官职只能由骑士修士担任，但军士修士也可以担任副元帅、掌旗官、厨师、马医、阿卡造船所统领等职务，并且可以担任单个分团的统领一职。[91]这些都属于责任重大的职位。掌旗官负责为骑士团招募侍从，并让后者宣誓效忠（*fiances*）；但这些侍从并不是加入了骑士团的修士，因为掌旗官还负责在侍从服役期满之后向他们支付薪水。掌旗官必须确保他们有充足的大麦和稻草供应，以满足后者照管的马匹所需。掌旗官还负责把骑士团的条规教给这些侍从，并且可以召集他们举行管理会议，对他们进行惩戒。条规的一份抄本中补充说，掌旗官还负有指挥负责粮库的人和哨兵的职责。[92]简而言之，这种军士修士就是一种基层负责人，掌管着为战场上的骑士修士提供支援的受雇人员和确保分团安全及其粮食供应的人员。

在西方诸省，这些职位大多并不存在。每个省份都设有一位大统领，而各个分团也设有统领；一个国家主要城市里的分团设有一位司库，职责就是代表赞助者和骑士团自身的财政来处理财务事宜。1129年之后的圣殿骑士团条规中描述的这种复杂的官职制度，并未应用于西方诸省。

是不是修道士

尽管西方各个分团一般都没有卷入战争，但其中的圣殿骑士每天都要做祷告。《圣本笃会规》中规定的“日课经”（*opus Dei*），由修道士们每日应当在教堂里所做的祷告和进行的各种宗教礼拜组成。[93]同样，圣殿骑士的生活也应当以祷告和礼拜上帝为基础。圣殿骑士团的入会仪式始终强调，修士们应在他们的一切行止之中礼拜上帝。他们向“上帝与圣母”（*Dieu et Nostre Dame*）发下宗教誓言，新募成员会承诺，只要能让上帝满意，他们就会恪守那些誓言，来获得“上帝保佑”（*se Dieu plist*）。新入会者都被告知，“我们是为了纪念圣母而成立的”；给新成员下达的大部分指令包括他们每天须做的祷告，以及他们在礼拜堂里应该怎么做。[94]

由于圣殿骑士团和医院骑士团奉行的都是一种标准的礼拜仪式，而不是修道院里的礼拜仪式，因此他们的礼拜包括9课，每课都由一节经文、随后的一段应答圣歌（即一段在诵经之后吟唱的赞美诗）以及一段短诗（由司铎说出或者吟出的短句，随后则是会众做出的应答）。相较而言，修道院里的每日祈祷却有12课。圣殿骑士团和医院骑士团所用的这种较短的礼拜仪式，更适合于那些活跃在社会中的宗教修会而不是隐居在高墙厚壁之后的宗教修会，并且更像是世俗教堂里奉行的那种每日祈祷：重大宗教节日里有9课，其他时候则是3课。[95]

1129 年的《团规》中，规定了圣殿骑士日常祷告时的一般原则，而在后来制定的条规中，还有所发展。[96]条规是从每日黎明前的“早祷”礼拜开始的：修士们应闻钟即醒，起床后应穿好衣服，立即前往礼拜堂。不同于修道士的是，他们无须参加祷文诵唱。1129 年的拉丁语《团规》中，没有规定修士们在礼拜堂的礼拜过程中应该祷告些什么，只是规定他们不应当站着做完整个礼拜。后来涵盖了修道生活具体情况的增补条规中则称，他们在礼拜时刻可以诵念主祷文；但是，愿意的话他们也可以不诵念主祷文——重要的是聆听祈祷时刻的祷告。他们还应当在做完早祷之后回去睡觉的时候诵念一遍主祷文、饭前饭后各一遍、晚祷之后躺下就寝前一遍，并且每天要为全团修士及他们的捐助人（不论男女）念 60 遍：为死去的人和在世者各念 30 遍。在祈祷时刻聆听祷告应当优先于吃饭。[97]虽说他们有要务在身的时候可以不参加祈祷，但经常找借口不去参加的修士有可能受到惩戒。[98]

尽管修士们在礼拜时刻可不诵念祷文，但他们做礼拜时还是有动作的。1129 年的拉丁语《团规》中，规定了他们什么时候应该站立、跪着和坐下。[99]后来的增补条规中又指出，除了少数规定的例外情况，他们在每次礼拜中都须“毕恭毕敬”（*faire avenies*）——做出恭敬的姿势，比如鞠躬——“以此作为骑士团每日之惯例”。做弥撒的时候，修士们应当按照司铎的吩咐，某些时候跪着，其他时候则站着。在连祷期间，修士们应当“跪伏”（*agenoillier sur lor pis*）——字面意思就是“俯胸跪伏”，或者说跪下来，然后俯胸贴地。生病的修士虽然无须跪着和鞠躬，但都应当参加祷告。[100]

到了濯足节（Maundy Thursday）那天，修士们还须参加特殊的礼拜活动，为穷人洗脚。神父会用葡萄酒清洗圣坛，然后修士们在坛前祷告，亲吻圣坛，把葡萄酒抹到自己的嘴唇上。在耶稣受难日（Good Friday）那天，修士们会赤脚走到十字架前做祷告。修士们每年都应有 12 天参加在礼拜堂里举行的正式游行，庆祝教会的重大节日和特定教堂的节日；他们还可以参加司铎修士、神父和神职人员在一年当中其他时候举行的宗教游行活动。[101]

圣殿骑士团的祷告随着时光流逝而有所发展。如前文所述，1129年的《团规》中规定，因为正在替教会办差而无法参加祈祷的修士虽然可以不参加每日早祷，但应诵念13遍主祷文，并且每个祷告时刻都应念诵7遍，夕祷时则为9遍。[102]增补条规中要求每次日课时不能参加祈祷的修士都须诵念主祷文14遍，只有夕祷除外："礼拜圣母祷告时刻"（*por les hores de Nostre Dame*）诵念7遍，"当日祷告时刻"（*por les hores dou jor*）诵念7遍。礼拜圣母的祷告是站着进行，其余祷告则是坐着进行的。对于夕祷，他们应当诵念主祷文18遍，即每课9遍。[103]增补条规还解释说，礼拜圣母的祷告应当先行念诵，只有晚祷除外；晚祷时，礼拜圣母的祷告要到最后才诵念。

> 因为圣母是我们这个修会之发端，若蒙上帝保佑，我们的生命和我们这个修会都将于上帝喜悦之时，终结于她和她的荣耀之中。[104]

修士们的行止应当与宗教修会的成员相配：他们应当树立优秀的榜样，行事谦虚诚实；他们不得骂人；接到命令时，他们应当说上一句"以上帝之名"（*De par Dieu*），并且遵照执行——不过，像修道士一样，他们也可以拒绝接受一些不合理的要求。[105]在斋戒日里，他们全须参加斋戒，以纪念众多的基督教圣徒和条规中明确规定的事件。他们应当向一位司铎修士告解自己的罪孽，除非是没有司铎修士——这就说明，他们身边通常都有一位司铎修士。他们无须获得许可，就能向一位司铎修士忏悔，但必须获得允许才能向非骑士团神父告解。条规指出，司铎修士从教皇那里获得的、赦免圣殿骑士罪孽的力量大于主教——在某些抄本中则称，这种力量甚至超过了大主教。[106]

圣殿骑士团与传统修道会之间的巨大区别，就在于圣殿骑士团的《团规》和规章制度中根本没有提及阅读或者学习。在这一点上，圣殿骑士团遵循的是圣本笃最初的修道理想，规定修道士应当从事体力劳动来养活自己；不过，圣本笃还期待手下的修道士学习。[107]到 12 世纪时，修道院里的体力劳动已经逐渐演变成了学习、写作和抄录手稿。相比而言，军事宗教修会则是通过身体力行来履行《团规》的要求，而他们的学习（*estuide*）就是在礼拜堂里聆听日课经。[108]连那些生活在远离边境地区的修士也是如此。

尽管极其注重细节，但圣殿骑士团的条规属于规范性文本，其中阐述了可能发生或者理当发生的事情，以及哪些行为应当受到惩戒，却不一定反映出了日常的真实情况。在接下来的几章里，我们就将探讨现存证据表明的西欧地区圣殿骑士团的真实生活情况。

注释

1. Barber, *New Knighthood*(1994), p. 14; Amatuccio, ed., *Il Corpus normativo* (2009), pp. 404 – 417(at p. 404); Curzon, ed., *La Règle*(1886), pp. 11 – 70(at p. 14); trans. by Barber and Bate, *The Templars*(2002), pp. 31 – 54(at p. 32).

2. Amatuccio, ed., *Il Corpus normativo* (2009), pp. 407, 408, 414, 417（第 3、7、54、71 条）；trans. in Barber and Bate, *The Templars*(2002), pp. 35, 36, 49, 54(第 2、6、53、70 条)；Curzon, ed., *La Règle*(1886), pp. 63, 69(第 3 条和第 70 条)。

3. "The Rule of Augustine, masculine version", in *The Rule of Saint Augustine with introduction and commentary*, trans. in Canning(1984), pp. 11 – 24.

4. *The Rule of Saint Benedict in Latin and English*, ed. and trans. in

McCann(1952). 参见 Upton-Ward, *Rule* (1992), p. 11 中的讨论,引用了 Schnürer, *Templerregel*(1908), p. 57,注释 3:"Es find dies folgende Kapitel: 1, 2, 7, 8(9, 10), 12, (13), 16, 17, 19, 20, (30), 33, (37), 42, 43, 44, 45, 50, 55, 56, 57, 58, 60, 61(62), 65, 66, 68, 69"。

5. Amatuccio, ed., *Il Corpus normativo*(2009), p. 410(第 21 条);Barber and Bate, *The Templars* (2002), p. 40(第 20 条);Curzon, *La Règle* (1886), p. 67(第 21 条)。

6. 参见 Upton-Ward, *Rule* (1992), p. 13 中的讨论。文本见于 Curzon, ed., *La Règle*(1886), pp. 22 - 24[第 11—13 条(法语),第 58、64、57 条(拉丁语)]; Upton-Ward, *Rule* (1992), pp. 22 - 23; Amatuccio, ed., *Il Corpus normativo*(2009),法语: pp. 10 - 12(I. 2 - 3),拉丁语:pp. 414 - 416(第 55、56、63 条,部分);Barber and Bate, *The Templars* (2002), pp. 49, 51(第 54、55、61 条,部分)。

7. Curzon, ed., *La Règle* (1886), p. 72(第 74 条); Upton-Ward, *Rule* (1992), pp. 12, 37; Amatuccio, ed., *Il Corpus normativo*(2009), p. 40,第 15 - 17 (II. 1)行。

8. Upton-Ward, *Rule*(1992), pp. 12, 34 - 35(第 64 条);Amatuccio, ed., *Il Corpus normativo*(2009), p. 407(第 4 条);Barber and Bate, *The Templars* (2002), p. 35(第 3 条), pp. 62 - 63("Omne datum optimum"); Curzon, ed., *La Règle* (1886), p. 64(第 64 条和第 4 条);"Omne datum optimum", in Hiestand, ed., *Papsturkunden für Templer und Johanniter* (1970 - 1984), vol. 1, p. 208。

9. Cerrini, "A New Edition of the Latin and French Rule of the Temple", in Nicholson, ed., *The Military Orders*, vol. 2(1998), pp. 208 - 211.

10. Christiansen, *The Northern Crusades: The Baltic and the Catholic Frontier, 1100 - 1525*,第二版(1997), pp. 77, 78; *Die Register Innocenz' III*, vol. 13, p. 13。*Pontifikatsjahr, 1210/1211: Text and Indices*, ed. Sommerlechner

and Weigl with Hageneder, Murauer and Selinger(2015), no. 139(141), p. 226, 第3—4行。

11. 法语:发表于 Curzon, ed., *La Règle* (1886); Upton-Ward, *Rule* (1992), Amatuccio, ed., *Il Corpus normativo*(2009), pp. 2 - 394。拉丁语:参见 Bellomo, *The Templar Order in North-west Italy(1142 - c. 1330)* (2008), p. 118 和注释 245,引自 Cerrini, "A New Edition", in Nicholson, ed., *The Military Orders*, vol. 2, p. 209 和 K. Knöpfler, "Die Ordensregel der Tempelherren", *Historisches Jahrbuch*, 8(1887), pp. 670 - 674;条款见于 Amatuccio, ed., *Il Corpus normativo*(2009), pp. 396 - 402。盎格鲁—诺曼法语:*PATBI*, vol. 1, p. 348; vol. 2, p. 396(MS A, fol. 159*)。加泰罗尼亚语:Upton-Ward, *Catalan Rule*(2003)。

12. Cerrini, "A New Edition", in Nicholson, ed., *The Military Orders*, vol. 2(1998), pp. 207 - 208, 210.

13. Burgtorf, *The Central Convent of Hospitallers and Templars: History, Organization and Personnel (1099/1120 - 1310)* (2008), pp. 10 - 11; Upton-Ward, *Rule*(1992), pp. 13 - 16; Upton-Ward, *Catalan Rule*(2003), p. xii.

14. *PATBI*, vol. 1, pp. 206 - 207, vol. 2, p. 228 (MS A, fol. 99v); Demurger, *Jacques de Molay: le crépuscule des templiers*(2002), pp. 130 - 137.

15. Curzon, ed., *La Règle*(1886), pp. 345 - 350(第678—686条);Upton-Ward, *Rule*(1992), pp. 172 - 174; Amatuccio, ed., *Il Corpus normativo*(2009), pp. 386 - 392(X. 7 - 11); Upton-Ward, *Catalan Rule*(2003),修士入会:pp. 34 - 38(第67—71条);侍从和其他没有发下三大修道誓言的成员入会:pp. 98 - 100(第203—205条)。

16. Curzon, ed., *La Règle*(1886), p. 350(第686条);Upton-Ward, *Rule*(1992), p. 174; Amatuccio, ed., *Il Corpus normativo*(2009), pp. 390 - 392(X. 11); Upton-Ward, *Catalan Rule*(2003),修士入会:p. 38(第71条)。

17. *PATBI*, vol. 1, pp. 340, 342; vol. 2, pp. 384, 386 - 387(MS A, fols. 156r,

157r).

18. Michelet, ed., *Procès des Templiers* (1841 - 1851), vol. 1, p. 521; Barber, *The Trial of the Templars*(2006), p. 197 中对此进行了探讨。

19. *PATBI*, vol. 1, pp. 119 - 159, 239 - 260; vol. 2, pp. 113 - 157, 266 - 290(MS A, fols. 64r - 81v, 117r - 124v: charge 14).

20. Cerrini, "Les Templiers et le progressif évanouissement de leur règle", in Borchardt, Döring, Josserand and Nicholson, eds., *The Templars and their Sources*(2016), pp. 187 - 198.

21. Curzon, ed., *La Règle*(1886), p. 189(第 326 条);Upton-Ward, Rule (1992), p. 92.

22. Upton-Ward, *Catalan Rule*(2003), pp. 64 - 67(第 156 条)。

23. *Rule of St Benedict*,第 16 条,pp. 60 - 61。

24. Barber and Bate, *The Templars*(2002), p. 34,注释 22。

25. Amatuccio, ed., *Il Corpus normativo*(2009), p. 407(第 1 条);Barber and Bate, *The Templars* (2002), p. 35(第 1 条);Dondi, *The Liturgy of the Canons Regular of the Holy Sepulchre of Jerusalem: A Study and a Catalogue of the Manuscript Sources*(2004), pp. 39, 40 - 41。

26. Amatuccio, ed., *Il Corpus normativo* (2009), p. 407(第 1—2 条); Barber and Bate, *The Templars*(2002), p. 35(第 1 条)。

27. Amatuccio, ed., *Il Corpus normativo* (2009), p. 407(第 3—5 条); Barber and Bate, *The Templars*(2002), pp. 35 - 36, 50(第 2—4 条)。

28. Amatuccio, ed., *Il Corpus normativo*(2009), pp. 408 - 409, 415, 416 - 417(第 7—18, 58, 62, 67—68 条);Barber and Bate, *The Templars* (2002), pp. 36 -39, 50, 51, 53(第 6—17, 57, 62, 66—67 条)。

29. Amatuccio, ed., *Il Corpus normativo*(2009), pp. 409 - 411(第 19—29 条);Barber and Bate, *The Templars*(2002), pp. 39 - 42(第 18—28 条)。

30. *Rule of St Benedict*,第 22 条,pp. 70 - 71; Upton-Ward, *Rule*(1992),

p. 25 对 21. 1 的注释。

31. Amatuccio, ed., *Il Corpus normativo*(2009), pp. 411 - 412(第 30—40 条);Barber and Bate, *The Templars*(2002), pp. 42 - 45(第 29—39 条)。

32. Amatuccio, ed., *Il Corpus normativo*(2009), pp. 412 - 413(第 41—46 条);Barber and Bate, *The Templars*(2002), pp. 45 - 46(第 40—45 条);*Rule of St Benedict*,第 54 条,pp. 122 - 123。

33. Amatuccio, ed., *Il Corpus normativo*(2009), pp. 413 - 414(第 47—49 条);Barber and Bate, *The Templars*(2002), pp. 47 - 48(第 46—48 条)。

34. Amatuccio, ed., *Il Corpus normativo*(2009), pp. 414 - 415(第 50—56、58—61 条);Barber and Bate, *The Templars*(2002), pp. 48 - 50(第 49—56、58—60 条)。

35. Amatuccio, ed., *Il Corpus normativo*(2009), pp. 415 - 416(第 57、63—64 条);Barber and Bate, *The Templars*(2002), pp. 49 - 52(第 56、61、63 条)。

36. Amatuccio, ed., *Il Corpus normativo*(2009), pp. 416 - 417(第 65—66、69—71 条);Barber and Bate, *The Templars*(2002), pp. 52 - 54(第 64—65、68—70 条)。

37. Amatuccio, ed., *Il Corpus normativo*(2009), pp. 408, 410(第 7、11、19 条);Barber and Bate, *The Templars*(2002), pp. 36, 37, 40(第 6、10、18 条)。

38. Jacques de Vitry, "Sermones Vulgares", in Pitra, ed., *Analecta novissima spicilegii Solesmensis: altera continuatio 2, Tusculana*(1888), sermon 37.

39. Amatuccio, ed., *Il Corpus normativo*(2009), p. 24,第 14 行(I. 26);Upton-Ward, *Rule*(1992), p. 29(第 41 条);也可参见 *Rule of St Augustine*, p. 15(第 4、5 条)。

40. Curzon, ed., *La Règle*(1886), pp. 75 - 141(第 77—197 条);Upton-Ward, *Rule*(1992), pp. 39 - 66; Amatuccio, ed., *Il Corpus normativo*(2009), pp. 46 - 114(III). Bennett, "*La Règle du Temple* as a Military Manual"(1992),

pp. 175 - 188 中讨论的资料；Nicholson, *Knight Templar 1120 - 1312*(2004)。

41. Upton-Ward, *Rule* (1992), p. 89 (第 315 条); Amatuccio, ed., *Il Corpus normativo*(2009), p. 164,第 15—16 行(VII. 21)。

42. Curzon, ed., *La Règle*(1886), pp. 84, 104, 161, 183 - 184, 312, 314(第 95、128、257、315、601、607 条)；Upton-Ward, *Rule*(1992), pp. 43, 51, 77, 89, 155, 156; Amatuccio, ed., *Il Corpus normativo*(2009), pp. 56 的第 5—6 行,76 的第 25—26 行,140 的第 1—3 行,164 的第 6—16 行,332 的第 18—19 行,338 的第 14 行(III. 23, 78, V. 34, VII. 21, VIII. 64, 70)。

43. Curzon, ed., *La Règle*(1886), p. 185(第 317 条)；Upton-Ward, *Rule*(1992), p. 90; Amatuccio, ed., *Il Corpus normativo*(2009), p. 166(VII. 24)。

44. Curzon, ed., *La Règle*(1886), pp. 184 - 185(第 317 条)；Upton-Ward, *Rule*(1992), pp. 89 - 90; Amatuccio, ed., *Il Corpus normativo*(2009), p. 164(VII. 23)。

45. Boas, *Archaeology of the Military Orders*(2006), pp. 203 - 204.

46. Curzon, ed., *La Règle*(1886), p. 118(第 151 条)；Upton-Ward, *Rule*(1992), p. 57; Amatuccio, ed., *Il Corpus normativo*(2009), p. 90(III. 104)。

47. Curzon, ed., *La Règle*(1886), p. 135(第 184 条)；Upton-Ward, *Rule*(1992), p. 64; Amatuccio, ed., *Il Corpus normativo*(2009), p. 108(III. 130)。

48. Curzon, ed., *La Règle*(1886), pp. 135 - 136(第 185 条)；Upton-Ward, *Rule*(1992), p. 64; Amatuccio, ed., *Il Corpus normativo*(2009), p. 108(III. 132)。

49. Curzon, ed., *La Règle*(1886), pp. 136 - 137(第 186—187 条)；Upton-Ward, *Rule*(1992), p. 64; Amatuccio, ed., *Il Corpus normativo*(2009), p. 108(III. 133 - 134)。

50. Curzon, ed., *La Règle*(1886), p. 137(第 189 条)；Upton-Ward, *Rule*(1992), p. 65; Amatuccio, ed., *Il Corpus normativo*(2009), pp. 110, 408(III. 137 和第 10 条)；Barber and Bate, *The Templars*(2002), p. 7(第 9 条)。

51. Curzon, ed., *La Règle*(1886), p. 119(第 153 条);Upton-Ward, *Rule*(1992), p. 57; Amatuccio, ed., *Il Corpus normativo*(2009), p. 92(III. 108)。

52. Curzon, ed., *La Règle*(1886), pp. 172, 174, 176 - 177(第 286、290、296 条);Upton-Ward, *Rule*(1992), pp. 83 - 85; Amatuccio, ed., *Il Corpus normativo*(2009), pp. 152 - 156(VII. 2, 3, 7)。

53. Curzon, ed., *La Règle*(1886), pp. 174 - 175(第 291—292 条);Upton-Ward, *Rule*(1992), p. 84; Amatuccio, ed., *Il Corpus normativo*(2009), p. 154 的第 15—28 行(VII. 3)。

54. Curzon, ed., *La Règle*(1886), pp. 172 - 173, 179(第 286、302—304 行);Upton-Ward, *Rule*(1992), pp. 83, 86 - 87; Amatuccio, ed., *Il Corpus normativo*(2009), pp. 152 的第 15—17 行,158 的第 20 - 37 行(VII. 2, 11 - 13)。

55. Curzon, ed., *La Règle*(1886), p. 139(第 191—192 条);Upton-Ward, *Rule*(1992), p. 65; Amatuccio, ed., *Il Corpus normativo*(2009), p. 112(III. 139 - 140)。

56. Upton-Ward, *Catalan Rule*(2003), pp. 18 - 19, 92 - 95(第 35、192 条)。

57. Curzon, ed., *La Règle*(1886), pp. 84, 104 - 105, 119, 137 - 138, 208 - 209(第 94、129、153、188—189、370—371 条);Upton-Ward, *Rule*(1992), pp. 43, 51, 57, 65, 102; Amatuccio, ed., *Il Corpus normativo*(2009), pp. 54, 76 - 78, 92, 110, 190 - 192(III. 21, 80, 107, 135 D:220; VII. 73 - 75)。

58. Curzon, ed., *La Règle*(1886), pp. 110 - 111(第 138 条);Upton-Ward, *Rule*(1992), p. 53; Amatuccio, ed., *Il Corpus normativo*(2009), p. 82(III. 93)。

59. Curzon, ed., *La Règle*(1886), pp. 215(第 385 条);Upton-Ward, *Rule*(1992), p. 105; Amatuccio, ed., *Il Corpus normativo*(2009), p. 198(VII. 89)。

60. Curzon, ed., *La Règle*(1886), p. 216(第 386—387 条);Upton-Ward, *Rule*(1992), p. 106; Amatuccio, ed., *Il Corpus normativo*(2009), p. 198(VII. 90 -91)。

61. Curzon, ed., *La Règle*(1886), pp. 153, 166, 289 - 290(第 226、272、

553—554 条）；Upton-Ward，*Rule*（1992），pp. 73，80，144；Upton-Ward，*Catalan Rule*（2003），pp. 26 - 27，54 - 55（第 50、129 条）；Amatuccio，ed.，*Il Corpus normativo*（2009），pp. 128，146，290（V. 3，VI. 4，VIII. 5 - 6）。

62. Curzon，ed.，*La Règle*（1886），pp. 289 - 290（第 554 条）；Upton-Ward，*Rule*（1992），p. 144；Upton-Ward，*Catalan Rule*（2003），pp. 54 - 55（第 129 条）；Amatuccio，ed.，*Il Corpus normativo*（2009），p. 290（VIII. 5 - 6）。

63. Curzon，ed.，*La Règle*（1886），pp. 153 - 154，227 - 242，285 - 305（第 224—232、416—450、544—586 条）；Upton-Ward，*Rule*（1992），pp. 73 - 74，112 - 119，142 - 152；Amatuccio，ed.，*Il Corpus normativo*（2009），pp. 128 - 130，214 - 232，282 - 314（V. 1 - 9，VII. 112 - 138，VIII. 1 - 36）；Upton-Ward，*Catalan Rule*（2003），pp. 38 - 39（第 73—83 条）。

64. Curzon，ed.，*La Règle*（1886），pp. 164，242 - 281，330 - 333（第 267、451—536、643—649 条）；Upton-Ward，*Rule*（1992），pp. 79，119 - 140，164 - 166；Amatuccio，ed.，*Il Corpus normativo*（2009），pp. 142，232 - 276，366 - 370（V. 45，VII. 139 - 187，IX. 1 - 13）；Upton-Ward，*Catalan Rule*（2003），pp. 38 -63（第 84—149 条）。

65. Curzon，ed.，*La Règle*（1886），pp. 281 - 284（第 538—542 条）；Upton-Ward，*Rule*（1992），pp. 140 - 141；Amatuccio，ed.，*Il Corpus normativo*（2009），pp. 278 - 280（VII. 189 - 191）。

66. 关于全体会议，参见 Burgtorf，*Central Convent*（2008），pp. 52，114，133，148 - 149，180，183，185 - 186，191 - 192，203，239，244 - 245，348，698 - 699。

67. Tipton，“The 1330 Chapter General of the Knights Hospitallers at Montpellier”（1968），pp. 293 - 308.

68. Curzon，ed.，*La Règle*（1886），p. 281（第 537 条）；Upton-Ward，*Rule*（1992），p. 140；Amatuccio，ed.，*Il Corpus normativo*（2009），p. 276（VII. 188）。

69. *PATBI*，vol. 1，p. 143；vol. 2，p. 140（MS A fol. 74v）.

70. Duggan, *Armsbearing and the Clergy in the History and Canon Law of Western Christianity*(2013), pp. 38, 125 - 126, 134, 136.

71. Curzon, ed., *La Règle* (1886), p. 83(第 92—93 条); Upton-Ward, *Rule*(1992), p. 42; Amatuccio, ed., *Il Corpus normativo*(2009), p. 54(III. 17 - 18); Upton-Ward, *Catalan Rule*(2003), pp. 24 - 25(第 45 条)。

72. Curzon, ed., *La Règle* (1886), p. 80(第 87 条); Upton-Ward, *Rule* (1992), p. 41; Amatuccio, ed., *Il Corpus normativo*(2009), p. 52,第 5—6 行(III. 10)。

73. Curzon, ed., *La Règle*(1886), pp. 78, 105 - 106(第 83—84、130 条); Upton-Ward, *Rule*(1992), pp. 40, 51; Amatuccio, ed., *Il Corpus normativo* (2009), pp. 50, 78(III. 6 - 7, 83)。

74. Curzon, ed., *La Règle*(1886), pp. 301 - 305, 314(第 580、582—583、585、586、607 条); Upton-Ward, *Rule*(1992), pp. 150 - 152, 156; Amatuccio, ed., *Il Corpus normativo* (2009), pp. 310 - 314, 338(VIII. 30, 32, 34, 36, 70)。

75. Curzon, ed., *La Règle*(1886), pp. 295, 301(第 563、579 条); Upton-Ward, *Rule* (1992), pp. 147, 150; Amatuccio, ed., *Il Corpus normativo* (2009), pp. 298, 310,第 3—10 行(VIII. 15, 29)。

76. Curzon, ed., *La Règle*(1886), p. 339(第 661 条); Upton-Ward, *Rule* (1992), p. 169; Amatuccio, ed., *Il Corpus normativo*(2009), p. 380 的第 12—14 行(X. 1)。

77. Upton-Ward, *Catalan Rule*(2003), pp. 66 - 69, 88 - 89, 98 - 99(第 158—160、184、200 条)。

78. Upton-Ward, *Catalan Rule*(2003), pp. 22 - 25, 52 - 53, 76 - 79(第 44、126、174—175 条)。

79. Upton-Ward, *Catalan Rule*(2003), pp. 80 - 81, 86 - 89(第 178、181、183 条)。

80. Upton-Ward, *Catalan Rule*(2003), pp. 78 - 79(第 176 条)。

81. Amatuccio, ed., *Il Corpus normativo* (2009), pp. 407 - 408, 410, 411, 414(第 3、4、5、10、20—22、31—32、53 条);关于军士,请将 p. 410 的第 20 条与 p. 14 的第 29 行(I. 6)进行比较。

82. Curzon, ed., *La Règle* (1886), pp. 75, 339(第 77、661—662 条); Upton-Ward, *Rule* (1992), pp. 39, 168 - 169; Amatuccio, ed., *Il Corpus normativo*(2009), pp. 46, 380 的第 5—20 行(III. 1, X. 1)。

83. Curzon, ed., *La Règle*(1886), pp. 96, 98, 160 - 161, 163, 191, 193 - 194 以及注释,244, 251, 309 - 310, 327, 336, 342(第 113、116、254—255、266、331、455—456、470、596—597、637、669 条);Upton-Ward, *Rule*(1992), pp. 47, 48, 77, 79, 93, 94, 120, 124, 154, 163, 170; Amatuccio, ed., *Il Corpus normativo*(2009), pp. 68, 70, 138, 142, 174 的第 14—15 行,176, 232 的第 45 行,233 的第 4—5 行,240 的第 23—24 行,326, 328, 360 的第 5—6 行,382 的第 29 行(III. 56, 60; V. 31 - 32, 43; VII. 36, 40, 140—141, 146; VIII. 48, 51, 105, X. 2)。

84. Upton-Ward, *Catalan Rule* (2003), pp. 22 - 23, 100 - 101(第 40、204 条)。

85. Amatuccio, ed., *Il Corpus normativo*(2009), pp. 409, 410, 411, 412, 414(第 15、16、20、23、32、34、40、51 条)。

86. Curzon, ed., *La Règle*(1886), pp. 80 - 81, 138, 301(第 87、88、190、579 条); Upton-Ward, *Rule* (1992), pp. 41, 65, 150; Amatuccio, ed., *Il Corpus normativo*(2009), pp. 52 的第 5—6 行,110 的第 38 行,310 的第 3—10 行(III. 10 - 11, 138; VIII. 29)。

87. Curzon, ed., *La Règle*(1886), pp. 81, 90, 92, 94, 107, 109, 117(第 89、103、106、111、132、137、150 条);Upton-Ward, *Rule*(1992), pp. 42, 45, 46, 47, 52, 53, 56; Amatuccio, ed., *Il Corpus normativo*(2009), pp. 52 的第 25—26 行,62 的第 24—25 行,64 的第 23—24 行,68 的第 1 行,80 的第 3 行,82,

90 的第 10 行(III. 12, 40, 44, 52, 86, 92, 103)。

88. Curzon, ed., *La Règle*(1886), p. 106(第 131 条);Upton-Ward, *Rule*(1992), p. 52; Amatuccio, ed., *Il Corpus normativo*(2009), p. 78 的第 29—30 条(III. 85)。

89. Curzon, ed., *La Règle*(1886), pp. 106 - 109(第 132—136 条);Upton-Ward, *Rule*(1992), pp. 52 - 53; Amatuccio, ed., *Il Corpus normativo*(2009), pp. 78 - 80(III. 86 - 91)。

90. Upton-Ward, *Rule*(1992), p. 53 关于 135. 1 的注释。

91. Curzon, ed., *La Règle*(1886), p. 113(第 143 条);Upton-Ward, *Rule*(1992), pp. 54 - 55; Amatuccio, ed., *Il Corpus normativo*(2009), p. 86(III. 94)。

92. Curzon, ed., *La Règle*(1886), p. 132(第 177 条);Upton-Ward, *Rule*(1992), pp. 62 - 63; Amatuccio, ed., *Il Corpus normativo*(2009), pp. 386 - 392(X. 7 - 11)。

93. *Rule of Saint Benedict*,第 7—20、43、47、50、52 条,pp. 46 - 69, 102 - 103, 108 - 109, 116 - 119。

94. Curzon, ed., *La Règle*(1886), pp. 337 - 350(第 658—660、663—668、675—679、681—686 条);Upton-Ward, *Rule*(1992), pp. 168 - 174; Amatuccio, ed., *Il Corpus normativo*(2009), pp. 376 - 392(X. 1, 7 - 8, 10 - 11)。关于这一角色,也可参见 Bennett, "*La Règle du Temple* as a Military Manual"(1992), p. 180。

95. Dondi, *The Liturgy of the Canons Regular*, p. 103; Bowsky, "Liturgy for Nonliturgists: A Glimpse at San Lorenzo"(2002), p. 288.

96. Curzon, ed., *La Règle*(1886), pp. 170 - 172, 178 - 183, 195 - 206(第 279—284、300—314、340—365 条);Upton-Ward, *Rule*(1992), pp. 82 - 83, 86 -89, 95 - 101; Amatuccio, ed., *Il Corpus normativo*(2009), pp. 150 - 152, 158 - 162, 178 - 188(VII. 1 - 2, 10 - 20, 43 - 68)。

97. Curzon, ed., *La Règle*(1886), pp. 171 - 173, 176, 180(第 282、284、

286—287、295、305、307 条);Upton-Ward, *Rule*(1992), pp. 82 - 83, 85, 87; Amatuccio, ed., *Il Corpus normativo*(2009), pp. 150 的第 32—35、39—40 行, 152 的第 15—24、32—33 行,156 的第 5 行,158 的第 43 行,160(VII. 1, 2, 3, 6, 13, 15)。

98. Curzon, ed., *La Règle*(1886), p. 182(第 311—312 条);Upton-Ward, *Rule*(1992), p. 88; Amatuccio, ed., *Il Corpus normativo*(2009), p. 162(VII. 17 - 18)。

99. Amatuccio, ed., *Il Corpus normativo*(2009), p. 408(第 7 条);Barber and Bate, *The Templars*(2002), p. 36(第 6 条)。

100. Curzon, ed., *La Règle*(1886), pp. 195 - 198, 204(第 341—342、345、359 条);Upton-Ward, *Rule*(1992), pp. 95 - 96, 99 - 100; Amatuccio, ed., *Il Corpus normativo*(2009), pp. 178, 180, 186(VII. 44 - 45, 49, 63)。

101. Curzon, ed., *La Règle*(1886), pp. 198 - 200, 204 - 205(第 347—349、360—361 条);Upton-Ward, *Rule*(1992), pp. 96 - 97, 100; Amatuccio, ed., *Il Corpus normativo*(2009), pp. 180 - 182, 186(VII. 50 - 51, 64)。

102. Amatuccio, ed., *Il Corpus normativo*(2009), p. 407(第 2 条);Barber and Bate, *The Templars*(2002), p. 35(第 1 条)。

103. Curzon, ed., *La Règle*(1886), p. 170(第 306 条);Upton-Ward, *Rule*(1992), p. 87; Amatuccio, ed., *Il Corpus normativo*(2009), p. 160(VII. 14)。

104. "*Por ce que Nostre Dame fu comencement de nostre Religion, et en li et a honor de li sera, se Dieu plaist, la fin de nos vies et la fin de nostre Religion, quant Dieu plaira que ce soit*": Curzon, ed., *La Règle*(1886), p. 180(第 306 条); Upton-Ward, *Rule* (1992), p. 87; Amatuccio, ed., *Il Corpus normativo*(2009), p. 160 的第 14 - 16 行(VII. 14)。

105. Curzon, ed., *La Règle*(1886), pp. 182 - 183, 189, 195(第 313、325、340 条);Upton-Ward, *Rule* (1992), pp. 88 - 89 及注释, 91, 95; Amatuccio, ed., *Il Corpus normativo*(2009), pp. 162, 170, 178(VII. 19, 31, 43)。

106. Curzon, ed., *La Règle*(1886), pp. 165, 202(第269、354条);Upton-Ward, *Rule*(1992), pp. 79, 98; Amatuccio, ed., *Il Corpus normativo*(2009), pp. 144, 184的第21-23行(VI. 2, VII. 58)。

107. *The Rule of Saint Benedict*,第41,48条,pp. 98-99, 110-113。

108. Curzon, ed., *La Règle*(1886), p. 170(第279条);Upton-Ward, *Rule*(1992), p. 82; Amatuccio, ed., *Il Corpus normativo*(2009), p. 150,第2行(VII. 1)。

第二章
圣殿骑士团的房屋

正如我们在前一章里看到的那样，圣殿骑士团的《团规》以圣奥古斯丁会和圣本笃会的宗教准则为基础，并且设想修士们生活在一个宗教群体当中，每天都在礼拜堂里进行有规律的集体祈祷。然而，是不是大多数圣殿骑士都过着集体生活呢？

身处基督教世界边疆的圣殿骑士与身处欧洲且远离基督教与伊斯兰教间边境地区的圣殿骑士之间，在生活上的主要区别就在于他们分团的外在形式，以及生活在这些分团里的群体规模。在边境地区，圣殿骑士团的分团会筑有防御工事：比方说，圣殿骑士团位于毗邻卡斯提尔与纳瓦拉（Navarre）两个王国边境地区的安贝尔[Ambel，位于阿拉贡王国的萨拉戈萨（Saragossa）]的那个分团，就是"一座修有防御工事的大型中世纪农庄，周围有高墙环绕，四角建有塔楼，外面掘有壕沟"。这个分团挨着一座教堂，夹在那个定居地的基督徒居住区和穆斯林居住区之间（参见图 14）。[1]13 世纪，圣殿骑士团在佩皮尼昂[Perpignan，位于阿拉贡王国的鲁西永（Roussillon）]的居住区周围修建了防御工事；佩皮尼昂是与法国接壤的一座边境城市，后来还成了马略卡（Majorca）王国的陆上都城。[2]

圣殿骑士团在远离边境的地区没有城堡：他们的会所大多与世俗的庄园相似，建有大厅、厨房、寝室、作坊、谷仓和牲畜棚，常常还建有一座小礼拜堂。他们在城镇里也拥有房产：同样，这些房屋也与其他的城

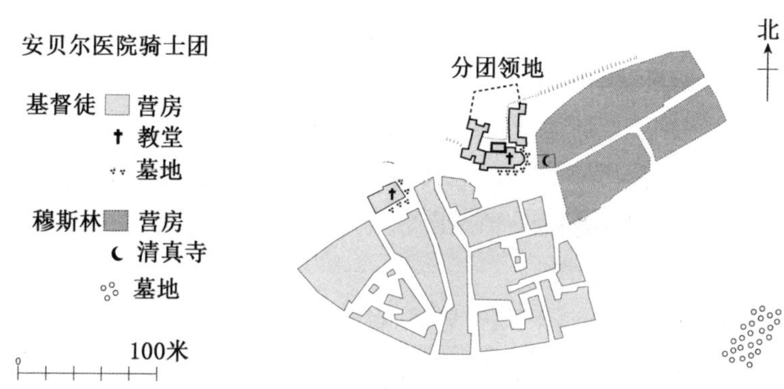

图 14　14 世纪的安贝尔

镇住宅相似，常常围绕着一座庭院建造而成，带有大厅、礼拜堂、宿舍和储存室。[3]东方圣殿骑士团的中央聚居区可以容纳骑士团的 10 多位主要官员及其助手、其他的骑士、军士和司铎修士，以及除了客人、仆役和奴隶以外的临时成员，而西方圣殿骑士团的会所里能容纳的人数却要少得多。

圣殿骑士团的财产是按照省份来进行管理的，其中每个省份都占据一个地理区域，与世俗的行政和语言区域相一致。骑士团的等级律令中，列出了欧洲的各个省份，包括法兰西与英格兰、普瓦捷、阿拉贡、葡萄牙、阿普利亚和匈牙利；但随着骑士团发展起来，这些省份又被进一步划分和合并，以便更加有效地进行管理。[4]在各省内部，骑士团的地产被组织成了“管理地”（*commanderies*，法语名称）或者“方镇”（*preceptoriae*，拉丁语名称），并且每处地产都以一座重要的庄园为中心，由数座庄园、称为“分支”（*membra*）的小农场、教堂、住宅、磨坊以及其他出租地产构成。圣殿骑士团的管理是动态的：他们在买卖和获赠地产的过程中不断修改管理地的范围，而每个分团里生活着的圣殿骑士数量也在逐年变化。比如说，珍妮特·伯顿（Janet Burton）曾经指出，1185 年圣殿骑士团对约克郡(Yorkshire)北里丁(North Riding)地产的管辖集中在彭希尔(Penhill)、斯坦豪(Stanhaow)和卡顿(Cowton)三地;但到了1308年,斯坦豪便不再重要,没有圣殿骑士生活在那里了。迈克·杰斐逊也已表明,1185—1308年圣殿骑士团曾在林肯郡对他们的地产进行大幅合并,因此到1308年时他们拥有的地产数量减少了,庄园也为了更加有效地进行管理而被合并起来。[5]

圣殿骑士团最著名的城市居所,就是那些地处世俗政府管辖中心范围之内的建筑,比如巴黎的圣殿和伦敦的新圣殿,其中的成员常常在世俗政府里扮演着某种角色——例如,巴黎圣殿骑士团的司库同时是王室的司库,而伦敦圣殿骑士团的金库同时是历任国王、贵族和商贾们存放贵重物品的保险柜。[6]在阿拉贡王国这样的边境地区,国王们还把一些城镇的控制权或者部分控制权赐予了圣殿骑士团;不过,在实践当中,圣殿骑士团必须与其他领主和当地居民进行合作,才能管治这些城镇。[7]圣殿骑士团的一些城市分团都位于古老防御工事内的城镇中心区,但与12世纪和13世纪其他的新兴宗教修会一样,他们往往发现城市中心区根本没有建造房屋的空间,只能把他们的居所设施建在郊区,也就是在最初的城墙之外,并且通常是建在一条主干道的沿线——道路边、河流畔,或者路、河兼有的地方。[8]他们在朝圣者登船前往圣地的港口,也建有房屋。[9]在鲁西永的佩皮尼昂,圣殿骑士团虽然在这座筑有防御工事的城镇中心拥有一些地产,但他们的主要居所却位于修有城墙的城郊中的一座重要的城门旁边,方济各会(Franciscan)修士的会所就在附近。[10]

与其他的宗教修会一样,圣殿骑士团的城市居所也有一道围墙环绕着;不过,至少在伦敦,民众有权从一条穿过圣殿骑士团围墙中间的道路通行,前往一座叫作“圣殿桥”(Temple Bridge)的码头。[11]在圣殿骑士团的建筑群中会建有一个生活区:一座大厅、数间寝室、一处公墓,以及一个可以种菜蔬的菜园;只不过,它们没有什么标准的分布图。例如,礼拜堂通常建在围墙之内，但也有可能建在围墙外面。[12]尽管如今法国南部一些城镇的圣殿骑士团宅院里通常建有一座塔楼，但法国北部和英国的圣殿骑士团宅院里却没有。在 13 世纪晚期的巴黎，圣殿骑士团曾经修建了一座配有防御工事的塔楼，可以在城中暴发骚乱时用作避难所；但这属于例外情况，因为圣殿骑士团的巴黎分团还负责掌管着王室内库。[13]

管理庄园

西方圣殿骑士肩负的职责，就是为了骑士团的利益去管理他们的财产，以及筹措资源与人员，使骑士团能够在基督教世界的边疆继续进行军事活动。他们是当地社区的领主，因此还负责通过开庭审案来执法；他们开庭审案时，整个社区里的人都必须出席。他们可能还拥有教区教堂的圣职授予权——也就是说，他们有权委任教区神父——不过，他们也负有维护该团所辖教区教堂的职责。他们会收取"法庭抗辩与特权费"——那些没有出庭的人所支付的费用——以及像什一税这样的教会赋税。在西欧的大部分地区，圣殿骑士团的农村佃户都是基督徒；但在西班牙，他们的手下也有穆斯林和犹太教徒，比如在萨拉戈萨的安贝尔，穆斯林生活在自己的聚居区里，奉守着伊斯兰教律法，但他们必须服从当地圣殿骑士团统领的管辖。[14]

除了参加时祷、做祷告和吃饭，修士们最惯常的活动就是在星期天参加每周一次的全体教士会议。虽说在修士人数少于 4 位的分团里不会举行全体教士会议，但修士们仍然需要与执行吏、其他管理者以及负责经营该团地产的官员一起，定期举行管理会议。分团统领必须记好每周的账目，比如马诺斯科（Manosque）医院骑士团所记的账目就是如此，其中简要记有食物、蜡烛之类的消耗品，维修、设备更换、搬运、钉马掌、散工工资等方面的支出，以及用于整个分团中患病成员的支出。[15]根据这些周账，统领可以逐步建立一份年度账目，表明哪些钱可以缴纳给骑士团的省级总部，以作为该管理地为捍卫基督教世界所做的贡献。遗憾的是，圣殿骑士团所记的周账似乎无一保存下来。

圣殿骑士团还保留了各种捐赠的书面记录：他们不但保存着原始文件，还有摘要和经过了合并整理的记录。在 1308 年圣殿骑士团许多分团的盘点清单中都提到了这些文件。[16]各个分团必须对分团的捐赠者加以记录，以便他们在每日的祷告中可以提到这些捐赠者。修士们还须保存一份档案，记录他们对财产的合法所有权和任何法律纠纷的裁定。因此，除了大量的原始特许状，他们还编纂地产契据册——捐赠契据和其他相关档案的抄录副本，常常根据地点加以整理——和“契据集”(pancarts)——由一系列特许状抄本组成的档案，以提供与一处地点或一位捐赠者有关的单独记录。整理和抄录文件是骑士团的一项持续进行的工作，以便提供一份清晰的记录，利于人们查阅。[17]

圣殿骑士团的财产并不一定是以自给自足的分团为单位进行归类的。一个管理地可能由一座庄园及其私有农场(即由骑士团直接管理的地产)、庄园里支付地租的自由民或者非自由民佃户、受主庄园管辖的外围农场、教堂与磨坊，以及附近城镇和村落中出租给佃户的房屋组成。例如，英格兰赫里福德郡的加尔韦管理地曾经对加尔韦和黑尔伍德(Harewood)、圣伍尔斯坦(St Wulstan)、兰罗塔尔(Llanrothal)、大科拉斯(Great Corras)等小村庄以及赫里福德(Hereford)的自由民和非自由民佃户征收地租，有 3 座水力磨坊的收入，还有加尔韦教区教堂的供奉与圣坛税。[18]在意大利南部萨兰托的莱切，圣殿骑士团拥有 7 幢通常用于租赁的房屋——只不过 1308 年进行财产清点时，两幢房屋里没有租户——另外还有 15 处土地和出租的房产，包括葡萄园和橄榄园，其中有些由圣殿骑士团直接耕作，但大多都出租给了佃户。[19]圣殿骑士团用不同的方式管理着他们的地产，目的是获取最大的收入。1308 年，港口城市布里斯托尔(Bristol)的圣殿骑士团将所有地产都租了出去，只是雇了一个人收取租金、开庭审案和照管那里的分团。[20]这样做就没有了管理地产所需的直接支出。

到了 14 世纪初，英格兰的圣殿骑士团已经将他们以前的一些管理地租赁出去，比如将萨里郡(Surrey)的阿丁顿(Addington)永久出租给了约翰・布莱伯里[John Blebury，或者约翰・布洛伯里(John Bloebury)]。[21]他们还保留着 100 多处直接控制的私有领地，由一位圣殿骑士或者一位执行吏进行管理。[22]在英格兰，到 14 世纪早期时，圣殿骑士团的大型庄园大多雇用了一名执行吏——亦称庄园仆役或者庄园军士(*custos manerii or serviens manerij*)。执行吏及其总管(reeve)负责做出庄园管理的日常决策，但在通常情况下，雇主——在这个例子中，雇主就是圣殿骑士团的统领——会制定总体策略，并且在不确定的时候具有最终的决定权。[23]

圣殿骑士团还须对他们的地产妥加修缮。英国的圣殿骑士团自 1308 年往后的地产账目表明，其间一直有维修屋顶、墙壁、建筑物、小门和大门、磨坊与磨坊贮水池的支出；而环境本身也需要进行管理。在 1308 年的约克郡亨伯河(Humber)北岸的法克斯弗里特(Faxfleet)管理地的账目中，就提到了“因亨伯河河水泛滥”、为改善河岸而割草以及挖沟掘渠的费用。[24]在埃塞克斯郡的萨顿(Sutton)，由于圣殿骑士团名下的地产大多是沼泽，因此在 1308 年 2 月，埃塞克斯郡的执行吏不得不维修和加固了海堤，以防洪水造成破坏。海堤和其他建筑全年都有维修和加固支出；当年 11 月，英国国王爱德华二世又由于洪水带来的危险迫在眉睫而进一步下令维修海堤。[25]在赫里福德郡的乌普莱顿(Upleadon)，雨水过多导致沟渠泛滥，因此需要进行维修，以防田地与粮食被淹。[26]

领地上的圣殿骑士团官员

在处理地产管理方面的日常问题时,个别领地上的圣殿骑士可能很容易忘记自己属于一个国际性宗教机构中的一员。为了防止这种情况,欧洲西部的圣殿骑士团分团会定期派遣骑士团的官员前来巡察(由大团长和全体教士会议委任),检查他们是否遵守骑士团的《团规》和规章制度,是否每年都向东方的骑士团总部缴纳现金与实物收益。巡察官可以撤掉那些表现不尽如人意的官员,并且任命新的官员取而代之;巡察官还会在各分团召开全体教士会议,就遵守《团规》的情况对该分团的所有修士做出训示。伯格托夫指出,到了13世纪中叶,大团长和全体教士会议会委任两名巡察官,一人前往法兰西、英格兰和德国,另一人前往伊比利亚半岛。大团长也会前往西方分团去巡察,只是巡察得不那么频繁罢了。[27]

在骑士团的一个管理地里,统领(可以是骑士或者军士修士)负责管理整个分团。统领每周都会召开教士会议,并且负责对修士们实施惩戒。虽然有些统领曾经在同一职位上任职多年,但更常见的情况是,统领们会在隶属的省份里调动。各省的全体教士会议是在每年的春末或夏初召开:阿拉贡王国是在4月或5月,英格兰是在圣巴尔纳巴节(St Barnabas' Day,即6月11日)前后,并且每年都会任命或者对统领进行调动。这种措施就使得任何人都不会把一个分团视为己有,而是会把统领一职视为骑士团授予的一种临时职责。[28]在规模较大的分团里,统领可能还有一位副统领来加以协助:艾伦·福雷(Alan Forey)发现,随着圣殿骑士团名下的地产在规模与数量方面都有所增长,13世纪早期阿拉贡王国境内的圣殿骑士团分团中曾设有这一职位。[29]

负责管理那些隶属于管理地的圣殿骑士团小分团的修士也被称为“统领”，或者“卡萨利耶修士”[*freres casaliers*，因为“卡萨尔”(*casal*)是一种村庄，而他们负责管理村庄和小聚居地]。这些修士生活在远离骑士团管理地群体的地方，住在各自负责管理的地产上，可能从来都没有参加过教士会议。[30]

“掌匙官”(*claviger*，字面意思就是“保管钥匙的人”)一职，在《团规》和后来的条规中并未提及，却广泛存在于西方的圣殿骑士团中，这种官员也被称为“管家”(*camerario*)。[31]除了控制进出分团的人员(比如举行全体教士会议或者入会仪式的时候)，掌匙官还负责对骑士团雇用的仆役实施惩戒。[32]艾伦·福雷指出，加泰罗尼亚的管家曾经编制圣殿骑士团各分团的财产清单，并且曾对圣殿骑士团的佃户开发利用骑士团地产的情况进行监督。[33]这位官员在管教仆役方面所起的作用表明，掌匙官负责的是内务，就像世俗庄园里的管家一样。[34]

有多少圣殿骑士

人们很难确定当时每个分团里究竟生活着多少圣殿骑士。据我们所知，圣殿骑士团并未保存成员名单，自然也就没有成员名单存世了。我们甚至搞不清楚，当时总共有多少圣殿骑士。提尔的大主教威廉(Archbishop William of Tyre)在1185年以前提供的数据和圣殿骑士团官员蒂埃里(*Terricus*，即Thierry)在1187年东方的圣殿骑士团遭受重创之后给出的数据都表明，12世纪80年代耶路撒冷王国境内大约有300位圣殿骑士。马尔科姆·巴贝尔(Malcolm Barber)则估计说，除此之外，那里还有大约1 000名军士修士。[35]相比而言，就在1308年5月塞浦路斯的圣殿骑士遭到逮捕之前，据说塞浦路斯岛上共有83位圣殿骑士和35名军士修士。[36]因此,东方的圣殿骑士人数或许从1187年的1 300名减少到了1308年的118名,不到130年前的1/10了。在1291年阿卡落入马穆鲁克人手中、1302年马穆鲁克人又攻占了鲁阿德岛[Ruad,即艾尔瓦德岛(Arwad)]的时候,圣殿骑士团肯定遭受了重大的损失;但这种超过九成的人员损失表明,认为12世纪80年代东方曾有1 300名圣殿骑士的这一数字太大了。

1992年,马尔科姆·巴贝尔估算出,1307—1308年间修士们遭到逮捕之时,总计有7 000名圣殿骑士;但安妮·吉尔莫-布赖森(Anne Gilmour-Bryson)却在1998年估算说,1307—1311年只有大约935名圣殿骑士出庭做证。[37]从不列颠和爱尔兰的情况来看,被捕之时两地大约有144名圣殿骑士,但其中只有108人(即占总数的75%)做证——有约1/4的圣殿骑士因为病重、死亡或者未被逮捕而没有接受审讯。[38]艾伦·福雷发现,1307年,阿拉贡、加泰罗尼亚和巴伦西亚(Valencia)三地只有"略多于150个"真实的圣殿骑士名字,但他估计,当时的圣殿骑士总共有大约200位。[39]这种情况同样表明,受审期间实际的圣殿骑士中只有75%的人遭到了讯问。

据罗杰·塞弗(Roger Sève)和安妮-玛丽·夏格尼-塞弗(Anne-Marie Chagny-Sève)两人估算,1307年克莱蒙(Clermont)主教区曾有91位圣殿骑士,其中65人(占71%)受到了审讯;利摩日(Limoges)主教区有97位圣殿骑士,其中有68人(占70%)受到了审讯。[40]在塞浦路斯,有76位圣殿骑士出庭做证,占1308年5月塞浦路斯118位圣殿骑士中的64%。[41]假如我们把不列颠和爱尔兰两地的圣殿骑士证人占已知圣殿骑士人数的比例应用到吉尔莫-布赖森的圣殿骑士证人总数上去,就会得出1307年圣殿骑士的总数介乎1 246—1 452位的结论。虽说在撰写本书时,我还没有获得其他省份的可比数据,但这里分析的数字表明,1307年欧洲和东方的圣殿骑士总计不超过1 500人。

在试图弄清楚每个分团究竟生活着多少圣殿骑士的时候，我们也会遇到缺乏证据这个相同的问题。圣殿骑士团的一些法律文件，比如记录他们接收或者捐赠土地的特许状，是在分团所有圣殿骑士的见证下完成的，其中列有当时的在场者名单。达米安·卡拉兹利用源自罗讷河流域下游各管理地的圣殿骑士证人名单估算出，圣殿骑士团存在期间的人数一直保持着相对稳定的状态。例如，阿尔勒管理地的圣殿骑士平均人数，从1181—1200年的8位降到了1221—1240年间的4位，然后又增长到了1281—1307年的9位。在阿维尼翁(Avignon)，1174年有3位圣殿骑士、1215年有6位，但1253年只有1位，而在1281—1307年一般也只有1位。圣吉尔(Saint-Gilles)的圣殿骑士人数一直较多，1181—1200年和1221—1240年一般有7位，1307年则有14位。[42]

然而，见证人名单中往往只列出了一个分团的主要成员。例如，1198年8月11日，一位名叫贝伦加里奥·杜兰(Berengario Duran)的人向"吾主上帝、万福马利亚和所罗门圣殿(Temple of Solomon)骑士团的分团，也就是罗雷尔"[位于西班牙的塔拉戈纳(Tarragona)]，"以及现在的和将来的修士们"进行捐献时，列出了做证的圣殿骑士的名单：

> 圣殿骑士团的修女兼当时担任罗雷尔分团女统领(*preceptrix*)一职的厄尔曼加德·德·奥卢亚女士(Lady Ermengard de Oluya)、雷蒙多·德·索尔索纳(Raimundo de Solsona)修士、约翰修士、古列尔莫·埃斯坎塞特(Guglielmo Escanset)修士、蒂特伯格斯(Titborgs)以及其他现在的与将来的修士与修女。[43]

显然，1198年住在罗雷尔的圣殿骑士团成员及准成员超过了5位(因为蒂特伯格斯没有被称为"修女"，因此她有可能是一位准成员而非骑士团的正式成员)，但这份特许状里没有说明该分团里还有多少人。

在1309—1311年对英格兰圣殿骑士团提起诉讼期间，一些审讯记录中载有圣殿骑士的常住地点。[44] 1308年初，英国和爱尔兰的许多分团都没有圣殿骑士常住，而是由一名管理人员，即“仆役”“庄园军士”或者执行吏管理着。[45]在英格兰35个有人居住的圣殿骑士团分团中，仅4个分团里有4位以上的修士，10个分团里仅有1位修士。诉讼过程中还提到了另外7个分团，说它们不久前才有常驻的圣殿骑士，但1308年初还没有圣殿骑士住在这些分团里。[46]根据这42个分团和我们已知住在其中的100位圣殿骑士(英格兰余下那24位圣殿骑士的常住地点不得而知)，我们发现一个分团里的修士的中值是2位，平均数则为2.38位。这些数据并未将圣殿骑士团的一些会所考虑进去；执行吏的账目表明它们都属于重要地产，只是1308年没有圣殿骑士住在其中，而在诉讼期间也未提及，比如萨福克郡的敦威治(Dunwich)和白金汉郡(Buckinghamshire)的布尔斯特罗德(Bulstrode)。[47]

同样，圣殿骑士们被捕之时记录的盘点清单中提到了圣殿骑士的存在，或者至少提到了他们的床铺。例如，1307年10月13日，诺曼底卡昂管理地(*baillage*)记录的财产清单中，提到了博日(Baugy)的圣殿骑士团统领及2位圣殿骑士团修士、布雷特维尔(Bretteville)的统领及其同伴、沃伊瑟姆(Voismer)的3位圣殿骑士、科瓦尔(Corval)的统领及其2位圣殿骑士同僚，以及卢维尼(Louvigny)的1位圣殿骑士的姓名。[48]爱尔兰的财产清单中，则指出了6个分团中12位圣殿骑士所住的地点[比如克罗克(Crooke)，参见图15]。[49]遭到逮捕的时候，爱尔兰至少有22位圣殿骑士，但我们并不清楚其他的圣殿骑士都住在哪里。[50]

这种证据尽管零碎而不完整，却表明到了14世纪初，西方的大多数圣殿骑士团管理地里都有2名或3名修士。较大的会所里可能生活着十几位修士，但这种分团数量很是稀少。这就说明，绝大多数圣殿骑士日常只跟其他一两位圣殿骑士打交道，而且不会每周都召开教士会议，

图 15　爱尔兰沃特福德郡(Co. Waterford)原属圣殿骑士团的克罗克管理地遗址

因为条规中规定，只有一个分团里至少生活着 4 位修士的时候才要举行这种会议。

有些圣殿骑士没有固定的住所。省级统领会奔走于各个分团之间。[51]其他圣殿骑士可能有两个大本营：在 1309—1310 年对英格兰圣殿骑士提起的诉讼中，伯顿的托马斯(Thomas of Burton)这位司铎修士被列在了埃塞克斯郡下，但此人在伦敦的新圣殿其实也有一个房间。[52]索罗尔德比或者托提的托马斯(Thomas of Thoraldby or Totty)修士声称,他曾经四下奔走,替圣殿骑士团搜集情报。[53]虽然没有人证实他的说法,但同时代的人都说,此人曾经担任圣殿骑士团两个分团的统领一职,即(沃里克郡的)巴尔索尔和[赫特福德郡(Hertfordshire)的]丁斯利(Dinsley)。[54]同样,在爱尔兰,罗伯特修士曾经兼任拉瑟罗南(Rathronan)和阿斯基尔顿(Athkylton)的统领;这两个分团都位于卡洛郡(Co. Carlow)。[55]

谁住在圣殿骑士团的房屋里

尽管每个管理地的圣殿骑士数量很少,各个分团里却生活着一大帮仆役、准成员、津贴领受人和其他的外人。因此,就算圣殿骑士们不可能完全遵循着《团规》与条令中规定的那种集体的宗教生活,他们可能还是部分地遵循了这种生活方式。

圣殿骑士团的《团规》与条令中规定,该骑士团正式的永久性成员分为骑士修士、军士修士和司铎修士三类。这些成员都在正式的入会仪式上发下了三大宗教誓言:永远守贫、守贞和服从。到了12世纪下半叶,"骑士"(法语为*chevalier*,拉丁语为*miles*)这种等级指的是一个拥有军事技能和社会地位的人;到13世纪晚期,它就变成了一个封闭的社会阶层。圣殿骑士团的等级律令中规定仆役可以擢升为骑士,而在13世纪晚期的条规中,却只有骑士的儿子或孙子才能获准成为骑士修士了。[56]尽管骑士团的绝大多数高级职务都只能由骑士担任,但西方的绝大多数修士却都属于军士。

达米安·卡拉兹指出,1308—1311年的诉讼期间,普罗旺斯(Provence)和下朗格多克(lower Languedoc)地区受审的215位圣殿骑士中,41 人被记录为骑士、76 人为军士、10 人为司铎;余下那 88 人的身份,则没有记载。[57]由于骑士这个等级与司铎一职都属于地位很高的身份,持有这类身份的修士可能希望将这一事实记载下来,因此那些没有表明身份的人多半属于军士修士。罗杰·塞弗和安妮-玛丽·夏格尼-塞弗两人认为,圣殿骑士被捕的那个时候,克莱蒙主教区里曾有 10 位骑士修士、11 位司铎修士、50 位军士修士,以及 20 位身份不详但很可能也属军士的修士;而在利摩日主教区,则有 20 位骑士修士、8 位司铎、42 位军士,以及 27 位身份不详的人。[58]在 1308 年英国和爱尔兰的大约 144 位圣殿骑士中,只有 11 人是司铎修士,6 人则被记录为骑士。[59]

实际上,除了所披的袍服不同,骑士与军士的日常生活之间几乎没有什么差异。假设圣殿骑士们在这个方面始终奉守着他们的《团规》,那么骑士们会穿白色披风,左胸处饰有一个红色的十字架,而军士的披风则是黑色或者深褐色。尽管入会仪式规定军士修士只能当厨师、磨坊主或者去照料牲畜,但有些军士修士也担任过分团统领一职。艾伦·福雷曾经探究过骑士修士与军士修士之间会不会产生"不满"情绪的问题,但他得出的结论是,"没有现存证据"表明二者之间由于等级差异而爆发过"广泛的冲突"。[60]

司铎在骑士团里的职责,就是祷告、聆听修士们的告解,以及主持弥撒和其他的宗教礼拜。圣殿骑士团的条令中规定,司铎修士应当受到尊重,他们有自己的入会仪式和某些特权,但在骑士团中人数较少。[61]与其他军事修会不同的是,圣殿骑士团里似乎没有哪个分团全由司铎修士所组成。[62]由于司铎修士人手不够,圣殿骑士团不得不雇用神父到他们的分团礼拜堂里去主持弥撒。有的时候,神父是经由津贴制度(后文将详细介绍)雇用的;圣殿骑士团曾把这种制度当成一种确保由专业人士来主持宗教礼拜的手段。例如,在英格兰赫里福德郡的加尔韦管理地,由于教区教堂与圣殿骑士团管理地的建筑相毗连,因此在加尔韦教堂里的主事戴维·德·兰特乌迪(David de Lantheudy 或 David de Llanddewi)神父就领有骑士团的一份津贴,他不但可以跟修士们一起吃饭,每年还能获得一件法衣。在加尔韦管理地工作的两位文书也领有津贴。[63] 1308年的财产清单表明,诺曼底卡昂地区的圣殿骑士团分团也雇用了神父。[64]他们还有一种选择,那就是雇用其他宗教团体里的神父:在英格兰和爱尔兰两地,圣殿骑士团就曾请求托钵修士①帮助他们。[65]

1129年的圣殿骑士团《团规》中声称,女性不得再被接纳为骑士团的成员。然而,圣殿骑士团里的女性准成员是可以变成正式成员的。比如,厄尔曼加德·德·奥卢亚曾跟丈夫一起加入圣殿骑士团,成为该团的准成员;丈夫去世之后,她立下了完整的誓言,并且(如我们在前文中看到的那样)到1198年时,她成了圣殿骑士团罗雷尔分团的女统领。[66]我们并非总是清楚那些被称为圣殿骑士团修女的女性究竟属于骑士团的正式成员还是仅仅属于准成员,但诚如本书引言中所述,从1272年起,沃尔姆斯主教区的米伦就有一个圣殿骑士团的修女分团了。[67]

圣殿骑士团终结之时,有几位修女被记载了下来。由于她们并未随着修士们一起被捕,因此当局必须为她们的生计做出安排。尽管面临着教皇的压力,米伦的修女们却不愿意转到医院骑士团去。[68]韦尔海姆的阿德尔海德修女(Sister Adelheide of Wellheim)原本隶属于艾希施泰特(Eichstätt)主教区的莫斯布伦宁[Mosbrunnen,即如今的莫里茨布伦(Moritzbrunn)]圣殿骑士团分团,但住在一座单独的房子里。她是韦尔海姆的圣殿骑士吕迪格尔(Templar Rudiger)的前妻,选择"永远居住"在莫里茨布伦的圣殿骑士团分团里度过余生,以便更好地侍奉上帝。[69] 1309年11月,在法国北部距香槟地区特鲁瓦不远的佩恩斯圣殿骑士团

① 托钵修士(the mendicant friars),亦称"化缘修士""乞讨修士"。他们所属的宗教修会禁止单独或共同拥有财产,必须工作或以乞讨为生。比如,多明我会(Dominican Order)、方济各会等。

管理地担任统领一职的庞萨德·德·吉兹(Ponzard de Gizy)修士曾向教皇派遣的专员们提供证据，表明惯常情况下修女是可以加入骑士团的。[70]专员们没有讨论他提供的证据，但事实上，圣殿骑士遭到逮捕之后，佩恩斯管理地的王室保管人记载的账目表明，那里有过一位修女。她领受过裹腿(*chauces*)、一件衬裙或罩衫(*chemise*)，鞋子、衣物，以及一份由小麦、黑麦面粉和葡萄酒组成的补助；她还雇用了一名叫赫桑特(Hersante)的女仆(女仆的工资是用现金支付)。这位圣殿骑士团修女在1307年10月并未随着庞萨德修士一起被捕，但在1309年复活节前的那个星期二离开了分团，并且获得了10个苏①。[71]显然，此人在经管这个分团的过程中没有发挥任何作用，只是在王室保管人打理该分团期间继续过着正常的宗教生活罢了。1308—1309年间佩恩斯管理地的账目中，提到领受黑麦的人时用的是复数形式的"suers"一词，说明过去不止一位修女住在那里，可在账目的其他地方却只提到了一位修女。[72]阿莱恩·德穆尔格又确定了法国以前隶属于圣殿骑士团的数位修女，骑士团解散之后，她们一直领受救济维持生计。[73]与司铎修士一样，修女也做祷告，但她们没有打过仗。

庞萨德修士的证据表明，圣殿骑士团佩恩斯管理地的修女都发过三大宗教誓言，是圣殿骑士团的正式成员；不过，与圣殿骑士团有关系的其他一些女性可能只是准成员，而非正式成员。"准成员"是一个现代术语：在12—14世纪，人们曾用各种词语来描述他们与骑士团之间的不同联系形式。我们并非始终明白这些术语的含义，而它们的含义似乎也随着时光流逝而有所改变。"善会"一词的意思是"同胞兄弟"，可以简单地指一个宗教修会中的所有成员，也可以指那些与之有联系的人。西班牙和法国的圣殿骑士团分团的善会名单被保存了下来，其中列出了善会成

① 苏(sou)，法国旧时的一种低面值硬币。

员拖欠骑士团的东西，通常都是某种一次性的捐赠，其次就是需要支付的小笔年费。[74] 1185 年英格兰圣殿骑士团的“调查清册”中，数次提到了“兄弟会”(*fraternitas*)的年费，从 1—12 便士不等，金额或许取决于捐赠者的支付能力。[75]英格兰圣殿骑士团兄弟会支付的年费总额并未留存下来，但 1338 年英格兰的医院骑士团仍在自己拥有的地产上征收自愿支付的“兄弟会会费”(*fraeria*)，医院骑士团在英格兰与威尔士的分团每年总计收取大约 850 英镑。由于他们征收了如此巨大的一笔资金，因此这有可能也是圣殿骑士团的重要收入来源。[76]

约亨·申克(Jochen Schenk)对这种形式的善会进行了仔细研究；善会最初是根据教皇颁布的谕令《圣殿之军》(*Milites Templi*)在 1144 年成立的。凡参加善会者，忏悔罪孽的 1/7 都可获得赦免，死后可以领受教会的葬礼，只要他们个人没有被逐出教会就行。他们虽然没有加入圣殿骑士团的分团之中，但会每年缴纳一笔费用，并且可以进行其他的捐赠，尤其是捐赠马匹和武器。圣殿骑士们每日为所有捐助人——不论男女，不论生死——进行的祷告之中，可能就包括了他们。那些加入善会的个人签署的捐赠特许状表明，当时还有一种正式的入会仪式。[77]他们也有可能把自己说成是某个圣殿骑士团分团的“教友”(这与如今支持当地博物馆的群体自称“馆友”很相似)。[78]

善会中的成员曾经要求获得教皇和国王赐予圣殿骑士团及其会众的各种特权，比如不缴纳教会和世俗的各种税赋，免受主教和王室的管辖。历任教皇都曾试图加以限制，只让那些生活在圣殿骑士团会所中并且身穿圣殿骑士团服装的人拥有这些特权，却都没有成功。同样，圣殿骑士团手下的佃户(其中只有部分佃户是善会的正式成员)也要求获得圣殿骑士拥有的相同豁免权；他们把圣殿骑士团的十字架放在自己的地产上，声称它们隶属于圣殿骑士团——而医院骑士团的佃户也用同样的方式，把该团的十字架放在他们的地产上。[79]

另一个用于宗教修会准成员的术语就是“奉献者”，它源于拉丁语中表示“献给”的“*donare*”一词，因为准成员已经把自己献给了骑士团。学者们一般用“奉献者”来指那些已经发誓服从骑士团和/或承诺将来加入骑士团的人；他们既可以当时就捐献出财产，也可以终身保留财产，到去世或者加入骑士团之后再将财产捐出。他们可以住在圣殿骑士团的一个会所里，身穿圣殿骑士团的一种袍服，但并非所有的奉献者都获得了这种待遇。申克已经强调，奉献者与其他各种善会成员之间的区别就在于前者“强调精神上的顺服”。他们对骑士团怀有一种“强大的精神奉献”。[80]骑士团对捐赠的回报，就是奉献者可以在圣殿骑士团的一个分团领受由食物与衣物构成的补助。[81]

申克探讨了圣殿骑士团利用奉献者和其他的世俗准成员，将他们当成骑士团的代表，甚至是当成骑士团的地产管理者的情况。[82]对英格兰圣殿骑士发起的诉讼(1309—1311)提供了更多的证据：有一位名叫塔德卡斯特的休(Hugh of Tadcaster)的修士声称，在成为圣殿骑士团的正式成员之前，他曾担任过掌匙官一职，而另一位修士即纽恩特的理查(Richard of Newent)则含蓄地表明，他也担任过这一职务。[83]

这些准成员当中，有些人就算是圣殿骑士团分团的固定访客，也只是短暂停留，但还有一些人会生活在分团里；即便是在只能住着寥寥几位修士的分团里，他们也能形成一个虔诚的群体。例如，1308 年 1 月，伦敦的新圣殿这个圣殿骑士团分团里只住着 8 位修士[即统领迈克尔·德·巴斯克维尔(Michael de Baskerville)、修道长(prior)巴顿的拉尔夫(Ralph of Barton，司铎)、司库斯托克的约翰(John of Stoke，司铎)、“马尊人”亚当(Adam the Mazun)、赫里福德的威廉(William of Hereford，军士修士)、奥特林厄姆的彼得(Peter of Otringham，军士修士)、斯坦登的托马斯(Thomas of Standon)和赫德威克的理查(Richard of Herdwick)]，但那里还雇用了 6 位神父、1 名或 3 名文书、1 名园丁、1 名马夫

(*garcio*)、1名门房,同时供养着31人,其中至少有8人在分团里吃饭。有4人是坐在修士们的餐桌上吃,1人在司铎们的餐桌上吃,另外3人则是在文书的餐桌上吃。[84]由于有8位圣殿骑士与8位津贴领受人一起就餐,边吃边聆听《圣经》中的一个章节(遵照1129年《团规》中的规定),并且一起在礼拜堂里做礼拜,因此从一群人生活在同一个地方、有着共同的态度与目标这个意义上来看,当时的新圣殿可能就是一个正常运作的宗教群体。

这些津贴领受人终身都从新圣殿分团领受饭菜、钱款和衣物。这种津贴中,有些是对他们过去和当下服务于骑士团的回报,其他一些则是通过向圣殿骑士团捐赠土地或者钱财换取来的。新圣殿分团的领受人包括神父、文书、两对夫妇、1位寡妇、1位骑士、曾经为骑士团工作过的所有人、1名以专业身份为圣殿骑士团服务的公证人,最后则是圣殿骑士团已经答应授予其圣职的神职人员。[85]

有些领受人收到的食物质量较差:在赫里福德郡的加尔韦,3位津贴领受人(即那里的神父和2位文书)与修士们同坐一桌就餐,但第4位领受人却是在仆役的餐桌上吃。饭菜质量方面有着巨大的差异:伙食津贴若是转换成现金,那么神父与两位文书每天领受的是3便士,而与仆役一起吃饭的那位领受人却只有2便士。[86]在什罗普郡(Shropshire)的莱德利(Lydley),约翰·德·博利斯特罗德(John de Bolistrode)为圣殿骑士团服务而获得的回报,就是与仆役们同坐一桌就餐的权利,并且可以领受一件类似于马夫或者男仆(*garciones*)所穿的那种袍子。与加尔韦分团的情况一样,此人的伙食津贴若是转换成现金的话,也合2便士一天。[87]

圣殿骑士遭到逮捕之时,林肯郡的布鲁尔圣殿(Temple Bruer)这个重要的分团(参见图16)里只有4位修士:伊格尔的约翰(John of Eagle)、司铎伊夫舍姆的伦道夫(Randulph of Evesham)、布里斯特勒姆的理查(Richard of Bristlesham 或者 Richard of Brestsam)和霍尔顿的亚历山大(Alexander of Halton)。然而,那个分团却有 11 位津贴领受人与修士们及其仆役一起吃饭。威廉·雷维尔·德·维玛(William Revel *de Wyma*)与修士们同桌就餐,并且领受一份"马夫"或男性仆役的生活津贴;另外 4 人也有权每天与修士们一起吃饭。还有 5 人可以与侍从们一起就餐,其余 1 人则与仆役同桌就餐。爱丽丝(Alice)是斯温索普的罗伯特(Robert of Swinesthorp,此人也领受布鲁尔圣殿骑士团的津贴)的女儿,她虽然不与修士们一起吃饭,但每个星期六都可以领受那一周的食物配额。[88]假如这些津贴领受人也与修士们一起参加礼拜堂里的礼拜活动,那么布鲁尔就是一个活跃的宗教群体了。

图 16 原属圣殿骑士团的布鲁尔圣殿礼拜堂的塔楼

罗杰·布洛姆(Roger Blome)和妻子盖拉达(Gaillarda)是在伦敦新圣殿领受津贴的一对夫妇;他们的协议规定,夫妻一方去世之后,另一方可以继续领受食物，并且可以在新圣殿的范围内获得一处“住所”，可以修建一座带有小庭院的宅子来满足他们的需要。[89]在后来的多年里，盖拉达可能一直以寡妇的身份住在位于伦敦圣殿骑士团围墙之内的自己家里。这种情况并不罕见：1288 年，巡察法兰西、英格兰和德国圣殿骑士团的官员杰弗里·德·维希尔（Geoffrey de Vichier）指出，亨利·莫塞尔斯（Henry Morsels）的遗孀、当时住在圣殿骑士团根特（Ghent）分团里的阿德丽莎（Adelisa）是一位“准成员修女”（*consororis nostrae*），她要求他同意阿什的阿努尔夫勋爵（Lord Arnulph of Assche）这位神父到根特分团的第二座礼拜堂里去做礼拜；那间礼拜堂就是阿德丽莎建造的。[90]由于其中明确指出阿德丽莎住在骑士团里，因此可能是她出资兴建了第二座礼拜堂，以便她可以在与修士们分开的地方做礼拜。艾伦·福雷也提到了西斯特的多明尼加（Dominica of Sieste）的例子：萨拉戈萨的圣殿骑士团曾经给予她生活费，并且分配了一座房屋给她，以便“您可以在我们教堂的附近安顿下来”。[91]

因此，尽管圣殿骑士团的一个分团里可能只有寥寥数位常住那里的修士，但也有一些虔诚的、属于骑士团教友的人生活其中；不论男女，他们也许都已经献身于骑士团，希望有朝一日变成骑士团的正式成员，或者是为骑士团服务了一辈子之后在那里安度晚年。还有一些外人虽然没有住在会所里，但也是分团的“友人”，分团里的群体每天都会为他们祈祷。圣殿骑士团的捐助人和教友可以定期造访会所。申克曾如此评论说：“事实上，特许状表明，有些圣殿骑士社区偶尔会忙个不停地接待访客。”[92]

《圣本笃会规》中规定，修士们应当像恭迎基督一样热情接待访客，尽管访客应当有自己的厨房和客舍，而修道士们也不得与访客进行交谈。[93]虽说圣殿骑士团的《团规》中没有明确规定访客应当受到热情款待，但我们完全可以推测到。无疑，1338 年医院骑士团为英格兰各个分团制定收支表时，原属圣殿骑士团的许多分团里都经常住有访客。[94]申克指出，“有福的”吉尔·德·桑塔雷姆（the Blessed Gil de Santarém，卒于1265年）的“生平”中发生过这样一件事情：两位多明我会修士造访了圣殿骑士团的托马尔（Tomar）分团——那是葡萄牙境内最重要的一个分团——然后被请到客舍（*hospitium*）里去吃饭。[95]在这种背景下，“客舍”指的就是“客房”；但在博日和科瓦尔两地的财产清单以及佩恩斯管理地的账目里，与之相当的术语“奥斯特尔”（ostel）似乎却是指供仆役居住的公寓。[96]由于博日和科瓦尔的财产清单中没有提到修士们吃饭的大厅，因此“奥斯特尔”或许是指一座也为仆役和客人提供寝息设施的厅堂。格洛斯特郡（Gloucestershire）的贵亭圣殿（Temple Guiting）里设有一座“客房”（*hosp*），但没有迹象表明什么人居于其中。[97]在肯特郡（Kent）的斯特鲁德（Strood），圣殿骑士团修士睡觉的卧室里有“两条客人用的亚麻布床单”（*lintea pro hospit*）。[98]达米安·卡拉兹根据1308年记录的财产清单重现了圣殿骑士团阿尔勒分团的原貌，其中，将客房置于了圣殿骑士团的主楼内部，就在统领卧室的隔壁（参见图17）。[99]

很有可能，住在统领隔壁那个房间里的客人地位很高；但是，圣殿骑士们被捕之后的账目中有部分证据表明，一些非贵族客人也在圣殿骑士团各会所里得到过悉心的照料。在赫里福德郡的乌普莱顿，执行吏哈克卢特的沃尔特（Walter of Haklut）在1308年所记的“账目明细”或者说详细的支出清单中载有制成面粉的6夸特①燕麦，用于烹制浓汤，供农场雇工（这是以前圣殿骑士团每个分团都有的一笔支出），以及“前来”的其他人，也就是庄园的访客食用。[100]这些客人显然都不富有，因为他们吃的是仆役所吃的饭菜。在佩恩斯管理地，“奥斯提斯”（*ostes*，即客人或者住在那里的雇工）领受的则是小麦和黑麦面粉。[101]

---

①　夸特（quarter），英国旧时的谷物度量单位，1夸特合8蒲式耳。

1. 推测出的概览图

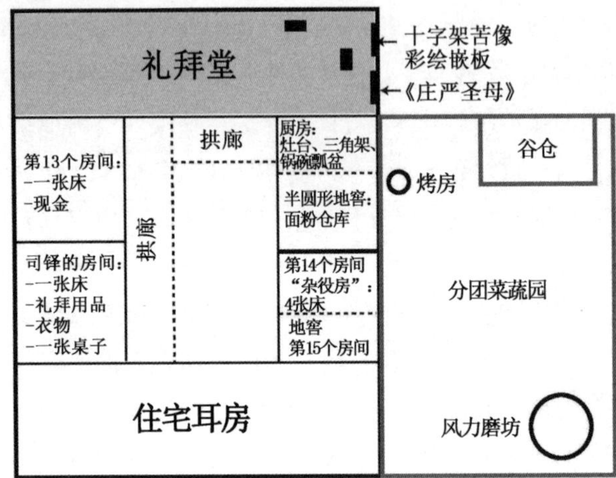

2. 住宅耳房详情

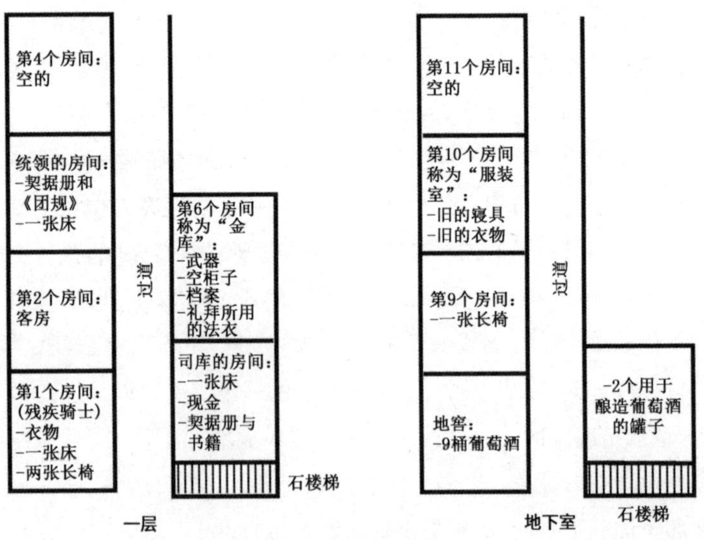

根据1308年的财产清单(ADBdR，B 433)所作的复原图

图 17 重建的(法国)阿尔勒(Arles)圣殿骑士团管理地

圣殿骑士团还雇用了一些男人和女人到他们的会所和庄园里干活。例如，在约克郡最大的圣殿骑士团分团法克斯弗里特，王室保管人约翰·德·克雷平(John de Crepping)曾在1308年报告说，他用现金和粮食支付了1位行政助理(*prepositus*)兼庄园的仆役托管人(即执行吏)、1位农人、1位木匠、1位铁匠、1位磨坊主、8位牧羊人、14位犁田者、2位车夫、1位牛倌、1位马倌、1位猪倌、1位收割监工、1位厨师和1位挤奶工的工资。他还请了一位神父在礼拜堂里主持弥撒，雇了一位文书为神父服务。其他雇员包括：12位在3—6月间各个时期为母羊挤奶的女工；1位来自附近的艾顿(Etton)的牧羊人，此人是替圣殿骑士团艾顿管理地照料那些在法克斯弗里特牧场上放牧的羊群；还有1名屋顶工，受雇给骑士团的房屋维修屋顶。[102]

与英格兰的财产清单不同，卡昂地区的财产清单中列出了所有在那个分团工作的仆役的姓名、职业，或二者兼有。博日管理地的清单中只记有3位圣殿骑士，即分团统领奥宾(Aubin)修士，以及他的同伴拉乌尔(Raoul)修士和纪尧姆修士。那里的雇员包括1位神父、1位文书、1位牛倌、1位牧羊人、1位马倌、6位犁地者、1位门房、1位面包师、1位酿酒师、2位在客舍里干活的男性仆役或者马夫(*vallès*)、1位护林员(由此可知，这处地产上有林地)、3位在奶牛场里干活的女仆(*baasses*)、1位猪倌及其助手、属于该分团的长期津贴领受人的1位男子和1对夫妇(他们显然住在会所里面)、1位统领的仆人(*garson*)或马夫，以及1位养鹅的人。[103]在科瓦尔，财产清单中同样提到了3位圣殿骑士，以及由司铎、文书员兼总管、2位照管设备的人、2位犁地者、1位猪倌、1位牧羊人、1位养鹅人、1位牛倌、“公寓里的2位女性”和1位磨坊主组成的一大帮人。[104]

请注意，这些分团全都雇用了女性。尽管圣殿骑士团的《团规》中规定修士们要回避女性，并且不得雇用女性来为他们干洗头之类的私事，但圣殿骑士团并没有规定禁止他们雇用女性去挤奶或者做饭。在香槟地区的佩恩斯，1307 年 11 月 11 日—1308 年 6 月 24 日的账目中提到了农人蒙巴雷(Monbarre)的妻子、圣殿骑士团修女的女仆赫桑特、2 名在复活节到圣雷米节(St Rémy's Day，即 10 月 1 日)期间挤羊奶的女工、另外 1 名在复活节到 6 月 24 日之间挤羊奶的女工(但那时生病了)。1308 年 9 月，该管理地还雇用了 12 名妇女去葡萄园里采摘葡萄。[105]英格兰圣殿骑士团的地产处于王室控制之下时的账目表明，那里也有女性从事着挤奶工作和一些不需技术的劳动，扮演着一些责任较为重要的角色(图 18 是当时的一幅插画)。1308 年，格洛斯特郡的贵亭、赫里福德郡的

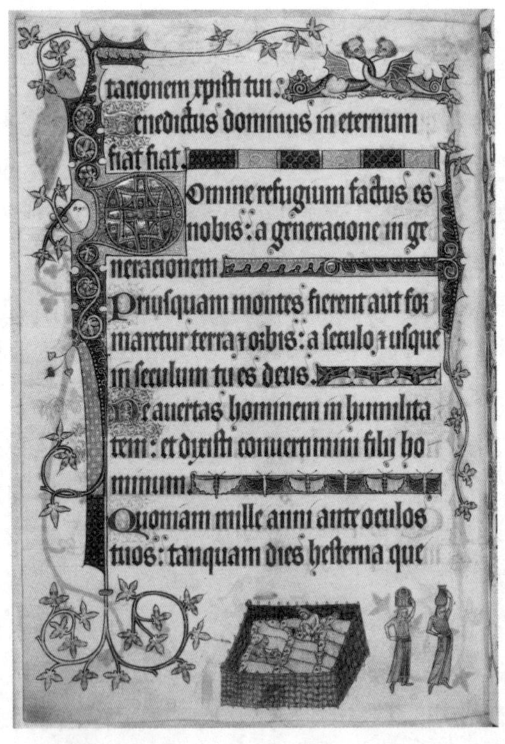
tacionem xpisti tui.
Benedictus dominus in eternum
fiat fiat.
Domine refugium factus es
nobis: a generacione in ge
neracionem.
Priusquam montes fierent aut for
maretur terra ⁊ orbis: a seculo ⁊ usque
in seculum tu es deus.
Ne auertas hominem in humilita
tem: et dixisti conuertimini filij ho
minum.
Quoniam mille anni ante oculos
tuos: tanquam dies hesterna que

图 18　女性正在给母羊挤奶的情景，出自《鲁特雷尔诗篇》

加尔韦、贝德福德郡(Bedfordshire)的斯旺顿(Swanton)等管理地都雇用了女性来挤羊奶,沃里克郡的巴尔索尔则雇用了女性在收割之后去收集稻草,而白金汉郡的布尔斯特罗德也雇用了女性去收集收割后的庄稼。[106]位于诺福克郡(Norfolk)和萨福克郡边境地区的吉斯林厄姆(Gislingham)也雇用过 1 名女佣,什罗普郡的斯坦顿朗(Stanton Long)则雇用了 1 名"保姆"。[107]1308 年 1 月,圣殿骑士团的 10 处庄园都雇用了 1 位"女仆"(*ancilla*)来给农场雇工烹煮浓汤。[108]无论厨师是女性还是男性,骑士团付给他们的工资都是一样的。[109]

尽管这些分团当中有些并无常住的圣殿骑士,但在 1308 年初,有 3 个分团[即克雷辛、莱德利和桑顿(Thornton)]曾有圣殿骑士居住(2 位圣殿骑士住在克雷辛、1 位住在莱德利、4 位住在桑顿);桑顿的账目明确指出,女佣的工资从 1307 年的米迦勒节(Michaelmas)开始计算,圣殿骑士就是那个时候住到该会所里的。[110]

圣殿骑士与这些雇工之间有多少接触呢? 1308 年英格兰和爱尔兰两地的财产清单以及王室官吏记载的账目,并未说明雇工都住在圣殿骑士团的会所里。然而,所有的农场雇工都曾领受食物作为他们工资的一部分,而这些食物很可能是在会所的大厅里吃的:杰斐逊指出,在收获季节里的布鲁尔,农场雇工都是在会所大厅里的餐桌上吃饭。[111]1308 年埃塞克斯郡萨顿管理地的账目中,包含"出于某种习俗"而为 2 名在沼泽中犁地的农夫提供食物的支出,由此说明这是一种例外情况,通常情况下骑士团是不会给那些在距会所很远的地方干活的人送饭送菜的。因此,这些雇工可能一般都是到会所来取他们的饭菜。[112]

圣殿骑士很难做到完全不与他们的仆役和雇工接触,因为许多农场雇工都是住在农庄内的各种建筑里。艾琳·古德尔证实说,在巴尔索尔,3 位劳动者(管家和 2 位护林员)有自己的住宅;但他断定,其余的农场雇工都住在"庄园范围"之内的房舍里。[113]诺曼底的 2 个圣殿骑士团分团的财产清单中明确提到，分团围墙之内建有一座“奥斯特尔”或者公寓，由 2 名男性仆役（博日管理地）或者 2 名女性仆役（科瓦尔管理地）负责打理。[114]香槟地区佩恩斯管理地的保管人账目中提到，“那些住在公寓里的人”都领有一份燕麦和浓汤；虽然他们有可能是客人，但由于下一项提到的是领工资的牧羊人，因此他们也有可能是雇工。那座公寓里住着 29 个人。[115]在圣殿骑士团干活的女性可能在分团里有自己的住处。[116]

我们已经看到，圣殿骑士团的规章制度中还假设修士们拥有奴隶。东方的圣殿骑士无疑如此，因为当塞浦路斯的阿莫里（Amaury of Cyprus）在 1308 年 5 月将那里的圣殿骑士逮捕之后，曾把他们手下的奴隶派到法马古斯塔（Famagusta）去修城墙。[117]在西方，圣殿骑士团也拥有奴隶或农奴，他们是在圣殿骑士团的土地上劳作，或者是由个人捐赠给圣殿骑士团的。[118]艾伦·福雷指出，1289 年阿拉贡王国境内的圣殿骑士团管理地大多拥有奴隶：他们被称为“俘虏”（catius 或者 chatius），表明他们都是在战争中被俘的，其中有些想必是圣殿骑士们自己俘虏的，不过，修士们也会出钱购买奴隶。在圣殿骑士团各个分团的资产清单中，奴隶通常都被列在驮畜前面。1289 年，每个分团里平均有 20 名奴隶，但有些分团的奴隶数量远多于此：比如说，蒙松有 49 名奴隶（其中包括 1 名女性奴隶），米拉维特（Miravet）有 45 名，加德尼（Gardeny）则有 43 名（那是照料病弱圣殿骑士的分团）。只有卡拉塔尤德（Calatayud）这个分团里没有奴隶。所有奴隶都是西班牙的穆斯林，但在米拉维特也有 2 名受洗过的奴隶，阿尔凡布拉（Alfambra）也有一些。在阿拉贡，奴隶们可能都由一位圣殿骑士监管者统领着，不干活的时候就会被关起来。他们要么是干家务活，要么是干农活。奴隶们有时会逃跑，有时会被赎回去，但由于圣殿骑士团几乎没有什么女性奴隶，因此只能通过购买或者俘虏更多的人来取代失去的女奴。没有迹象表明，阿拉贡的圣殿骑士或者其他基督徒认为蓄奴的做法有什么不妥。[119]到14世纪初和各个会所都落入了王室手中的时候，阿拉贡王国境内的圣殿骑士团仍然拥有奴隶。[120]

英格兰的圣殿骑士团分团曾经提到过“自由民仆役”，表明那里也有并非自由民的仆役。例如，在丁斯利，安德鲁·德·伯格霍尔特（Andrew de Bergholte）曾经有权领受一件自由民仆役所穿的那种长袍。[121]1293年，大团长雅克·德·莫莱曾给予剑桥郡（Cambridgeshire）的登尼（Denny）一位名叫拉尔夫·博内（Ralph Bonet）的人津贴，其中还包括与侍从或者自由民仆役同桌就餐的权利（*ad Mensam Scutiferorum vel liberorum servientium*）。[122]

简而言之，圣殿骑士团的各个分团里显然生活着多种多样的群体。不过，圣殿骑士只占少数，分团里还有不属于圣殿骑士团成员的仆役在工作，而在有些分团里，这些劳动者还住在会所的围墙之内。分团的仆役并不一定都是参加圣殿骑士团祷告的虔诚之人，但圣殿骑士与他们之间会有日常接触，尤其每天都会接触到厨师和执行吏。

到了13世纪晚期，也就是圣殿骑士团条规现存的加泰罗尼亚语译本编纂之时，骑士团出现了接纳内务成员的特殊程序，即那些没有发下宗教誓言却为圣殿骑士团工作的司铎、骑士和仆役。特殊程序中包括对上帝、“圣母马利亚”及上帝的所有圣徒做出忠诚而妥善地服务于骑士团的承诺，因此在为骑士团服务的过程中，他们也是在侍奉上帝。这一规定还警告他们说，若是偷窃或者损毁分团的财物，他们就有可能被戴上镣铐、遭到鞭笞，并且被逐出骑士团。[123]在这个方面，圣殿骑士的做法与中世纪晚期的其他雇主没什么两样，后者对雇工的个人生活极其关注，把雇工当成他们的孩子来对待，并且像惩罚他们自己的孩子一样惩罚雇工。[124]对英格兰和苏格兰两地圣殿骑士的审讯，表明了这些规章制度是如何付诸实施的。[125]例如，分团的团长，也是教士的布鲁尔的吉尔伯特

(Gilbert of Bruer)曾称,圣殿骑士有一次鞭笞过他的父亲,因为他的父亲犯下了不利于骑士团的罪过。他说,圣殿骑士团把这种惩罚称为“团中的正义”,而仆役们也都相信,接受这种惩处就会赦免他们所犯过错带来的罪孽。[126]

日常环境

我们可以尝试着根据现存的圣殿骑士团建筑、考古发掘和文献资料,将当时圣殿骑士团的建筑环境重现出来。1307—1308 年圣殿骑士遭到逮捕之后记载的财产清单中,描述了当时存在的建筑物、圣殿骑士团的礼拜堂和其他房间里的东西,在一定程度上说明了这些建筑物之间的空间关系。例如,维托·里奇利用圣殿骑士团在萨兰托的莱切这个乡村管理地的财产清单,绘出了该分团的平面图(参见图 19 和图 20),并且将它与圣殿骑士团在法国的库洛米耶(Coulommiers)和瓦乌尔(Vaour)两地以及英格兰南威瑟姆的其他一些小型分团进行了比较(参见图 21 和图 22)。4 个分团都建有一座礼拜堂或者教堂、一间厨房、一个大厅和一个庭院。莱切、库洛米耶和瓦乌尔这 3 个分团都建有宿舍;南威瑟姆的资产清单中虽然没有提到宿舍,但在那里进行的考古发掘却发现了数个有可能属于宿舍的房间。库洛米耶和瓦乌尔两个分团还为统领留出了一个房间,莱切和南威瑟姆两个分团则没有。莱切、库洛米耶和南威瑟姆这 3 个分团分别建有一个地窖,瓦乌尔分团却没有。莱切管理地没有谷仓,但其他 3 个分团都有;莱切和南威瑟姆建有磨坊,库洛米耶和南威瑟姆还各有一座猪圈。[127]考虑到 4 个分团都具有相同的功能,其平面图和内部建筑物方面的这种相似之处就不令人觉得奇怪了:它们都属于为了支持圣殿骑士团在东方的事业而进行农业生产的中心。

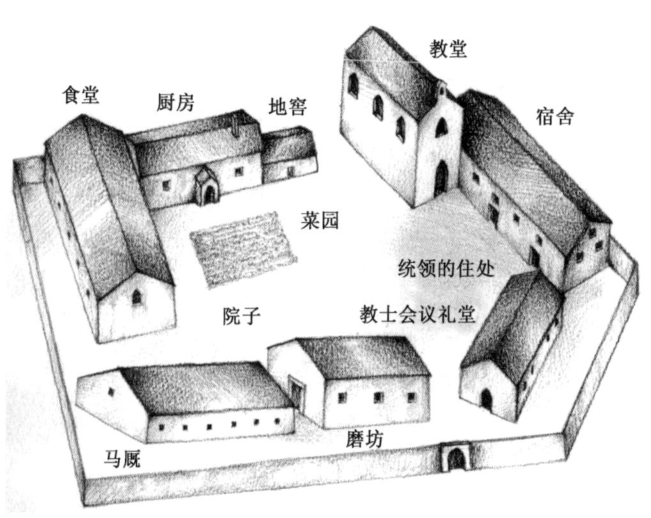

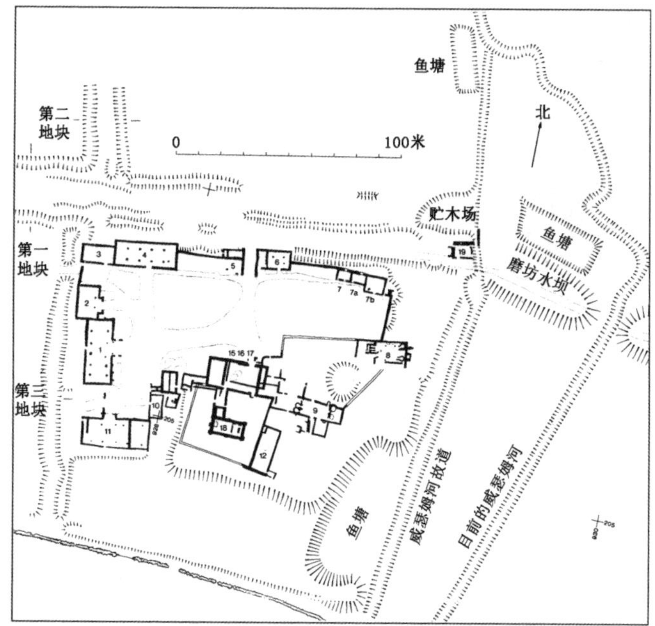

图 19—图 20 意大利阿普利亚的莱切管理地的平面图与重建图

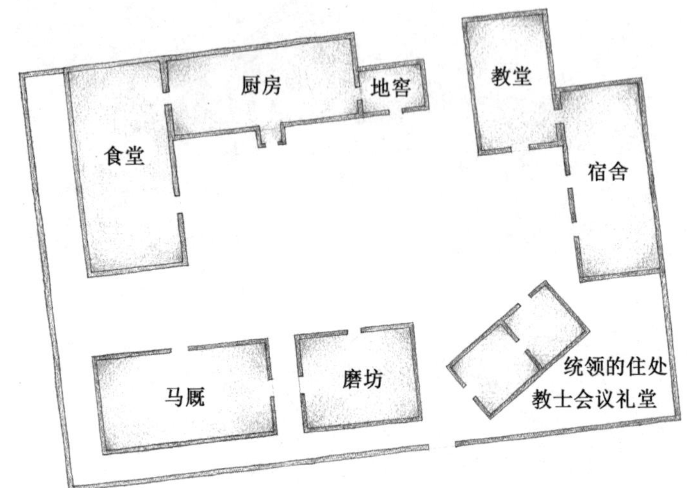

图 21　英格兰林肯郡南威瑟姆管理地的总体平面图

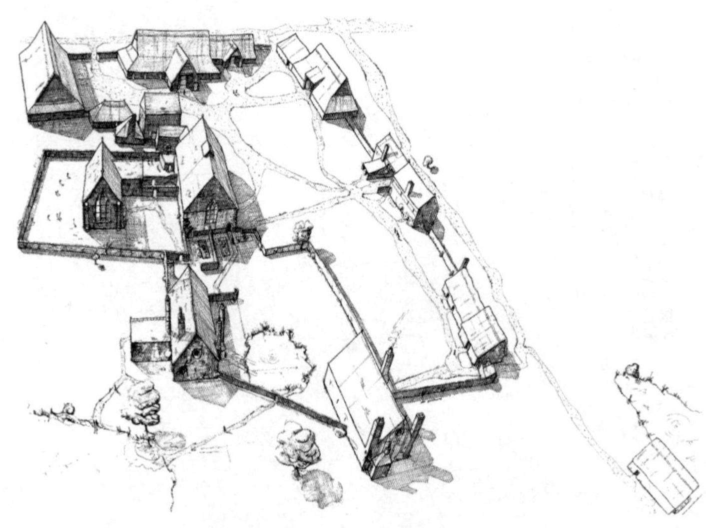

图 22　画家心目中的南威瑟姆管理地

执行吏在 1308 年 1 月—11 月 14 日圣殿骑士被捕期间所记的账目中，列出了伦敦新圣殿的各种建筑和房间。[128]那里有一座谷仓和一个种有蔬菜的菜园。分团内部有一座存放着各种杂物的地窖，楼上有一个卧室（位于管事室的上方——所谓管事室，也许是指保管钱财和其他贵重物品的储藏室），有厨房、马厩（其中不只有马，还有碾磨设备）、槽坊、大统领的衣橱（私人房间），有 3 条标注为“宿舍”的账目（其中一间存放着迈克尔・德・巴斯克维尔的物品，另一间存放着赫里福德的威廉的物品，还有一间存放着斯坦登的托马斯的物品，但没有提到当时也住在那里的奥特林厄姆的彼得修士），有一间伯顿的托马斯修士的房间（此人为司铎，但审讯记录表明他主要住在埃塞克斯郡），有一间修道长的房间，有一间赫德威克的理查修士的房间，而且当然还有“大教堂”，其中的唱诗班、圣约翰的祭坛、圣米迦勒的祭坛和法衣室都一一列了出来。[129]账目的第二份副本中还提到了斯托克的约翰这位司库的卧室。[130]因此，到 1308 年时，许多修士似乎都有了自己的私人房间和私人物品。他们的私人物品主要是衣物（披风、毛皮短上衣、靴子）、铺盖，以及用于存放和携带衣物的箱包。有些修士还拥有其他的物品：大统领和司库各有一把十字弓；大统领有两本书（书名不详）；司库有一个壁炉柴架（一种在火中将木柴支起来的金属架子）和一把铁叉；赫德威克的理查有 2 只银杯、12 只银勺和 1 把长剑。宿舍里有斯坦登的托马斯修士的一把长剑，另外一把长剑和一把斧子则是赫特福德或者赫里福德的威廉修士的。[131]

位于诺曼底博日的圣殿骑士团管理地的资产清单中，记载有牛、羊、猪和马等牲畜；有差不多 70 英亩的耕地，上面种植着小麦、黑麦、大麦、混种的燕麦与大麦、燕麦、豌豆和巢菜；有一座贮存小麦的谷仓，那里还生产干草。管理地的生活区建有一座厨房，里面有猪油、牛肉、葡萄酒和啤酒（供仆人或马夫和雇工饮用）、面包，以及 10 多个类型和大小不一的锅碗瓢盆。有一个院子，里面养着鹅和母鸡，还放着一些空桶。然后是一座礼拜堂，其中有 4 套教会法衣、1 个圣餐杯、圣坛布、圣坛上的其他设备，以及一些没有具体说明的宗教书籍(*les livres de la chapelle*)。接下来是统领的卧室。这里存放着一些贵重物品：有 3 只银高脚杯、1 只带有银底座的缟玛瑙小高脚杯、2 只稍大但质量没那么好的高脚杯，以及其他一些木质小高脚杯。房中没有现金，但有一些被质押的衣物(大概是为了换取借款)。还有统领床上的 2 套铺盖和其他的被褥、1 个枕头，以及各种外衣(包括有毛皮衬里的短上衣、斗篷和统领的一件雨衣)。除了衣物，房中没有个人物品。分团里有一座集体宿舍(*dorteur*)、一座公寓或者客舍，其中有 20 条床垫，还有床单和毯子，但毛毯的数量不够铺盖所有的床垫。分团里还有家用的亚麻布，以及一座存放着酿酒设备的地窖。如前所述，博日管理地住着 3 位圣殿骑士和 27 名仆役。[132]清单中没有提及修士们吃饭的大厅：或许，他们的大厅就是那座“客舍”，也可以为客人提供住处。在诺曼底的其他分团，也都没有修士们的个人物品。[133]

圣殿骑士遭到逮捕之时，爱尔兰的基尔克洛根[Kilcloggan，位于韦克斯福德郡(County Wexford)]至少住着 4 位圣殿骑士，其中除了修士们的床还有 4 张桌子；谷仓里存贮着小麦、燕麦、豆子、豌豆和麦芽；还有家禽、马匹和牛(包括挽马和公牛)、猪和绵羊。食品储藏室里储藏着牛肉、熏肉、羊肉和猪肉；礼拜堂和教堂里设施齐备，有书籍、法衣、圣餐杯和其他的必要设备；有 17 个银勺和其他银器皿，以及其他的杯碗；打铁坊里设施完善。古德尔指出，那些勺子就是被捕之前一个分团里驻扎有圣殿骑士的标志——但爱尔兰的克朗塔夫[Clontarf，位于都柏林郡(County Dublin)]有 11 个勺子，似乎却没有圣殿骑士驻扎在那里。[134]

西方圣殿骑士团的数个分团里存有少量的盔甲和武器，且通常只够一个人所用。[135]这些装备可能属于捐赠品，在等着卖掉或者送往东方；而在那些几乎没有什么一致的法律与秩序的地区，圣殿骑士可能是出于实际原因，需要用它们来保护分团。尽管圣殿骑士团不受诸多世俗和教会法律约束，但在英格兰，他们却有可能是遵照 1285 年《温彻斯特法令》(Statute of Winchester)的规定保有武器，因为该法令要求“人人须遵古时之(武器)标准，于家中添置装备来维护治安”(*chescun home eit en sa mesun armure pur la pees garder, solun la aunciene assise*)。武器装备的数量因收入不同而各异；因此，一个人若是拥有价值 15 英镑的土地和价值 40 马克的货物，就应当置办一件锁子甲或者链甲衣、一顶铁盔、一把长剑、一把刀和一匹马。[136]敦威治、基尔(Keele)、桑德福德(Sandford)、希普利(Shipley)和乌普莱顿等圣殿骑士团分团里的武器装备全都符合这些规定。在阿拉贡王国，圣殿骑士团由于必须为国王服兵役，因此也需要拥有武器。[137]虽然从理论上来看英格兰的圣殿骑士不为国王服兵役，但实际上他们偶尔也为王国作战。[138]

圣殿骑士团食品储藏室盘点清单中列出的食物说明了直到被捕之前，圣殿骑士及分团里其他人员的饮食情况。他们吃的是 14 世纪初非贵族群体所吃的典型饮食：大量的谷物(小麦掺其他谷物、豌豆和黄豆、黑麦面粉、加盐的燕麦粥)、肉类(熏猪肉、牛肉、羊肉)、奶酪和鸡蛋。他们还种植了一些没有具体说明的蔬菜和水果。圣殿骑士团的各个分团还酿造啤酒、苹果酒和/或葡萄酒。津贴领受人所获食物的具体情况，也可以让我们深入了解圣殿骑士们所吃的东西。在布鲁尔，亨利·朱贝尔(Henry Jubel)若是在城内自己的家中或者其他地方吃饭，每周可以领受两天的日常食物津贴，包括 1 个白面包、1 加仑上好的麦芽啤酒、分团厨房里烹制的一道菜，还有奶酪。斯温索普的罗伯特之女爱丽丝每周曾领受 7 个白面包、3 个侍从们所吃的面包、5 加仑麦芽啤酒和 7 道适当的肉菜或者鱼菜——而在一年中的 6 个节日[即圣诞节、复活节、圣灵降临节、圣约翰节(St John's Day)、圣母升天节(the Assumption of the Blessed Mary)以及万圣节(All Saints)]，她也会领受一道肉菜或者鱼菜，这是修士们能吃到的最佳菜肴。[139]在伦敦的新圣殿，罗杰·布洛姆和妻子盖拉达曾经每天领受3个白面包和1个小的“侍从面包”（*panem scutiferorum*）、2加仑上等麦芽啤酒和1加仑次等啤酒。他们还在米迦勒节（9月29日）领受了1块适当的熏猪肉。[140]至于粮食生产和饮食，我们将在第四章进一步加以探讨。

结 语

尽管欧洲的圣殿骑士很少生活在人数多于4位修士的群体中，但把骑士团的准成员和会所内的仆役都考虑进去之后，分团里的人数似乎就足以维持圣殿骑士团规章制度中所设想的那种集体生活，所有成员都一起吃饭、一起祈祷。事实上，礼拜堂是圣殿骑士团管理地最令人瞩目的一个房间，其中保存着一些最精美的物品，表明那里对圣殿骑士们极其重要。他们每天都会花大量时间在礼拜堂里参加日祷，为他们的捐赠人和死者诵念规定的祷词，同时礼拜堂也彰显出了他们的虔诚。接下来，我们不妨更加具体地来探究一下圣殿骑士们的精神生活。

注释

1. Gerrard, “Opposing Identity”(1999), pp. 148, 151(引文见于第151页)。

2. Rodrigue Tréton, “L'ordre du Temple dans une capitale méditerranéenne: Perpignan”, in Carraz, ed., *Les Ordres Militaires dans la Ville Médiévale (1100 - 1350)* (2013), pp. 223 - 238, 以及 p. 236。对圣殿骑士团城堡里生活空间的讨论及其平面图，参见 Fuguet and Plaza, *Els Templers* (2012), pp. 154 - 168。

3. 关于圣殿骑士团在城市里的财产，参见 Carraz, ed., *Les Ordres Militaires*

dans la Ville(2013)。

4. Curzon, ed., *La Règle*(1886), p. 80,第 87 条;Upton-Ward, *Rule*(1992), p. 41; Amatuccio, ed., *Il Corpus normativo* (2009), p. 52 的第 5—6 行(III. 10); Barber, *New Knighthood*(1994), pp. 244 - 245, 250。

5. Burton, "Knights Templars in Yorkshire in the twelfth century: a reassessment"(1991), pp. 26 - 40, 28 的注释 6; Jefferson, "Templar Lands in Lincolnshire"(2016), pp. 45 - 55。

6. Barber, *New Knighthood* (1994), pp. 270 - 271; Nicholson, "At the Heart of Medieval London: The New Temple in the Middle Ages", in Griffith-Jones and Park, eds., *The Temple Church in London: History, Architecture, Art*(2010), pp. 1 - 18.

7. Forey, *Templars in the Corona de Aragón*(1973), pp. 25 - 39, 189 - 199.

8. Bessey, "L'implantation du Temple et de l'Hôpital dans les villes du nord du royaume de France (1100 - 1350)", in Carraz, ed., *Les Ordres Militaires dans la Ville* (2013), pp. 97 - 112 以及 p. 101; Bellomo, "The Temple, the Hospital and the Towns of north and central Italy", in Carraz, ed., *Les Ordres Militaires dans la Ville*(2013), pp. 159 - 170 以及 pp. 161 - 162, 164 - 165; Toomaspoeg, "Les ordres militaires dans les villes de Mezzogiorno", in Carraz, ed., *Les Ordres Militaires dans la Ville*(2013), pp. 171 - 185 以及 pp. 176 - 177; Carraz, *L'ordre du Temple dans la basse vallée du Rhône*(2005), pp. 255 - 264。

9. Toomaspoeg, "Les ordres militaires", in Carraz, ed., *Les Ordres Militaires dans la Ville*(2013), pp. 172 - 173.

10. Barber, *New Knighthood*(1994), p. 254; Tréton, "L'ordre du Temple dans une capitale méditerranéenne: Perpignan", in Carraz, ed., *Les Ordres Militaires dans la Ville*(2013), pp. 223 - 238 以及 p. 236(地图);Fuguet Sans and Plaza Arque, "L'ordre du Temple dans la Couronne d'Aragon: aspects

topographiques et archéologiques. Les cas de Tortosa et Barcelone", in Carraz, ed., *Les Ordres Militaires dans la Ville*(2013), pp. 239 - 255 以及 p. 240。

11. Nicholson, "At the Heart"(2010), pp. 14 - 15.

12. Bessey, "L'implantation du Temple", in Carraz, ed., *Les Ordres Militaires dans la Ville*(2013), pp. 103 - 104; Carraz, *L'ordre du Temple dans la basse vallée du Rhône*(2005), pp. 264 - 274.

13. Carraz, *L'ordre du Temple dans la basse vallée du Rhône* (2005), pp. 273 - 274. Bessey, "L'implantation du Temple", in Carraz, ed., *Les Ordres Militaires dans la Ville*(2013), p. 104.

14. Gerrard, "Opposing Identity"(1999), p. 154. 也可参见 Forey, *Templars in the Corona de Aragón*(1973), pp. 118, 126, 128 - 129, 200, 202 - 206, 210, 218, 239 - 240; Stiles, *Templar Convivencia: Templars and their Associates in 12th and 13th Century Iberia*(2012)。

15. Borchardt, Carraz and Venturini, eds., *Comptes de la commanderie de l'Hôpital de Manosque pour les anneés 1283 à 1290*(2015).

16. 关于 1308 年盘点清单中记载的圣殿骑士团特许状，参见下述例子：TNA: E 142/13 mem. 9 verso(Bisham, Berks.); E 142/18 mem. 13(Faxfleet, Yorkshire); E 142/18 mem. 16 (Cowton, including the Templars' Scottish charters); E 142/18 mem. 17(Temple Hirst); E 142/105 mem. 2 [Rothley, Leicestershire: edited by Forbrooke, "Rothley: I: The Preceptory", *Transactions of the Leicestershire Archaeological Society*, 12(未标注上期), p. 34]; E 358/18 rot. 1(Ewell, Kent); E 358/18 rot. 2 dorse(Garway, Herefordshire); E 358/18 rot. 3 dorse(Dunwich, Suffolk); E 358/18 rot. 4 and E 358/20 rot. 6(Keele, Staffordshire:其中含有英国国王亨利颁发的一份特许状; and Lydley, Shropshire); E 358/18 rot. 6 dorse(Thornton, Northumberland: published by Hodgson, "Temple Thornton farm accounts 1308"); E 358/18 rot. 8 (2) (Strood, Kent:其中含有一份以英国国王约翰的名义签发、带有骑士团自己印

章的特许状)；E 358/18 rot. 10 dorse(Dokesworth/Duxford, Cambridgeshire)；E 358/19 rot. 26 dorse(Sandford, Oxfordshire)；E 358/19 rot. 52(Lannock, Hertfordshire)；Delisle, ed.，"Inventaire"，pp. 726 – 727；Barber and Bate, *The Templars*(2002)，p. 199(Corval, Normandy)。

17. Peixoto, "Copies and Cartularies: Modernizing Templar Documents in Mid-Thirteenth-Century Champagne"，in Borchardt, Döring, Josserand and Nicholson, eds.，*The Templars and their sources*(2017)，pp. 207 – 224；Carraz, "L'emprise économique"，in Baudin, Brunel and Dohrmann, eds.，*Économie templière en Occident*(2013)，pp. 154 – 158, 173. 在英格兰圣殿骑士团的特许状登记册中，只有桑德福德的特许状登记册保存了下来[Leys, ed.，*The Sandford Cartulary*(1937 – 1941)]，但医院骑士团在 1442 年的那部著名的特许状登记册中，包括了埃塞克斯郡、伦敦和其他地方圣殿骑士团的特许状：Gervers, *The Hospitaller Cartulary in the British Library (Cotton MS Nero E VI): A Study of the Manuscript and its Composition with a critical edition of two fragments of earlier cartularies for Essex*(1981)。

18. TNA: E 358/18 rot. 2；E 358/19 rot. 25.

19. Prutz, *Entwicklung und Untergang des Tempelherrenordens*(1888)，pp. 359 – 360；Ricci, "La precettoria di Santa Maria de Templo de Lecce"(2012)，pp. 162 – 167.

20. TNA: E 358/20 rot. 2 dorse.

21. TNA: E 358/18 rot. 13 dorse.

22. Slavin, "Landed Estates"(2013)，p. 38；Gooder, *Temple Balsall*(1995)，p. 31；Jefferson, "Templar Lands in Lincolnshire"(2016)，pp. 99 – 100, 109, 113, 141 – 142, 233 – 234.

23. 例如，参见 Jefferson, "Templar Lands in Lincolnshire"(2016)，pp. 29, 34 – 36, 99 – 100，引自 Stone, *Decision-Making in Medieval Agriculture*(2005)，pp. 63 – 70, 47, 49, 50, 53, 195，也可参见 pp. 13 – 14, 32 – 33。

24. TNA: E 358/20 rot. 40(2).

25. TNA: E 358/18 rot. 22; TNA: E 358/19 rot. 52; Nicholson, *Knights Templar on Trial*(2009), pp. 85 - 86.

26. TNA: E 358/18 rot. 2.

27. *PATBI*, vol. 1, pp. 122, 124, 130, 132, 133, 135, 142, 144, 192, 246, 312 - 313, 342; vol. 2, pp. 116, 119, 125, 127, 129, 131, 138, 141, 204, 273, 349, 386[MS A, fols. 65r(charge 20), 66r, 68v, 69v(charge 20), 70r (charge 20), 71r(charge 20), 74r(charge 20), 75r(charge 20), 94v, 119r (charge 19), 144v, 145r, 157r]. 关于巡察员与大团长的西行情况,参见 Burgtorf, *Central Convent*(2008), pp. 57, 114 - 115, 243。

28. Forey, *Templars in the Corona de Aragón*(1973), pp. 264 - 268, 318; *PATBI*, vol. 2, pp. lviii - lix.

29. Forey, *Templars in the Corona de Aragón*(1973), pp. 268 - 269.

30. Forey, *Templars in the Corona de Aragón*(1973), pp. 70 - 71.

31. Forey, *Templars in the Corona de Aragón*(1973), pp. 269 - 270; Forey, "The Careers of Templar and Hospitaller Office-Holders in western Europe during the Twelfth and Thirteenth Centuries", in Josserand, Oliveira and Carraz, eds., *Élites et ordres militaires au moyen âge: recontre autour d'Alain Demurger*(2015), pp. 201 - 214 以及 p. 202。

32. *PATBI*, vol. 2, p. lii.

33. Forey, *Templars in the Corona de Aragón*(1973), p. 269.

34. Forey, *Templars in the Corona de Aragón*(1973), pp. 269 - 270.

35. Barber, *New Knighthood*(1994), pp. 93 - 94; Barber, "Supplying the Crusader States: the role of the Templars", in Kedar, ed., *The Horns of Hattin. Proceedings of the 2nd Conference of the Society for the Study of the Crusades and the Latin East: Jerusalem and Haifa 2 - 6 July 1987*(1992), pp. 314 - 326 以及 p. 315。

36. "Chronique d'Amadi"(1891), vol. 1, p. 286; Coureas and Edbury, *The Chronicle of Amadi translated from the Italian*(2015), p. 268[570].

37. Barber, "Supplying the Crusader States"(1992), p. 319; Gilmour-Bryson, *The Trial of the Templars in Cyprus: A Complete Edition*(1998), p. 9. 关于讯问记录中提出的一些阐释问题,参见 Alain Demurger, "Elements pour une prosopographie du 'people Templier': La comparution des Templiers devant la commission pontificale de Paris(février-mai 1310)", in Josserand, Oliveira and Carraz, eds., *Élites et ordres militaires*(2015), pp. 17 - 36。

38. Nicholson, *Knights Templar on Trial*(2009), p. 49; *PATBI*, vol. 2, pp. xix, xxxix.

39. Alan Forey, *The Fall of the Templars in the Crown of Aragon*(2001), p. 17. 也可参见 García-Guijarro Ramos, "The Extinction of the Order of the Temple in the Kingdom of Valencia and Early Montesa, 1307 - 30: A Case of Transition from Universalist to Territorialized Military Orders", in Burgtorf, Crawford and Nicholson, eds., *The Debate on the Trial of the Templars*(2010), pp. 199 - 111 以及 pp. 202 - 204。

40. Sève, and Chagny-Sève, eds., *Le Procès des Templiers d'Auvergne, 1309 -1311: Edition de l'interrogatoire de juin 1309*(1986), p. 31(10 位骑士修士、11 位司铎修士、50 位军士修士和 20 位身份不明者,但很可能也是军士修士),p. 32(20 位骑士、8 位司铎、42 位军士和 27 位身份不明者)。

41. Gilmour-Bryson, *Trial of the Templars in Cyprus*(1998), pp. 448 - 450.

42. Carraz, *L'ordre du Temple dans la basse vallée du Rhône*(2005), pp. 303 -304.

43. 参见托马西(Tommasi)登载的特许状, "Uomini e donne negli ordini militari di Terrasanta: per il problema della case doppie e miste negli ordini giovannita, templare e teutonico(secc. XII - XIV)"(1992), pp. 177 - 202 以

及 p. 201。

44. 参见 *PATBI*, vol. 2, pp. 583 - 600 中的概述；Nicholson, *Knights Templar on Trial*(2009), pp. 205 - 217。

45. Barber, "Supplying the Crusader States", p. 318; Gooder, *Temple Balsall*(1995), p. 31; Murphy, "From swords to ploughshares", in Browne and Ó Clabaigh, eds., *Soldiers of Christ* (2015), p. 182; Nicholson, *Knights Templar on Trial*(2009), pp. 70 - 72.

46. Nicholson, *Knights Templar on Trial*(2009), pp. 70 - 72. 不久前有圣殿骑士居住，但到 1308 年时没有圣殿骑士的分团，包括米德尔塞克斯(Middlesex)的克兰福德圣约翰(Cranford St John, 1296—1297 年间有过一位修士)、约克郡的艾顿[艾顿的伊沃(Ivo of Etton)修士可能与这个分团有联系]、坎伯兰郡的索尔比[Sowerby, 索尔比的迈克尔(Michael of Sowerby)修士曾是这个分团的统领，它很可能是因为苏格兰人的袭击而被废弃的]：*PATBI*, vol. 2, pp. 589, 591, 598。

47. Bulstrode: TNA: E 358/18 rots. 6 - 6 dorse, 7; E 358/19 rot. 36 dorse; E 358/20 rots. 12, 24; British Library Harley Roll A 25 - 27; Dunwich: TNA: E 358/18 rots. 3, 38; E 358/20 rots. 11, 24 dorse, 44 dorse; E 142/112 mem. 2.

48. Delisle, ed., "Inventaire"(1903), no. xvi, pp. 721 - 728，在 Barber and Bate, *The Templars*(2002)中被翻译成了"诺曼底圣殿骑士团财产盘点清单(1307 年 10 月 13 日)"：pp. 191 - 201(博日，pp. 191 - 194；布雷特维尔，pp. 194 - 196；沃伊瑟姆，pp. 196 - 197；科瓦尔，pp. 197 - 200；卢维尼，pp. 200 - 201)。

49. MacNiocaill, ed., "Documents" (1967), p. 191 (Cooley), 193 (Kilsaran), 199(Kilcloggan), 205(Clonoulty), 209(Crooke), 212(Rathronan), 214(Athkylton).

50. Nicholson, *Knights Templar on Trial*(2009), pp. 148 - 150, 154(有 14 位受到讯问的圣殿骑士，再加上 4 位很可能已经去世的圣殿骑士、3 位从英格

兰而来的逃亡者，以及威廉·德·瓦伦尼修士）。

51. Forey, *The Military Orders*(1992), p. 155.

52. *PATBI*, vol. 1, p. 110; vol. 2, p. 103(MS A, fol. 58v); TNA: E 358/18 rot. 7(1): "in camera fratris Thom' de Burton".

53. *PATBI*, vol. 1, p. 354; vol. 2, p. 403(MS A fol. 162r).

54. TNA: E 142/119 mem. 6; TNA: E 142/119 mem. 29.

55. MacNiocaill, ed., "Documents"(1967), pp. 212, 214.

56. Curzon, ed., *La Règle*(1886), pp. 75, 234, 343，第 77、431、673 条；Upton-Ward, *Rule* (1992), pp. 39, 115, 171; Amatuccio, ed., *Il Corpus normativo*(2009), pp. 46 的第 11—13 行，220 的第 22—24 行，384 的第 4—7 行(III. 1, VII. 125, X. 6)。

57. Carraz, *L'ordre du Temple dans la basse vallée du Rhône*(2005), pp. 297 - 298.

58. Sève and Chagny-Sève, eds., *Le Procès des Templiers d'Auvergne* (1986), pp. 31 - 32.

59. Nicholson, *Knights Templar on Trial*(2009), pp. 205 - 217; *PATBI*, vol. 2, p. xxxvi；骑士包括英格兰圣殿骑士团团长威廉·德拉莫尔(William de la More)、奥弗涅统领伊伯特·布兰克(Imbert Blanke)、乌普莱顿统领图卢兹的托马斯、加尔韦统领菲利普·德·梅维斯(Philip de Mewes)、斯特雷奇的西蒙(Simon of Streche)和阿梅尔顿的罗伯特(Robert of Amelden)。约克郡、苏格兰和爱尔兰都没有修士被记录为骑士。

60. Forey, "Rank and Authority in the Military Orders during the Twelfth and Thirteenth Centuries", pp. 326 - 327.

61. Curzon, ed., *La Règle*(1886), pp. 164 - 169，第 268 - 278 条；Upton-Ward, *Rule*(1992), pp. 79 - 81; Amatuccio, ed., *Il Corpus normativo*(2009), pp. 144 - 148(VI)。

62. Sarnowsky, " The Priests in the Military Orders: A Comparative

Approach on their Standing and Role", in Josserand, Oliveira and Carraz, eds., *Élites et ordres militaires*(2015), pp. 215 – 224 以及 p. 220。

63. TNA: E 358/18, rot. 2.

64. Delisle, ed., "Inventaire"(1903), pp. 723, 727; Barber and Bate, *The Templars*(2002), pp. 194, 200.

65. *PATBI*, vol. 2, p. xxxvi.

66. Tommasi, "Uomini e donne"(1992), pp. 183 – 186, 197 – 201;翻译为 Tommasi, "Men and Women of the Hospitaller, Templar and Teutonic Orders: Twelfth to Fourteenth Centuries", in Luttrell and Nicholson, eds., *Hospitaller Women in the Middle Ages*(2006), pp. 71 – 88 以及 pp. 77, 85, 87 – 88。也可参见 Stiles, *Templar Convivencia*(2012),注释 95。

67. Schüpferling, *Der Tempelherren-orden*(1915), pp. 33 – 34,注释 4。

68. Tommasi, "Uomini e donne"(1992), p. 195 的注释 76,引自 *Lettres communes des papes d'Avignon ... Jean XXII(1316 – 1334)*, no. 18845。

69. Schüpferling, *Der Tempelherren-orden*(1915), pp. 61 – 62.

70. Michelet, ed., *Procès*, vol. 1(1841), p. 38, 翻译于 Barber and Bate, *The Templars*(2002), p. 291。

71. Pétel, "Comptes de régie"(1907), pp. 292, 333, 338, 359, 360, 362 和注释 4, 367, 369, 370。

72. Pétel, "Comptes de régie"(1907), p. 360.

73. Demurger, *Les templiers*(2005), p. 477.

74. Forey, *Templars in the Corona de Aragón*(1973), pp. 110 – 111, 225; Schenk, *Templar Families*(2012), pp. 46 – 48; Stiles, *Templar Convivencia*(2012)的注释 313—322。

75. Lees, ed., *Records of the Templars*(1935), p. 4(埃塞克斯郡的威瑟姆), pp. 38 – 40[什罗普郡的卡丁顿(Cardington)、恩奇马什(Enchmarsh)、查特沃尔(Chatwall)、卡丁顿],61[萨默塞特郡的波提斯赫德(Portishead)], 250[威

廉·德·阿什比(William de Assheby)];也可参见 pp. lxi - lxii 的探讨。

76. Larking, ed., Kemble 撰写序言,*The Knights Hospitallers in England: Being the Report of Prior Philip de Thame to the Grand Master Elyan de Villanova for A. D. 1338*, Camden Society 1st ser. 65(1857), pp. 7, 10, 13, 15, 17, 21, 24, 26, 28, 30, 34, 35, 38, 41, 43, 45, 47, 50, 52, 54, 57, 63, 66, 68, 70, 74, 75, 81, 84, 87, 89, 91, 93, 94。

77. Schenk, *Templar Families*(2012), pp. 53 - 55.

78. Schenk, *Templar Families*(2012), p. 64.

79. Perkins, "The Knights Templars in the British Isles"(1910), p. 218;也可参见 Forey, *Templars in the Corona de Aragón* (1973), p. 45; Stiles, *Templar Convivencia* (2012),注释 135。

80. Schenk, *Templar Families*(2012), pp. 58 - 65 以及 63 的引文。

81. Schenk, Templar Families(2012), pp. 65 - 67.

82. Schenk, *Templar Families*(2012), pp. 67 - 68. 也可参见 Forey, *Templars in the Corona de Aragón* (1973), pp. 288 - 290; Stiles, *Templar Convivencia* (2012),注释 137。

83. *PATBI*, vol. 2, pp. li - lii; vol. 1, pp. 199, 201, 202 以及 vol. 2, pp. 217, 220 - 221(MS A, fols. 97r, 97v - 98r)。

84. *PATBI*, vol. 2, p. 595; TNA: E 358/18 rot. 7 (1) under "Exp"; E 358/20 rot. 3; Baylis, *The Temple Church* (1893), pp. 131 - 146 以及 134 - 135 的译文;Cole, ed., "Corrodia petita"(1844), pp. 145, 146 - 147, 159, 170, 185, 188, 194。

85. Cole, ed., "Corrodia petita"(1844) pp. 145, 146 - 148, 151 - 152, 159, 164 - 165, 167, 170 - 171, 175, 178, 179, 181, 182, 185, 187, 188 - 194, 195 - 196, 198, 220 - 222, 224 - 225(edition of TNA: E 142/9); TNA: E 358/18 rot. 23(1 - 2)(新圣殿的津贴是用丁斯利圣殿的收入支付的)。

86. TNA: E 358/18 rot. 2 and TNA: E 358/19 rot. 25; E 358 /19 rot. 50

dorse.

87. TNA: E 358/20 rot. 5 dorse;原始授予书见于 Cole, ed., "Corrodia petita"(1844), pp. 150 - 151(mem. 4)。

88. TNA: E 358/18 rots. 19(1 - 2), 16(2); Cole, ed., "Corrodia petita"(1844), pp. 148 - 149, 152, 153, 154, 156, 158, 168 - 169, 175 - 176, 177, 190.

89. Cole, ed., "Corrodia petita"(1844), pp. 164 - 165.

90. 特许状登载于"Documents relatifs aux croisades"(1846 - 1854), vol. 1, p. 429, no. 9。

91. Forey, "Women and the military Orders in the twelfth and thirteenth centuries", in Luttrell and Nicholson, eds., *Hospitaller Women*(2006), pp. 43 - 69 以及 p. 45。

92. *Schenk, Templar Families*(2012), p. 73.

93. *Rule of St Benedict*(1952),第 53 条,pp. 118 - 123。

94. Larking and Kemble, *The Knights Hospitallers in England* (1857), pp. 137, 149, 155, 158, 164, 186, 192, 198:约克郡的韦瑟比,林肯郡的伊格尔、威洛顿和布鲁尔,赫里福德郡的加尔韦,剑桥郡的威尔布拉姆,萨默塞特郡的坦普尔库姆(Templecombe),以及牛津郡的桑德福德。

95. Schenk, "Some Hagiographical Evidence for Templar Spirituality"(2011), pp. 99 - 119 以及 p. 107。

96. Delisle, ed., "Inventaire", pp. 722, 727; Barber and Bate, *The Templars* (2002), pp. 193, 199 - 200.

97. TNA: E 358/19 rot. 53 dorse: *Idem r[eddit][com]p[otum] de ix pec' cepi ponder' iij petr' invent' ibid[em]. De quibus in expensis hosp' + circa agnell' ij petr'.*

98. TNA: E 358/18 rot. 8: *+ in Camera de J Materag', J Coopertor' lecti, iiij linc' pro/lecto fratris prec' di' marc', iiij tapet', ij linc' pro hospit',*

prec' iiij s.

99. Carraz, *L'ordre du Temple dans la basse vallée du Rhône*(2005), p. 267.

100. TNA: E 199/18/4 verso: 1308 年 1 月 10 日—1308 年 9 月 29 日，乌普莱顿账目的详细情况。

101. Pétel, "Comptes de régie"(1907), p. 359.

102. TNA: E 358/20 mem. 40 recto.

103. Delisle, ed., "Inventaire"(1903), pp. 721 - 723; Barber and Bate, *The Templars*(2002), pp. 191 - 201 以及 pp. 192 - 193。

104. Delisle, ed., "Inventaire"(1903), pp. 726 - 727; Barber and Bate, *The Templars*(2002), p. 200.

105. Pétel, "Comptes de régie"(1907), pp. 283 - 372 以及 pp. 292, 296, 332 - 333, 366。

106. 贵亭(格洛斯特郡)：TNA: E 358/18 rot. 5；加尔韦(赫里福德郡)：TNA: E 358/18 rot. 2；斯旺顿(贝德福德郡)：TNA: E 358/18 rot. 24；巴尔索尔(沃里克郡)：TNA: E 358/19 mem. 40(1) recto；布尔斯特罗德(白金汉郡)：TNA: E 358/18 rot. 6 dorse。

107. 吉斯林厄姆：TNA: E 358/18 rot. 3；斯坦顿朗：TNA: E 358/18 rot. 4。

108. 布尔斯特罗德：TNA: E 358/18 rot. 6 dorse；切尔辛(Chelsing，赫特福德郡)、克雷辛、威瑟姆、罗伊登、钦福德(埃塞克斯郡)：TNA: E 358/19 rot. 52 and 52 dorse；希尔克劳姆(Hillcrombe)和布劳顿(伍斯特郡)：TNA: E 199/46/21 and E 359/19 rot. 47 dorse；林德利(什罗普郡)：TNA: E 358/20 rot. 5 dorse；桑顿(诺森伯兰郡)：TNA: E 358/18 rots. 6 dorse and 52 dorse。也可参见 Hodgson, "Temple Thornton farm accounts 1308"(1895), pp. 40 - 53 中公布的账目。我要感谢克雷格·扬(Craig Young)，他让我注意到了这个版本。

109. 什罗普郡霍尔特普伦雇用来煮浓汤的男仆或马夫所挣的工资，与斯坦顿朗做浓汤的女佣一样：TNA: E 358/20 rot. 5d; E 358/18 rot. 4。

110. *PATBI*, vol. 2, pp. 589, 594, 598.

111. Jefferson, "Templar Lands in Lincolnshire"(2016), p. 229, 引自 Dyer, "Changes in Diet in the late Middle Ages: The Case of the Harvest Workers"(1988), pp. 21 - 37 以及 p. 28。Gooder, *Temple Balsall*(1995), pp. 32 - 33, 68,其中认为农场工人都有住所,并且这些住所与谷仓相邻,但 1308 年起的记录中并未提到这些内容。

112. TNA: E 358/18 rot. 22(2).

113. Gooder, *Temple Balsall*(1995), pp. 31 - 32.

114. Delisle, ed., "Inventaire"(1903), pp. 722 - 723, 726 - 727; Barber and Bate, *The Templars*(2002), pp. 194, 200.

115. Pétel, "Comptes de régie"(1907), pp. 335, 338, 341, 344, 345, 346, 360, 361, 362(引文)。

116. Burgtorf, "The Trial Inventories of the Templars' Houses in France: Select Aspects", in Burgtorf, Crawford and Nicholson, eds., *The Debate on the Trial of the Templars*(2010), pp. 195 - 115,此处见于 p. 111,引述的是 *Collection d'Albon* 46, fol. 83。

117. Coureas and Edbury, *The Chronicle of Amadi translated from the Italian*(2015), p. 271[577].

118. 例如,Carrière, *Histoire et Cartulaire des Templiers de Provins*(1919), no. 11, p. 49; no. 64, pp. 90 - 91。

119. Forey, *Templars in the Corona de Aragón*(1973), pp. 285 - 286, 292 - 293, 303 的注释 192, 197; Miret y Sans, "Inventaris"(1911), pp. 62 - 70。

120. Vilar Bonet, *Els béns del Temple*(2000), pp. 113, 120, 122, 131, 132.

121. TNA: E 358/18 rot. 23(1).

122. Cole, ed., "Corrodia petita"(1844), p. 156; TNA: E 358/18 rot. 11. 1; E 358/18rot. 46 dorse.

123. Upton-Ward, *Catalan Rule*(2003),第 203－206 条,pp. 98－101。

124. 有关在中世纪晚期的英格兰当一名仆役意味着什么以及雇主—仆役关系的论述,参见 Goldberg, "What was a servant?"(2000), p. 18; Goldberg, "Masters and Men in Late Medieval England"(1999), p. 61。

125. Nicholson, *Knights Templar on Trial*(2009), pp. 106－107.

126. Nicholson, *Knights Templar on Trial* (2009), p. 106; *PATBI*, vol. 1, pp. 198－199; vol. 2, p. 216(MS A fols. 96r－97v).

127. Ricci, "La precettoria" (2012), pp. 158 － 160; 也可参见 Mayes, *Excavations at a Templar Preceptory*(2002),尤其是 p. 4。

128. TNA: E 358/18 rot. 7(1－2); E 358/20, rot. 3. E 358/20, rot. 3 中的清单副本刊印和翻译于 Baylis, *The Temple Church and Chapel of St Ann, etc., An Historical Record and Guide* (1893), pp. 131 － 146; 在 Lord, *The Knights Templar in Britain*(2002), pp. 26－30 中进行了概述。

129. *PATBI*, vol. 1, p. 110; vol. 2, p. 103(MS A fol. 58v).

130. TNA: E 358/20 rot. 3.

131. TNA: E 358/18 rot. 7 (1 － 2); E 358/20 rot. 3; Lord, *Knights Templar in Britain*(2002), pp. 26－30.

132. Delisle, ed., "Inventaire" (1903), pp. 721 － 723; Barber and Bate, *The Templars*(2002), pp. 192－193. 在 Burgtorf, "The Trial Inventories"中进行了探讨,见于 Burgtorf, Crawford and Nicholson, eds., *The Debate* (2010), p. 109。

133. Delisle, ed., "Inventaire"(1903), pp. 724, 728; Barber and Bate, *The Templars*(2002), pp. 195, 200.

134. Gooder, "South Witham"(2002), pp. 80－95 以及 p. 85; MacNiocaill, ed., "Documents"(1967), p. 215。

135. 爱尔兰:MacNiocaill, ed., "Documents" (1967), pp. 199 － 202, 215(克朗塔夫,基尔克洛根);英格兰的比萨姆:TNA: E 142/119 mem. 19;敦威

治:TNA: E 358/18 rot. 3;林德利和基尔:TNA E: 358/20 rot. 5 dorse;希普利:TNA: E 142/15 mem. 5;桑德福德:TNA: E 359/19 rot. 26 dorse;乌普莱顿:TNA: E 358/18 rot. 2 and E 358/19 rot. 25;诺曼底:Delisle, ed., "Inventaire"(1903), pp. 725, 726, 728; Barber and Bate, *The Templars*(2002), pp. 198, 200;阿拉贡:Higounet-Nadal, "L'inventaire des biens de la commanderie du Temple de Sainte-Eulalie du Larzac en 1308"(1956), pp. 256, 258; Miret y. Sans, "Inventaris"(1911), pp. 62 – 70; Vilar Bonet, *Els béns del Temple*(2000), pp. 113, 119, 120, 122, 125, 130, 132。

136. Schofield, *Peasant and Community*(2003), p. 176; *Statutes of the Realm(1101 – 1713)*(1810 – 1828), vol. 1, p. 97.

137. Forey, *Templars in the Corona de Aragón*(1973), pp. 134 – 141.

138. Nicholson, "The Hospitallers' and Templars' involvement in Warfare on the Frontiers of the British Isles in the Late Thirteenth and early Fourteenth Centuries"(2012), pp. 105 – 119.

139. TNA: E 358/18 rots. 19(1 – 2), 16(2); Cole, ed., "Corrodia petita"(1844), pp. 149, 177.

140. Cole, ed., "Corrodia petita"(1844), pp. 164 – 165.

第三章
精神生活

圣殿骑士的全部生活都是精神上的，处于圣殿骑士团的宗教《团规》支配之下。圣殿骑士团那种宗教职业最明显的标志就是他们的外表。

与其他宗教修会中的成员一样，圣殿骑士的日常服装就是这个宗教机构的“道袍”或者制服，遵循着《团规》和后来的规章制度中所定的指导原则。“道袍”中包括1129年《团规》明确规定的披风（骑士为白色，其他所有成员都为黑色或者深色），从教皇尤金三世（Pope Eugenius Ⅲ，1145—1153年在位）那个时期开始，这种披风的左胸上就饰有一个红色的十字架。[1]同时期的插画表明，这种披风是穿在一件深色的束腰长外衣外面，而修士们头上还戴着一顶深色软帽。骑士修士和军士修士都剪着短发，但留着胡须；同时期的插画表明，在13世纪中叶之前，他们曾留着时髦的长发，胡子通常却很短，并且打理得很好（例子请参见图23和图24）。[2]骑士团的条例规定，司铎修士必须穿着紧身袍服，并且剃掉胡须。他们通常穿着褐色的披风，而与其他修士不同的是，他们还获准戴手套。[3]

最初的《团规》起草之后，圣殿骑士团又在他们的衣物中增添了一根羊毛绳，系在内衣之外，作为贞洁的象征。他们这样做，是在效法其他僧侣和宗教人士，因为后者都系有“贞洁腰带”，以便提醒他们记住自己立下的誓言。[4]圣殿骑士的腰间日夜都系着这根绳子，以便固定他们的内衣，并且确保他们哪怕是上床睡觉时，也能体面地遮住身体。[5]一些圣殿骑士在审判过程中曾做证说，他们曾用自己的绳子碰触过某些圣物，比

图 23　维拉卡萨德西尔加(Villalcázar de Sirga)原属圣殿骑士团的白衣圣母(Saint María la Blanca)教堂里,唐·费利佩(Don Felipe)王子墓上的圣殿骑士,位于西班牙卡斯提尔的帕伦西亚(Palencia)

图 24　西西里圣殿骑士团团长乔贝托(Gioberto)修士的墓碑(卒于 1287 年 3 月 13 日)

如拿撒勒(Nazareth)圣母领报(Annunciation)教堂的门柱、圣波利卡普(St Polycarp)和圣尤菲米娅(St Euphemia)的遗物;他们相信,绳子会吸取圣洁的力量,从而帮助他们坚守誓言。[6]

因此,圣殿骑士的衣服和胡须上都带着他们的灵性;在每天的数次祷告中,他们也将灵性表达了出来。圣殿骑士团的1129年《团规》和后来的条令中都规定,祷告是他们生活中最重要的一部分:假如因为奔波在外、执行骑士团的公干而无法到礼拜堂里进行日祷,他们就该在适当的时候诵念主祷文。[7]然而,圣殿骑士们的灵性还表现在其他方面:骑士团礼拜堂里的绘画和雕塑上,他们阅读或者为他们创作的文学作品中,他们拥有的教区教堂里,他们供养准成员的做法中,他们对穷人和有需要者的施舍赈济中。

礼拜堂

在《各样美善恩赐》(1139)这道谕旨中,教皇英诺森二世授予了圣殿骑士团招募司铎修士,并且在没有教区教堂可用时拥有自己的礼拜堂以供团中修士及其家人(*familia*)使用的权利。[8]圣殿骑士团还掌管着许多教区教堂,有权任命教区神父并向他们支付圣俸,以及收取什一税、殡葬费(obits)和其他的教会税费。

通常情况下,宗教团体的礼拜堂要么专供团中成员使用,要么就是分隔开来,让礼拜堂的一部分(教堂中殿、圣徒神龛和特定的礼拜堂)向外人开放,而其余部分(圣坛和高坛)则供该宗教团体中已经宣誓加入的成员专用。这种做法在礼拜堂也被用作教区教堂的地方是必不可少的,它使得分团里的其他成员能够与修士们分开使用礼拜堂。然而,圣殿骑士团的私有礼拜堂却不一定这样分隔开来。克里斯蒂安·托马斯波格

(Kristjan Toomaspoeg)指出，在意大利南部的一些城镇里，圣殿骑士团的礼拜堂里并未将修士们和团中其他成员使用的地方分隔开来；他还指出，这种情况有可能在日常使用礼拜堂的时候给他们带来过一些问题。[9]在1308—1311年英国和爱尔兰的圣殿骑士团受审期间，一些不属于圣殿骑士的证人称，任何人在一天中的任何时候都可以走进圣殿骑士团的礼拜堂。圣殿骑士们没有否认这一点：伦敦新圣殿的统领迈克尔·德·巴斯克维尔修士曾解释说，外人每天都可以到那座教堂里去做弥撒。[10]

同时期的证据表明，圣殿骑士们曾以他们的礼拜堂为傲，而其礼拜堂里存放着的也是珍贵之物。1309年11月，大团长雅克·德·莫莱在圣殿骑士团受审期间接受讯问的时候向教皇派遣的专员们声称，他不知道还有哪个宗教修会拥有更好或者更美的装饰品和圣物，以及礼拜上帝时所需的一切，也不知道还有哪个宗教修会的神父与神职人员进行礼拜时做得比圣殿骑士们更好。在塞浦路斯的审判期间，一位平信徒证人帕塞瓦尔·德·马尔(Parseval de Mar)认可了这种说法，称圣殿骑士团的礼拜堂装饰得比其他任何一个宗教修会的礼拜堂都要好。[11]1260年3月，大团长托马斯·贝拉尔(Grand Master Thomas Bérard)提出用圣殿骑士团教堂里的奉献盘做担保，借款去支持骑士团在东方的作战行动——由此表明这个奉献盘是圣殿骑士团最珍贵的财产。[12]

圣殿骑士团礼拜堂里保存下来的壁画、雕塑和其他装饰品，也支持他的这种观点。法国普瓦图—夏朗德省(Poitou-Charente)原属圣殿骑士团的夏朗德河畔克雷萨克(Cressac-sur-Charente)教堂(参见图25)、梅茨(Metz)的一座被人们普遍认为曾经属于圣殿骑士团的礼拜堂、圣殿骑士团以前位于意大利佩鲁贾的圣贝维纳特(参见图26)和位于意大利奥尔梅莱(Ormelle)的两座教堂，以及位于西班牙卡斯提尔的帕伦西亚的维拉卡萨德西尔加的白衣圣母教堂中，都有圣母马利亚和圣婴基督、其

图 25　12 世纪晚期一幅描绘圣殿骑士策马作战的壁画，出自法国普瓦图—夏朗德省原属圣殿骑士团的夏朗德河畔克雷萨克教堂

图 26　13 世纪中叶描绘圣殿骑士作战情景的壁画，出自意大利佩鲁贾原属圣殿骑士团的圣贝维纳特教堂

他圣徒、与基督之敌作战的勇士的画像与其他一些宗教画像保存下来。马略卡的圣殿骑士团分团也有一幅描绘克莱尔沃的圣伯纳德生平的圣坛画被保存下来(参见图 27),加德尼分团有一幅描绘十二使徒的壁画存世,而巴塞罗那(Barcelona)分团则有一幅描绘一位不明圣徒或者使徒的壁画存世。[13]

图 27　圣殿骑士团的一幅圣坛壁画,描绘了克莱尔沃的圣伯纳德的经历

1308 年的资产清单中含有一长串礼拜堂装饰品名单,说明当时每座会所的主要货币价值都体现在它们的礼拜堂里。在前一章我们已经看到,圣殿骑士团各个会所的礼拜堂里都有礼拜书籍、法衣和教堂器皿。尽管有些分团很穷——比如在意大利南部萨兰托的莱切,圣殿骑士团的礼拜堂里只有一些旧书、旧法衣,而圣坛布也很破旧或者质量很差——但在其他地方,圣殿骑士团礼拜堂里的设施都很精美。[14]

在阿尔勒管理地,圣殿骑士团的礼拜堂里存有大量的书籍——包括礼拜书、布道书、记有圣徒纪念日的历书(*calendaria*)或日历、1 部《圣奥古斯丁守则》、1 部福音书、1 部《圣经》评注和数卷"要义"(有可能是圣殿骑士团的《团规》和律令的副本),以及许多珍贵的教堂器皿、神职人员法衣、烛台、铃铛和圣餐杯。[15]在诺曼底的布雷特维尔,礼拜堂里有1只圣餐杯、一些礼拜书(其中有1部弥撒书保存完好,2部残缺不全,还有1部两卷本的每日祈祷书、1部圣咏经和1部弥撒升阶圣歌集)、3件神职人员法衣以及4块圣坛布。[16]科瓦尔的每日祈祷书也被分成了两半,表明当时修士们经常使用这本书。那里还有1部弥撒书、1部弥撒升阶圣歌集、1部唱诗集(短咏句)和1部圣咏经,以及1只圣餐杯、2套法衣、8截蜡烛、2个象牙盒子、1个铜盆(即盛放圣水的盆子)、1座香炉和1件皮革披风。[17]约克郡法克斯弗里特的礼拜堂里,有5套法衣、1只圣餐杯、2个小银瓶、2部弥撒书、1部圣徒传、2部唱诗集、2部圣咏经、2部弥撒升阶圣歌集、2部圣乐书、1部殉道圣人录(叙述的是圣徒的生平与殉道之举)、1部短祷文、1部圣谕兼"晚祷文"(即为逝者进行的日祷)、2件白法衣、2条毛巾和1条圣事毛巾,以及1个"用于盛放基督圣体"或者圣饼的圣餐盒。[18]在诺曼底的沃伊瑟姆,礼拜堂里的用具也差不多,有1个圣餐杯、3套法衣,以及各种各样的礼拜书籍:1部圣咏经、1部弥撒升阶圣歌集和1部弥撒书,还有2部厚厚的"时祷书"(*livres deu temporal*),即一种列出了与基督生平相关的礼拜年中所有节日的"时间书"。[19]

爱尔兰圣殿骑士团礼拜堂的资产清单与此类似。在劳司郡(County Louth)的库利(Cooley),礼拜堂里有1个价值10先令的圣餐杯、各种各样的礼拜书籍(包括1部历书),以及布匹和毛巾;而在同一个郡的基尔萨兰(Kilsaran),礼拜堂里则有如下物品:礼拜书籍,其中包括1部"手抄法典"(*de lege scripta*,也许就是圣殿骑士团的《团规》?)的一部分;1尊很小的象牙圣母像;1个镀银圣餐杯;法衣与布匹;1个锡瓶或者白镴瓶;以及一大一小的2个铃铛。基尔克洛根的礼拜堂(位于韦克斯福德郡)里有常见的礼拜书和1部殉道圣人录(记述了圣徒的生平)、1只圣餐杯和数套法衣,而当地的教堂里也有1个圣餐杯、礼拜书和"价值4先令的其他小书”。在克朗塔夫，礼拜堂里有1部“福音书和用法文撰写的英格兰《编年史》(*Brut*)”[可能是蒙茅斯的杰弗里(Geoffrey of Monmouth)所撰的《不列颠列王纪》一作的法语版]，其“价值为1马克”，以及1部弥撒书、数套法衣、2个圣餐杯和其他的器皿。[20]

圣殿骑士团礼拜堂里的一些装饰品，曾经是人们极其向往的东西。圣殿骑士团位于白金汉郡布尔斯特罗德圣殿(Temple Bulstrode)的那座礼拜堂，有1块装有圣物的“牌匾”(tabula)和1座镀银香炉。在1308年1月圣殿骑士们被捕、白金汉郡的执行吏对其财产进行评估时，圣物匾和镀银香炉都被搁到一边，放到国王的礼拜堂里去了。[21]

牛津郡和伯克郡的圣殿骑士团管理地礼拜堂里，也有许多的礼拜书、贵重器皿、圣骨匣(可能就是图28中所示的那种)、法衣和织物，以及其他的设施。牛津郡桑德福德的礼拜堂里有一些常见的礼拜书，其中包

图28　出自利摩日的头部圣骨匣，制于1230年前后

括：1 部弥撒书、1 本便携式的圣埃德蒙（St Edmund）日祷书、1 部常见圣徒的传记、1 部时间书、1 部唱诗集、2 部圣咏经、1 部短祷文、2 部弥撒升阶圣歌集、2 部用于"圣母弥撒"（Mass of the Blessed Virgin）的圣乐书（即礼拜音乐书），以及 1 部弥撒规则书。那里还有 2 个银圣餐杯、2 个十字架、1 座带有船形香盒的香炉、4 套法衣、3 件长袍、1 件束腰外衣和 1 件执事服、7 件白袍、2 件短白衣或者罩衣、3 套圣餐布（即教堂做礼拜时摆在圣坛上的亚麻布）、3 个坐垫、1 个经匣或者圣物箱、10 条圣事毛巾、2 块圣坛前布、1 块织锦（一种华丽的绣花布）、4 面旗子、4 条"用途各异的"毛巾、2 件白布披肩（法衣）、2 把风琴、4 个调味瓶、1 个盛圣水的铅盆，以及 1 把用于制作圣餐饼的"脆饼铁夹"。[22]

伯克郡的比萨姆（Bisham）礼拜堂距此地不远，其中的用具甚至更多。财产清单中列出的礼拜书籍，包括 3 部唱诗集、1 部大型的 2 卷本圣徒传记、1 部弥撒规则书、1 部殉道圣人录、2 部带有附加段的弥撒升阶圣歌集、4 部行列圣歌集、1 部使徒书（《新约》经文集）、1 部题为《神父传》（"the Lives of the Fathers"）的书、1 部短祷文、1 部连续经、1 部圣咏经、1 部讲道书、1 部以"有一天"（*quodam die*）开头的杂文集（*varr'*）、1 本开篇为"我们的灵魂"（*anima nostra*）几个字的小书、1 部以"不平等的既成事实"（*unequilet fait avoms*）开篇的法语书、1 部以"智慧的开始：《箴言》9：10"（*Comence de sapiente*）开头的书，以及 1 部万福马利亚日课经。其中还有 2 个镀银圣餐杯、法衣、以丝绸绣花的束腰上衣、圣坛前挡布（2 块是绸布）、1 对圣餐布、万福马利亚圣坛上用的毛巾、带有金色条纹的红色丝绸圣餐盘托布，以及其他各种东西。还有 1 个镀金的银十字架，上面镶有"一块珍贵的木头和其他圣物，以及一个银底座"，有 1 部写有"陛下"两字的经书、4 部镶有宝石的镀银福音书、1 块镶有万福马利亚银像和宝石的牌匾、1 座银香炉、1 个金属船形香盒、2 个银瓶、圣徒科斯马斯和达米安（Saints Cosmas and Damian）的圣物、1 个放置圣物的金属容器、各种烛台、游行用的旗帜和十字架、织锦(挂毯或地毯)、1个盛放圣水的金属容器、2个大铃铛,以及1块"名为'达马斯基恩'(Damaskyne)"的金色布料。此外,那里还有1架用于演奏音乐的风琴。[23]总的说来,这里显然是一座设施齐备的礼拜堂,金器、银器和丝绸布料琳琅满目。

至少从理论上来说,这些分团只为圣殿骑士及分团里的成员服务。相比而言,如前所述,伦敦新圣殿的教堂却对外人开放,他们可以去做弥撒,还有可能参观过教堂里收藏的圣物。1308年1月记录的"圣殿大教堂"资产清单表明,这座教堂的内景会让访客叹为观止;清单中列有大量的银、铜、象牙制品和精美织物。因此我们有必要在这里停一停,跟着资产清单来了解一下这座教堂。

在这座教堂的主殿里,有用于装列队圣咏蜡烛的利摩日造的烛台、金属烛台和2把风琴。[24]教堂的唱诗班里存放着许多书籍:清单里列有32部礼拜书,其中包括1部风琴琴谱,还有2部《圣经》和1部牧歌(与灵魂关怀有关)。[25]除了主祭坛,教堂两侧也设有圣坛,执行吏手下的人在其中发现了更多的银器、礼拜书、法衣、布料和小铃铛。在圣母马利亚教堂(Church of St Mary),大殿门外又有10部书籍,包括1部神学书、1部名为《卡巴姆》(*Cabeham*)或者《查巴姆》(*Chabeham*)的书(我们将在后文中再来探究此书)和更多的法衣、布匹和器皿,以及1个壁灯烛台和2块在弥撒期间"传递和平"的和平女神圣像牌。[26]

在教堂的法衣室里有更多的宝贝:有1个镀金的银圣餐杯和2个银烛台、1部弥撒书和其他19部各色书籍、22面旗子、86件各式各样和五颜六色的宗教法衣、1块金色的帆布圣坛前挡布和2块布料(一为绸布、一为金布)、1块圣坛帷幕、8条圣坛用的毛巾和其他7条毛巾、9块奉献仪式用布,"以及同一个箱子里发现的其他物品"。还有1个马利亚和约翰的十字架,以及许多银器:有2个盆、1个圣水盆和1根洒圣水用的棒子、1座香炉、1个带勺的船形香盒,以及2个带有银底座的水晶烛台。

朝圣者曾经蜂拥到这座教堂,瞻仰那里的无数圣骨匣和圣物:有1个装着各种圣物的镀金匣子、有“传说”杀死了坎特伯雷的圣托马斯(Thomas of Canterbury)的那把长剑,以及2个用“耶稣基督(Jesus Christ)受难时所钉十字架上面的木头”制成的十字架。这些物品的价值,我们不得而知。法衣室里还有1个银容器,上面“带有1个刻着某位圣徒头像的圣碟”;1个带有银底座的水晶器皿,上面堆满了各色圣徒的遗物;1部封面镀银的福音书;1个装着各色圣物的小匣子;1个装着不同小瓶的匣子,其中的小瓶都装在玻璃瓶里;1个装着各种圣物的匣子,其中的圣物也装在玻璃瓶里;还有2个带锁的柜子,是用象牙制成,里面装满了各种圣物。

法衣室里还贮存着大量其他的贵重物品,包括:1根象牙;圣殿骑士团分团的公章;1个装有基督之血的银容器;2个银底座;3个盛放圣饼的象牙匣子;1个圣餐杯;1件法衣;2顶僧帽;2个象牙小箱子;2块镶有象牙雕像的牌匾;4部经文,其中一部还镶有宝石;1根带有银杖头的牧杖或者手杖;唱诗班领队所用的2根香柏木指挥棒;1个十字架中的一根棒子;2个银十字架;2支象牙号角;1床用于遮住床铺的蚊帐,叫作“床帐”;1个利摩日制的容器;6个盒子;8个柜子;1支铜号角;以及一个秤锤。[27]

新圣殿的教堂里雇请了6位神父为英格兰历代国王的灵魂做弥撒,因此需要大量的礼拜用具。盘点清单中显示了这些用具在教堂各处的摆放情况,以及不用之时的存放方式。它还表明,珍贵的圣物都存放在法衣室里,想必是为了在合适的节日里请出来供访客瞻仰。资产清单中没有提到教堂墙壁内侧的装饰情况,但根据教堂里的物品设施来看,墙壁上的装饰至少也会跟圣贝维纳特或者克雷萨克两处存世的装饰一样令人瞩目。这是一座始终都呈现在外界面前的教堂,里面有一些重要捐赠者的坟墓——其中最著名的就是马歇尔(Marshal)家族——而其中的许多器皿和别的装饰品，可能也是由赞助者出钱置办的。[28]它永久性地呈现出了圣殿骑士们的虔诚，以及他们为侍奉上帝所做的工作。

法国南部圣厄拉利耶德塞尔农(Sainte-Eulalie-de-Cernon)的礼拜堂里，设施用品也都琳琅满目，有金器、银器、贵重丝绸、圣骨匣和其他的圣物。这座礼拜堂里的物品包括 17 件列队圣咏法衣、圣坛盖布、节日时所用的圣坛前挡和布料、2 块丝绸挂毯、3 个银圣餐杯、1 座银香炉、“1 个裹以金银且镶嵌着宝石的神圣十字架”、1 个装有圣物的匣子、2 件锦缎十字褡，以及 4 件镶有金饰的神职人员法衣。其中还有许多的精美织物：1 块紫色的布料，1 块镀金丝绸圣坛布及另 1 块金色圣坛布，1 块以“波卡兰”(bocarran)布制成、用于铺在死者身上的盖毯，1 块金线盖毯，1 个丝绸垫子，以及 6 块用于装饰教堂的羊毛壁毯(挂毯或者地毯)。礼拜堂里还有更多的法衣和 21 部书籍。[29]

圣殿骑士团遭到逮捕之后阿拉贡王国境内记录的资产清单，也表明那里有大量精美的珍贵物品，据塞巴斯蒂安·萨尔瓦多(Sebastián Salvadó)估算，有 300 多件。[30]正如萨尔瓦多对这些清单的评论所言：“跃然于这些记录之上的，就是圣殿骑士团礼拜堂那种绝对奢华的气派……圣殿骑士团礼拜堂里色彩之斑斓、装饰之精美、品类之丰富，堪与本笃会最奢华的修道院相媲美。”[31]圣殿骑士团的佩尼斯科拉(Peñíscola)要塞的礼拜堂里藏有 30 部书，包括：弥撒书，其中有 1 部还用礼拜堂里的圣餐布盖着；应答圣歌集(即圣歌书籍)；圣诗集；习俗惯例汇编(列出了这座礼拜堂的礼拜仪式)——萨尔瓦多称：“如此大量的礼拜书籍，接近于一座小型修道院所需的礼拜用书了。”那里还有 20 多件礼拜法衣和 7 件十字褡，颜色各异，用于礼仪年(the liturgical year)里不同的时期：紫色、金色、白色、绿色和红色。同样，圣坛前挡布的颜色与装饰也不一，与不同的礼拜时节相配。那里还有 1 支点过了的基督圣体(Corpus Christi)蜡烛，表明圣殿骑士团甚至于整个西方教会采用之前就在纪念这个由教皇批准的节日了。圣坛布上装饰着一个圣殿骑士团的十字架和12位使徒的画像。灯上则装饰着各省官员的纹章。[32]

佩尼斯科拉(如图29所示)并不是一个典型的圣殿骑士团管理地。它是一座宏伟的要塞,位于瓦伦西亚王国海滨,该王国在13世纪30年代为阿拉贡国王所征服。这座城堡原本一直归国王所有,直到1294年国王将它和其他一些地产交给了圣殿骑士团,以换取托尔托萨城(Tortosa)。路易斯·加西亚-吉哈罗·拉莫斯(Luis García-Guijarro Ramos)曾称之为"一个大管理地",可能控制着"一片广袤的腹地",北抵"阿拉贡的边境地区"。[33]这里与伦敦的新圣殿一样,证明了圣殿骑士团与王室之间有着密切的联系——新圣殿里那座13世纪的圣坛(参见图30),就是在圣殿骑士团想安置英国国王亨利三世(Henry Ⅲ)及其王后普罗旺斯的埃莉诺(Eleanor of Provence)夫妇的坟墓时修建的。[34]佩尼斯科拉礼拜堂的辉煌显赫,旨在给赞助者和宾客留下深刻的印象,同时为圣殿骑士举行礼拜仪式。

图29 原属圣殿骑士团的佩尼斯科拉要塞

图 30　伦敦的圣殿教堂

14 世纪早期的财产清单表明，阿拉贡王国境内的圣殿骑士团礼拜堂中还存有诸多的圣物，比如含有基督那个十字架碎片的十字架、基督束腰外衣上的布片，以及许多圣徒的遗物。有装饰精美的双联画，描绘着基督与使徒的形象，以及圣母马利亚怀抱基督与 12 位使徒在一起的画像。萨尔瓦多称，在阿拉贡王国境内，圣殿骑士团礼拜堂的资产清单中都没有提到圣母马利亚怀抱基督圣婴的雕像或者当地圣徒的雕像，并且指出，这里的圣殿骑士关注的都是与东方及圣地直接有关的物品，比如基督受难时的"真十字架"(True Cross)这样的遗物。[35]圣殿骑士团无疑拥有许多"真十字架"的纪念物：阿莱恩・德穆尔格列出了布列塔尼(Brittany)的布雷斯(Brays)、普罗旺斯的利马耶(Limaye)，以及意大利的莱切或佩蒂卡诺(Perticano)等例子，而布林迪西(Brindisi)可能也有一件。[36]申克认为，圣殿骑士团对"圣十字架"(Holy Cross)尤为虔诚；汤姆・莱西奇(Tom Licence)则认为，圣殿骑士的灵性可能集中于"基督受难”(Suffering Christ)和“基督得胜”(Christ Victorious)。[37]

然而,1308年记录的其他清单中却提到了许多圣徒,尤其是圣母(God's Mother)。除了我刚刚提到的圣母马利亚怀抱基督的双联画,伦敦的圣殿骑士团还保存着一个带有马利亚与约翰的十字架,劳司郡的基尔萨兰有一尊圣母马利亚的象牙小雕塑,而伯克郡的比萨姆也有一幅圣母马利亚画像。在法国,好几份资产清单中都提到圣坛上方挂着一幅圣母马利亚像;而卡斯提尔的帕伦西亚的维拉卡萨德西尔加原属圣殿骑士团的白衣圣母教堂里,那幅描绘圣母马利亚与基督圣婴的神奇塑像如今依然存世(参见图31)[38、39]。人们认为,“恩西纳圣母”(Virgen de la

图31　维拉卡萨德西尔加白衣圣母教堂里的圣母玛利亚(Virgin Mary)和幼年基督(Christ child)雕像

Encina)就是卡斯提尔的庞费拉达(Pontferrada)的圣殿骑士团发现的;这是一幅圣母与圣子(Virgin and Child)的画像,据说被发现时藏在一棵圣栎里。[40] 1311 年,圣殿骑士约翰·德·斯托克(John de Stoke)修士被关在伦敦的阿尔德盖特(Aldgate)期间,人们发现他有一尊圣母马利亚的象牙雕像,是他关在那里时克拉肯威尔(Clerkenwell)的佩勒姆的玛格丽(Margery of Pelleham)修女借给他的。[41] 原属圣殿骑士团的教堂里保存下来的壁画当中,还绘有一些可以激励他们的坚定信仰和在与非基督徒的斗争中付出了生命的圣徒,比如圣乔治(St George)和亚历山德里亚的圣凯瑟琳(St Katherine of Alexandria)等殉道者。[42]

礼拜仪式

圣殿骑士团的礼拜书中,只有少量抄本被保存了下来。1129 年的拉丁语《团规》及其法语译本中规定,修士们应当遵循"圣城的教规制度和常规习俗"。这就意味着,他们采用的是圣墓教堂的经典所用的礼拜仪式。这种礼拜仪式从西欧的礼拜仪式发展而来,而医院骑士团和加尔默罗修会(Carmelite Friars)也奉行着这种礼拜仪式。[43] 然而,来自西欧的证据却表明,欧洲的圣殿骑士团采用了他们生活的主教教区所奉行的"常规习俗"。[44] 这会让我们难以判断出哪些抄本属于欧洲圣殿骑士团的礼拜仪式手稿,因为它们与该地区的其他宗教群体所用的抄本很相似,没有什么特殊的识别特征。

正如第一章已经说明的那样,圣地的圣殿骑士团奉行着教规所定的礼拜仪式,而不是修道院的礼拜仪式:他们的礼拜由 9 课组成,而不是修道院日课中的 12 课。[45] 然而,西方的圣殿骑士团有可能在某些地区遵循着修道院的惯例,而在其他地区则奉守着经典所定的做法。由于西方的圣殿骑士团几乎没有几个分团里有自己的司铎修士，因此他们不得不遵循所雇神父奉守的礼拜仪式。圣殿骑士团任命本团神父去教区教堂任职的时候，这些神父必须经过所在主教区的主教批准才能上任，因此会遵循当地的惯例；如果圣殿骑士团给自己的礼拜堂雇了一名当地神父，他们也会遵循当地的做法。[46]约翰·申克还指出，在一些重大节日里，圣殿骑士团会邀请骑士团以外的神父与主教前来讲道。[47]

拉丁语《团规》的法语译本末尾列出的圣徒名单表明，圣殿骑士团纪念的节日与教会其他群体纪念的一样，不过，他们的一些节日与扎根于耶路撒冷的拉丁基督教宗教修会之间具有特殊的关联，比如，5 月 3 日（纪念公元 335 年的这一天在耶路撒冷发现了“真十字架”）和 7 月 22 日［纪念 1099 年布永的戈弗雷（Godfrey de Bouillon）在这一天加冕成为耶路撒冷的第一位拉丁基督教君主］。[48]他们还特别关注一些在当地受到尊奉的圣徒。因此，在西多会提倡崇拜圣厄休拉（St Ursula）和 1.1 万名贞女殉道者的巴黎，圣殿骑士团也曾敬奉过其中一位贞女的遗物。[49]摩德纳（Modena）的圣殿骑士团曾经纪念当地主教和圣尤菲米娅等节日，后者的圣骨已经在皮亚琴察（Piacenza）附近被发现了；只不过，东方的圣殿骑士团也保存着圣尤菲米娅的圣物。[50]在葡萄牙和其他地区，圣殿骑士团曾经积极参与宣传崇拜当地圣徒的活动。[51]

圣殿骑士团礼拜堂里的礼拜仪式是什么样子的呢？1129 年的《团规》和后来的法语条规中给出了指导原则，规定了祷告的次数、对宗教游行做出了说明。为拉丁东方（Latin East）的圣殿骑士团规定的礼拜仪式［现存于罗马梵蒂冈图书馆（Biblioteca Apostolica Vaticana），MS Barb. Lat. 659］中，有绕着耶路撒冷游行祈祷的内容；只不过，1187 年耶路撒冷落入萨拉丁的手中之后，这种游行祈祷自然就不可能再进行了。13 世纪为阿卡的圣殿骑士团所撰的一部每日祈祷书［现存于巴黎的国家图书馆（Bibliothèque nationale），MS Latin 10478］表明，拉丁东方的圣殿骑士团调整了他们的礼拜仪式，以便适应当时的形势。由于圣殿骑士都不懂拉丁语，因此他们的条规中要求骑士修士和军士修士做旁观者，而不是积极地去参与吟诵祷文。只有司铎修士能够充分发挥作用。然而，由于部分圣殿骑士可以接触到已被翻译成他们自己的语言的礼拜书，故他们想必是可以参与诵念祷文的。[52]

书籍文献

圣殿骑士团的1129年《团规》中规定，他们在就餐时当聆听“圣训”(*sancta lectio*)。[53]这个词的字面意思是指“神圣的诵读”，而法语版条规中则十分恰当地把它译成了“圣人的教诲”(*la sainta lesson*)。[54]合情合理的圣训都源自《圣经》，只是绝大多数圣殿骑士可能都听不懂拉丁语经文。在1150—1175年，英国最重要的两位圣殿骑士——黑斯廷斯的理查(Richard of Hastings)和圣奥梅尔的奥斯托(Osto of Saint-Omer)——请人将《旧约》中的《士师记》从拉丁语翻译成了盎格鲁—诺曼法语。[55]这部带有战争色彩的经文中充斥着战争与杀戮，描绘了上帝的选民(God's Chosen People)在征服“应许之地”(Promised Land)以后的数年里捍卫该地的情况，说明了坚定地信奉上帝的必要性，因此可以被视为适合于圣殿骑士团的经文。这个译本在圣殿骑士团内外都流传开来了。1161—1174年担任布鲁尔圣殿骑士团统领一职的亨利·达西(Henry d'Arcy)修士托人将其他一些教化之作从拉丁语翻译成了盎格鲁—诺曼法语，比如：《神父传》的一个版本(记述早期基督徒的事迹)；描述敌基督者(参见图32)即将到来的作品，记载的是众所周知的圣保罗(St Paul)前往地狱一事的一个版本；以及记述圣塞斯(St Thaïs)生平的流行传说故事(塞斯是一位皈依了基督教的妓女)。[56]它们都是相对简短和易懂的作品，而非深奥的神学之作，适合于那些极其虔诚、积极主动的人，而非渊博的学者。

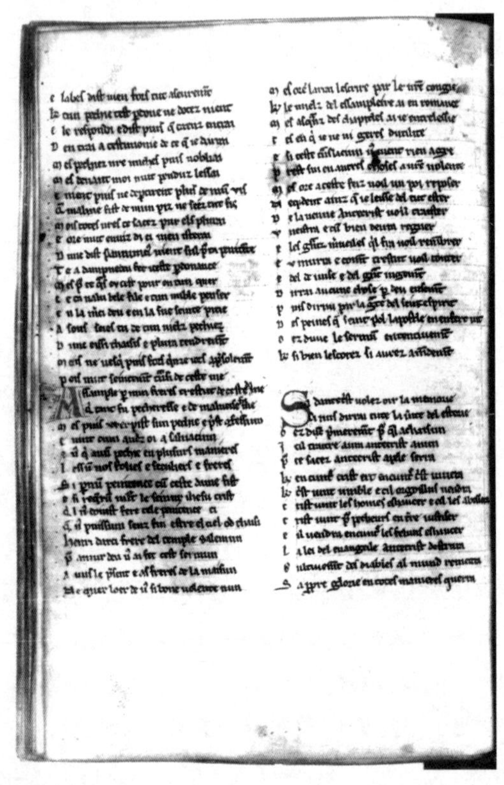

图 32　为英国圣殿骑士团所作的《塞斯》(*Thaïs*)和《敌基督者》(*Antecrist*)这两本书的古法语译本

在阿拉贡，圣殿骑士团里的个别修士也曾拥有一些圣书，比如 1 部《旧约·创世记》、1 部两卷本的《圣经》，以及 1 部《新约·启示录》。[57] 在普罗旺斯地区的艾克斯(Aix-en-Provence)附近的贝勒斯(Bayles)，有“1 部集神父传记、圣徒传说和每日祈祷书为一卷的精美书”，以及“1 部厚厚的历史传说集”。[58]在阿尔勒,有1部“解释希伯来姓名”的书、1部《哲学史》(*Historia Scolastica*)、1部《奥古斯丁守则》,以及大格列高利(Gregory the Great)的《对话录》(*Dialogues*)。[59]阿尔勒管理地存有差不多60部书,而申克指出,这里并不是14世纪初唯一藏有大量书籍的管理地:维罗纳(Verona)的圣维塔莱(San Vitale)存有41部书,伦敦的新圣殿至少有25部,圣厄拉利耶德塞尔农有21部,剑桥郡的登尼有近20部,伯克郡的比萨姆则有23部。[60]然而,其中大多属于礼拜书,内容很少涉及宗教礼拜之外的事情。

有些书籍如今很难确认了。1308年1月3日,在圣厄拉利耶德塞尔农进行资产清查的专员们并没有详细列出礼拜堂里那21本书的书名。[61]英格兰的一些资产清单中仅仅提到了“小书”(*libris minutis*),即一些没有具体说明的小型(不重要的?)书籍。[62]英格兰圣殿骑士团受审期间,桑德福德的司铎沃里克的威廉(William of Warwick)修士在回答“书中关于忏悔、赦免以及其他事情的内容是否属实,并且是否获得了全体修士认可”的指控时曾说,书中以“耶路撒冷城”(*Jherusalem Civitas*)开头、以“牛犊与狮子”(*Vitulus leo*)结尾的内容都是真实的。这本书显然是用拉丁文撰写的,而不是法语条规的副本。由于《旧约》中的《以赛亚书》52∶1里有“圣城耶路撒冷”(*Jerusalem civitas sancta*)一句,而11∶6中又有“牛犊与狮子”等词,因此威廉修士指的可能是圣殿骑士团的一部以《圣经》中这两句经文开头和结尾的礼拜书。[63]尤尔的约翰(John of Eure)是约克的执行吏,此人曾在其证词中声称,芬恩的威廉(William of the Fenne)修士曾把一本书借给他的妻子,书中记有异端邪说;芬恩的威廉修士承认出借了那本书,但说他对书的内容一无所知,因为他是一位平信徒——这就表明那是一部神学书。[64]可惜的是,记录这些诉讼的公证人没有记下此书的更多信息,甚至没有记下此书的作者或开篇词。

并非所有的书籍都与神学有关。在沙特尔(Chartres)主教区的苏尔(Sours),有一部"圣路易(St Louis)传"——国王路易九世(Louis Ⅸ)在13世纪末被封为圣徒——但伯格托夫指出,此书不可能是让·德·茹安维尔那部如今赫赫有名的作品,因为德·茹安维尔的作品当时仍在撰写之中。[65]再如前文所述,爱尔兰克朗塔夫的圣殿骑士团拥有1部"福音书和用法语撰写的英格兰编年史",它很可能是蒙茅斯的杰弗里所著的那本英格兰诸王史的法语版。[66]在苏塞克斯郡的希普利,圣殿骑士团的礼拜堂里有部"列王纪",它可能是《旧约》中《列王纪》的副本,或者是与克朗塔夫的编年史类似的书;那里还有部"动物之书",即动物图鉴。[67]

有些书籍涉及的是教牧关怀和教区工作,而不是神学。伦敦新圣殿教堂的财产清单中提到了一本书,书名拼法不一,有拼作《卡巴姆》的,也有拼作《查巴姆》的;它显然是因为太过有名,不需要当时的记录者进一步做出描述。由于"查巴姆"(*Chabeham*)一词在现代被拼作"乔巴姆"(Chobham),因此这本书很可能就是乔巴姆的托马斯(Thomas of Chobham)那部极具影响力、撰写于1215—1217年的《忏悔与教会职责大全》(*Summa de penitentia et officiis ecclesiae*)。乔巴姆在巴黎大学(University of Paris)求过学,是一位神学家,为索尔兹伯里(Salisbury)历任主教担任过助祭,并且在巴黎大学任过教,撰写了许多神学和布道作品。乔巴姆的现代传记作家曾称,《忏悔与教会职责大全》是"几乎囊括了13世纪一位神父在灵魂的教牧关怀方面所需了解的一切的手册";它是曾经得到广泛应用的实用性神学书籍,对圣殿骑士团神职人员的日常工作可能极其有用。[68]

其他一些书籍可能也具有实用性。皮尔斯·米切尔(Piers Mitchell)指出,阿拉贡的圣殿骑士团有部非常著名的、被翻译成了加泰罗尼亚语的拉丁语外科手术著作[即西奥多里克·博尔戈诺尼(Theodoric Borgononi)的《外科手术》(*Chirurgia*)]。[69]萨默塞特郡(Somerset)的库姆圣殿(Temple Combe)有部《病人之书》(*liber infirmorum*),内容可能是治疗病人的方法,或者是一份病人名录。[70]格拉斯(Grasse)的圣殿骑士团教堂里有本含有儿童施洗仪式内容的书,因此,该书一定是为圣殿骑士团的教民而非骑士团里的修士撰写的。[71]

显然,与14世纪初的绝大多数世俗人士一样,绝大多数圣殿骑士也很少有机会接触到书籍。只有那些出类拔萃的修士才有自己的书籍,而圣殿骑士团一个分团里的书籍大多也是存放在礼拜堂里的礼拜书。然而,尽管圣殿骑士团没有处在神学思想的最前沿,但他们对自己信奉的宗教也并非一无所知。圣殿骑士团曾经请人用地方语言撰写了一些书籍来培养团中的修士,而每次在会所里坐下来吃饭的时候,他们也会聆听大声朗读出来的《圣经》或者具有教育意义的书。

教区礼拜与教区教堂

1308年圣殿骑士遭到逮捕的时候,敦威治的礼拜堂里虽然没有圣殿骑士,但这座礼拜堂里用具齐全,分团也在没有任何修士常住的情况下运转着。除了法衣、风琴、1个装有圣餐的圣器、1个银十字架以及其他器皿和常用的礼拜书,这里还有1个装有圣徒遗物的小箱子和1个装有其他圣物的小箱子。既然有圣徒遗物,那就表明他们希望外人进入礼拜堂去瞻仰。即便是在圣殿骑士们被捕之后,这座礼拜堂里每天也仍有一位神父主持礼拜仪式,还雇用了一名教士来加以协助。当时,还有一位神父在这个分团里领受津贴;此人通常与修士们同桌就餐,每年都能领受一件袍服。由于有两位神父在这座礼拜堂里工作,因此该分团和教区显然有很多的工作需要他们去做,哪怕分团里没有一名圣殿骑士也是如此。[72]

可以说，圣殿骑士团敦威治分团的主要目的就在于维持那座为敦威治百姓服务的礼拜堂；但在其他地方，圣殿骑士团管理地的礼拜堂也为这个骑士团的支持者提供针对个人的精神支持。伦敦新圣殿教堂里的司铎修士每天都会为英国国王约翰、亨利三世、所有基督徒及已故信徒的灵魂做弥撒。[73]在白金汉郡布尔斯特罗德的礼拜堂里，神父埃德蒙曾为理查·特维尔(Richard Turville)先祖的灵魂做礼拜，每周获得的报酬是15便士。[74]在布鲁尔圣殿，除了一位教区神父，该分团还雇了一位神父来为安德鲁·勒·马歇尔(Andrew Le Marshal)及其祖先的灵魂做弥撒，回报此人将财产捐赠给科克比(Kirkby)圣殿骑士团的善举。[75]在赫特福德郡的兰诺克(Lannock)，一位神父也曾受雇去给马歇尔伯爵(Earl Marshal)祖先的灵魂做弥撒(此人就是大名鼎鼎的威廉，他认可了圣殿骑士团在该地区拥有的财产)。[76]在1250年前后的考利圣殿(Temple Cowley)，考利的安德鲁·阿莫里(Andrew Amaury)将自己在考利圣殿所在镇上的所有房屋、“宅地”和“田产”都捐献了出来，以维持桑德福德圣殿骑士团分团的圣母马利亚礼拜堂里的点灯费用；当时这些地产都出租给了不同的佃户，他们自此以后就将向圣殿骑士团缴纳租金了。[77]莱斯特郡(Leicestershire)罗斯利(Rothley)的圣殿骑士团礼拜堂雇用了2位神父，来为已故的善主及其祖先与继任者——英国国王亨利三世和威廉·诺克特(William Knocte)的灵魂做弥撒。[78]牛津郡桑德福德的圣殿骑士礼拜堂有2位神父，伯克郡的比萨姆有3位神父，他们可能既为捐赠者做弥撒，也为骑士团里的修士服务。[79]在萨里郡的威瑟费尔德(Wythefeld)，有1位神父受雇来为英格兰已故王后玛蒂尔达(Matilda)的灵魂主持日课经诵祷，这是“自古以来”就已确立的做法。[80]传说，1299年爱德华一世曾将附属于布里斯托尔圣殿骑士团“圣十字”教堂的一座礼拜堂赐给了布里斯托尔纺织公司(Bristol Company of Weavers)，供该公司自用。学者们已经确定，它就是圣坛北侧的那座礼拜堂，原本是供奉圣凯瑟琳的;但是,爱德华一世最初赐予的具体情况却不得而知。[81]

圣殿骑士显然曾是广受欢迎的教牧关怀提供者,因为教区居民都一窝蜂地涌向他们;当时主教们的反对意见就说明了这一点。由于教廷免除了修士们遵守禁行圣事令的义务,因此别的地方教堂闭门的时候,圣殿骑士们却能让自己的教堂开门服务。圣殿骑士团还遭到了指控,称他们在没有获得主教允许的情况下,就解除了对该团教众所处的逐出教会之惩罚。[82]主教们发牢骚说,尽管圣殿骑士团的特权并未允许他们在自己的礼拜堂里提供施洗和证婚之类的教区服务,或者将非圣殿骑士团成员葬在他们的教堂公墓里,可圣殿骑士团里的神父非但这样干了,而且从佃户手中收取什一税和殡葬费,且没有把这些税费转交给教区主教,还为其他教区的教民施行圣礼。[83]他们的许多礼拜堂实际上都成了教区教堂;他们不但接管了已有的教区,还成立了一些新的教区——往往并未获得主教的授权。[84]然而,教区教堂应当接受主教或者执事长的巡察,他们的职责就在于确保教区教堂正确地举行礼拜仪式和履行教牧职责。[85]因此,(比如)尽管圣殿骑士团占用了加尔韦的教堂和加尔韦教区,但圣殿骑士团仍然应当为加尔韦这个教区及教区居民向赫里福德主教区缴纳什一税,并且支付执事长的佣金和教会会议(*senagium*)费用;贵亭圣殿的账目中就含有执事长的巡察佣金这一项。[86]

与其他的宗教修会一样,圣殿骑士团也用刻有十字架的石碑标出了该团地产的边界,划定了他们的豁免区域;但是,那个区域里的佃户也会把十字架放在自家的屋宅上,要求这些房屋获得豁免权。[87]我们已经看到,圣殿骑士团的分团拥有书籍,可用于提供教牧服务,包括为儿童施洗。约亨·申克最近对圣殿骑士团的教牧作用进行了研究,并且得出结论说:"宗教活动曾在圣殿骑士团里颇受重视……他们花了大量精力,创造了圣殿骑士和平信徒都可以使用的礼拜空间。"[88]

然而,尽管教区工作是圣殿骑士团范围更广泛的影响中的一部分,但教牧之责通常都是由圣殿骑士团雇用的神父在该团所获教会特权的范围之内去履行,而不是由圣殿骑士自己去履行的。同样重要的是,我们应当记住:圣殿骑士团并不是唯一在这一领域里将自身的特权充分利用到了极致的宗教修会,因为医院骑士团与托钵修会也曾这样。[89]

此外,圣殿骑士团的一些账目中还有他们曾经利用圣物治疗病人的内容;这就说明,他们与当地社区之间具有日常联系。例如,据记载称,托马尔的一位圣殿骑士团统领劳伦修斯(Laurentius)修士曾经用取自"有福的"吉尔·德·桑塔雷姆墓冢的尘土,治愈了一位疾病发作的年轻人。[90]在塞浦路斯的圣殿骑士团受审期间,法马古斯塔的一位市民兼阿卡的乔治·科菲尼勋爵(Lord George Cofini)之子佩罗修斯(Perocius)声称,他曾在尼科西亚(Nicosia)的圣殿骑士团看到一位司铎修士手持十字架,为蒙塔罗(Montaro)的一位妇女实施驱魔术。[91]萨拉戈萨的圣文森特(St Vincent)有一部神迹集,讲述了葡萄牙的圣殿骑士团团长唐·"加尔迪努斯"(Don "Galdinus")有天晚上率领手下许多骑士为治疗一个被魔鬼附身的人守夜祈祷,而后者触碰到一个装有圣徒遗物的圣骨匣之后就被治愈了的情形。[92]据说,紧挨着前往桑提亚哥(Santiago)那条朝圣之路的维拉西尔加(Villasirga)圣殿骑士团管理地有一幅白衣圣母像,曾经出现过各种涉及朝圣者和更多当地人的奇迹。[93]

这些神迹,就证明了圣殿骑士的虔诚,证明上帝认可了他们的侍奉。圣殿骑士团还用更多平凡的方式帮助了他们所在的当地社区。

慈　善

正如上一章所述,圣殿骑士团拥有一个庞大的支持者和教友网络;他们用各种捐赠资助着这个骑士团,而作为回报,他们则会从圣殿骑士团获得精神和物质两个方面的支持。有些人是每年支付一小笔“善会”费用；有些人则是一次性支付，可以获得终身领受津贴的回报。然而，圣殿骑士团还进行了范围更加广泛的慈善活动。

圣殿骑士团的《团规》和规章制度中规定，他们的部分食物和旧的衣物应当施舍给穷人，而团中的修士们也很重视这种义务。1310 年，塞浦路斯那些不是圣殿骑士的证人做证说，圣殿骑士们曾向穷人施舍大量的食物和钱财，每周都有两三天进行施舍。[94]同样，1309 年对约克郡北部原属圣殿骑士团所有的福尔布里奇（Foulbridge）庄园的价值进行评估的宣誓人指出，那里每周都向所有前来的人施赈 3 天：

> 他们称，他们（即圣殿骑士）已成习惯，会在同一庄园里向前来的每位穷人进行施舍，每周施赈 3 天；前述之宣誓者并不清楚，他们这样做究竟是奉守团规还是出于恩典，或者是出于仁慈和施舍。[95]

同样，在格洛斯特郡的贵亭圣殿，穷人每周有 3 天都会领到 1 蒲式耳的“合粮”赈济，是由小麦、大麦、巢菜和混种麦（即大麦和燕麦）混合而成的杂粮。[96]事实上，雅克·德·莫莱反对（1306—1307 年间提出的）将圣殿骑士团与医院骑士团合并起来的一个理由，就是这两个宗教机构合并之后，慈善赈济将减少。[97]

这种赈济又是如何实施的？1311 年 11 月吉斯林厄姆圣殿骑士团庄园记录的一份资产清单中曾提到，“大门前有一所简陋的宅子，破旧不堪、受损严重，若不耗费大笔开支购买木料和盖好屋顶，就根本无法修复”。[98]这有可能是一座施赈堂，即分发赈济品的房屋；在 13 世纪，英格兰的历任国王都曾支持过这种施赈所。[99]由于 1311 年 11 月原属圣殿骑士团吉斯林厄姆庄园上的那座施赈堂已经“破旧不堪，受损严重”，所以它应该是一座木结构房屋，与 13 世纪 30 年代为英国国王亨利三世所建的那些施赈堂一样。[100]

英国国王爱德华二世对圣殿骑士团资产和负债情况的清查，并没有记录圣殿骑士团进行慈善施舍的许多具体数据。然而，报告圣殿骑士团位于埃塞克斯郡的克雷辛圣殿管理地情况的宣誓人，原本是打算做出估算的：

> 据整个分团所定的章程，前述的修士惯于在每年每个星期的3天里，按照前来的所有穷人的意愿，向他们分发面包与谷物；据估算，这种施舍的费用每年可达52先令之多。[101]

假如一个管理地每年分发的食物价值多达52先令(合2英镑2先令)，那么，英格兰和威尔士两地的圣殿骑士团每年的慈善赈济总额又是多少呢？就算仅仅是1308年初有圣殿骑士居住的那35个分团在定期施赈——其中并不包括吉斯林厄姆——那么，英格兰圣殿骑士团每年的赈济总支出就是72英镑10先令。据克拉伦斯·帕金斯估算，在英国国王爱德华二世手下的官吏进行管理的那些年里，圣殿骑士团的地产每10天的平均净收入是1 542英镑13先令；所以，每年这种慈善支出只占其年度净收入的4.7％。[102]然而，由于此前吉斯林厄姆实际上一直都在施赈，因此这一比例被低估了。

结　论

总体来看，圣殿骑士的生活都由宗教事务支配着。他们所穿的服装，就表明了他们的宗教归属感。他们的每一天，都以周而复始的祷告为中心；他们的每一年，也由《团规》和条令中规定的一个个节日和斋戒时期支配着。每次就餐时，他们都要聆听《圣经》中的一个章节，或者另一段“神圣的经文”。除了满足团中修士的精神需求，圣殿骑士团的许多礼拜堂也曾服务于教区。他们不但为其善会成员及骑士团的其他准成员和友好人士提供精神支持，还对穷人和有需要的人进行慈善捐助。

圣殿骑士团还通过雇用当地人到他们的会所和庄园里工作，为他们所在的本地社区提供了支持。接下来，我们就将探究他们在这个生活领域的情况。

注释

1. 提尔大主教威廉，*Chronique*(1986)，pp. 553 - 554，第 12 部第 7 章。

2. 阿卡主教雅克·德·维特里讲了一个故事，说有个人因为秃顶并且留着胡子而被人们误认为是一位圣殿骑士：Sermon 37 of his “Sermones Vulgares” (1888)。

3. Curzon, ed., *La Règle*(1886), pp. 164 - 169, 235 - 236, 305，第 268 - 278 条，434, 586; Upton-Ward, *Rule*(1992), pp. 79 - 81, 116, 152; Amatuccio, ed., *Il Corpus normativo*(2009), pp. 144 - 148, 176 的第 19—24 行，222 的第 25—32 行，314 的第 19—20 行[VI, VII. 41(Bc:53, a), 126, VIII. 36]; Upton-Ward, *Catalan Rule*(2003), pp. 26 - 27，第 53 条。

4. Smith, *War and the Making of Medieval Monastic Culture* (2011), pp. 91, 184 - 185.

5. Curzon, ed., *Règle* (1886), p. 347 (第 680 条)；Upton-Ward, *Rule* (1992), p. 173; Amatuccio, ed., *Il Corpus normativo*(2009), pp. 386 - 388，第 X. 9 条。也可参见 Curzon, ed., *Règle*(1886), p. 110(第 138 条)；Upton-Ward, *Rule*(1992), p. 53; Amatuccio, ed., *Il Corpus normativo* (2009), p. 82，第 III. 93 条；Michelet, ed., *Procès*, vol. 1(1841), p. 326; Finke, ed., *Papsttum und Untergang des Templerordens* (1907), vol. 2, p. 314; Sève and Chagny-Sève, eds., *Procès des Templiers d'Auvergne*(1986), p. 253。

6. 参见 Michelet, ed., *Procès*, vol. 1(1841), p. 419; Schottmüller, ed., *Der Untergang des Templer-Ordens mit urkundlichen und kritischen Beiträgen* (1887), vol. 2, p. 65。*PATBI*, vol. 1, pp. 220, 288, 300, 399, 429; vol. 2, pp. 245, 324, 335, 455 - 456, 489 - 490(MS A, fols. 106r, 135r, 139r; MS C, fol. 8r - v; MS D, fol. 189r)。

7. 拉丁语《团规》:Amatuccio, ed., *Il Corpus normativo*(2009), p. 407,第1—2条;Barber and Bate, *The Templars*(2002), p. 35(第1条)。法语条令:Curzon, ed., *La Règle*(1886), p. 170,第306条;Upton-Ward, *Rule*(1992), p. 87; Amatuccio, ed., *Il Corpus normativo*(2009), p. 160(VII. 14)。

8. "Omne datum optimum", in Hiestand, ed., *Papsturkunden*(1970 - 1984), vol. 1, p. 208;译文见于 Barber and Bate, *The Templars* (2002), pp. 62 - 63。

9. "[C] e qui a pu entraîner des difficultés dans la vie quotidienne": Toomaspoeg, "Les ordres militaires dans les villes de Mezzogiorno", in Carraz, ed., *Les Ordres Militaires dans la Ville Médiévale*(2013), pp. 171 - 185,以及 p. 177。关于礼拜堂的平面图,参见 Fuguet and Plaza, *Els Templers* (2012), p. 161。

10. Nicholson, "Relations", pp. 197 - 201.

11. Lizerand, ed., *Le dossier de l'affaire des Templiers*(1923), p. 166; Gilmour-Bryson, *Trial of the Templars in Cyprus*(1998), p. 67.

12. "Annals of the monastery of Burton", p. 494;译文见于 Barber and Bate, *The Templars*(2002), pp. 104 - 105。

13. Demurger, *Les Templiers*(2005), pp. 172 - 173; Carraz and Dehoux, eds., *Images et ornements autour des ordres militaires au Moyen Âge: Culture visuelle et culte des saints(France, Espagne du Nord, Italie)* (2016).

14. Prutz, *Entwicklung*(1888), p. 359. 感谢维托·里奇让我注意到了这份清单。

15. Carraz, "L'emprise économique"(2013), pp. 174 - 175.

16. Delisle, ed., "Inventaire", p. 724;译文见于 Barber and Bate, *The Templars*(2002), p. 195。关于礼拜书籍的详细情况,参见大英图书馆的在线指南"礼拜手稿—弥撒书籍": www.bl.uk/catalogues/illuminatedmanuscripts/TourLitMass.asp(礼拜书籍)和 www.bl.uk/catalogues/illuminatedmanuscripts/TourLitMass.asp(日课经文书籍)。

17. Delisle, ed., "Inventaire"(1903), p. 727;译文见于 Barber and Bate, *The Templars*(2002), p. 199。

18. TNA: E 142/18 mem. 13; *PATBI*, vol. 2, p. 592.

19. Delisle, ed., "Inventaire"(1903) p. 725;译文见于 Barber and Bate, *The Templars*(2002), p. 197。

20. MacNiocaill, ed., "Documents"(1967), 191, 195, 200, 202, 215.

21. TNA: E 358/18 rot. 6 dorse.

22. TNA: E 142/13 mem. 3;登记于 E 358/19 rot. 26 dorse。

23. TNA: E 142/13 mem. 9 verso; E 358/18 rot. 9 dorse. 在登记账目中,达马斯基缎布(Damask)变成了"波德金"(Baudekin)织锦。

24. TNA: E 358/18 rot. 7(1-2); E 358/20 rot. 3;译文见于 Baylis, *The Temple Church*(1893), pp. 141-142。

25. TNA: E 358/18 rot. 7(2); E 358/20 rot. 3;译文见于 Baylis, *The Temple Church*(1893), pp. 142-143。关于这些不同礼拜书籍的定义,参见前文引用的大英图书馆在线指南。

26. TNA: E 358/18 rot. 7(2); E 358/20 rot. 3;译文见于 Baylis, *The Temple Church*(1893), pp. 143-144。

27. TNA: E 358/18 rot. 7(2); E 358/20 rot. 3;译文见于 Baylis, *The Temple Church*(1893), pp. 144-145。

28. Park, "Medieval Burials and Monuments", in Griffith-Jones and Park, eds., *The Temple Church in London*(2010), pp. 67-91; Lankester, "The thirteenth-century Military Effigies in the Temple Church",同上,pp. 93-134。

29. Higounet-Nadal, "L'inventaire des biens"(1956), 258.

30. Salvadó, "Icons, Crosses", in Burgtorf, Crawford and Nicholson, eds., *The Debate*(2010), pp. 183 – 197.

31. Salvadó, "Icons, Crosses", in Burgtorf, Crawford and Nicholson, eds., *The Debate*(2010), p. 184.

32. Salvadó, "Icons, Crosses", in Burgtorf, Crawford and Nicholson, eds., *The Debate*(2010), pp. 185 – 187 及 p. 185 的引文。

33. García-Guijarro Ramos, "The Extinction of the Order of the Temple", in Burgtorf, Crawford and Nicholson, eds., *The Debate*(2010), pp. 202 – 204.

34. Jansen, "Light and Pure: the Templars' New Choir", in Griffith-Jones and Park, eds., *The Temple Church in London*(2010), pp. 45 – 66,以及 p. 48; Nicholson, "At the Heart", in Griffith-Jones and Park, eds., *The Temple Church in London*(2010), p. 10。

35. Salvadó, "Icons, Crosses", in Burgtorf, Crawford and Nicholson, eds., *The Debate* (2010), pp. 188 – 193; Sebastián Salvadó, "The Perception of Byzantine Iconography in the Order of the Knights Templars in Arago-Catalonia", in Carraz and Dehoux, eds., *Images et ornements*(2016), pp. 169 – 180.

36. Demurger, *Les Templiers*(2005), p. 179;克里斯蒂安・古佐(Cristian Guzzo)的个人交流。

37. Jochen Schenk, "Some Hagiographical Evidence for Templar Spirituality" (2011), p. 101,引述的是 T. Licence, "The Templars and Hospitallers, Christ and the Saints", *Crusades*, 4(2005), pp. 39 – 57 和 T. Licence, "Military Orders as Monastic Orders", *Crusades*, 5(2006), pp. 39 – 53; Schenk, "The cult of the Cross in the Order of the Temple"(2012), pp. 207 – 219。

38. Burgtorf, "The Trial Inventories", in Burgtorf, Crawford and Nicholson, eds., *The Debate*(2010), p. 115.

39. Josserand, "Le Temple et le cult marial au long du chemin de Saint-

Jacques: La commanderie de Villalcàzar de Sirga"(2000), pp. 313 - 331.

40. Josserand, "Le Temple et le cult marial"(2000), p. 320.

41. Cole, ed., "Corrodia petita"(1844), pp. 215 - 216; Gooder, *Temple Balsall*(1995), p. 113. 关于圣殿骑士团更多的马利亚画像，参见 Schenk, "Documentary Evidence for Templar Religion", in Borchardt, Döring, Josserand and Nicholson, eds., *The Templars and their Sources*(2017), pp. 199 - 211，以及 pp. 206 - 207, 210。

42. Dehoux, "Vaincre le Dragon. Saint Georges et les Templiers", in Carraz and Dehoux, eds., *Images et ornements*(2016), pp. 181 - 192 和插图 40 - 44; Nicholson, "Saints venerated in the Military Orders"(2005), pp. 91 - 113; Nicholson, "The Head of St Euphemia: Templar Devotion to Female Saints"(2001), pp. 108 - 120; Nicholson, "'Martyrum collegio sociandus haberet': Depictions of the Military Orders Martyrs in the Holy Land, 1187 - 1291"(2014), pp. 101 - 118。

43. Dondi, *The Liturgy of the Canons Regular*, pp. 39, 40 - 44, 86 - 88(对圣殿骑士团祈祷书的描述，Dondi's manuscript HS14), 166 - 175(对圣殿骑士团圣墓礼拜书手稿的描述，Dondi's manuscript HS5), 255 - 266(对 HS5 的分析), 279 - 290(对 HS14 的分析)，插图 4(HS5 的照片)，插图 10(HS14 的照片)；Salvadó, "The Liturgy of the Holy Sepulchre and the Templar rite: edition and analysis of the Jerusalem ordinal(Rome, Bib. Vat., Barb. Lat. 659) with a comparative study of the Acre breviary(Paris, Bib. Nat., MS. Latin 10478)"(2011)。

44. Dondi, "Manoscritti liturgici dei templari e degli ospedalieri: le nuove prospettive aperte dal sacramentario templare di Modena(Biblioteca Capitolare O. II. 13)"(2000), pp. 85 - 131; Dondi, *The Liturgy of the Canons Regular*, p. 41; Salvado, "Templar Liturgy and Devotion", in Nicholson, ed., *On the Margins of Crusading*(2011), pp. 31 - 43.

45. 参见本书第一章“是不是修士”一节。

46. Salvado, “Templar Liturgy and Devotion”, in Nicholson, ed., *On the Margins of Crusading*(2011), pp. 37 - 39.

47. Schenk, “Some Hagiographical Evidence”(2011), pp. 107, 112 的注释 48。

48. Curzon, ed., *La Règle* (1886), pp. 72 - 73(第 74—75 条); Upton-Ward, *Rule*(1992), pp. 37 - 38; Amatuccio, ed., *Il Corpus normativo* (2009), pp. 40 - 42(II. 1 - 2)。

49. Nicholson, “St Ursula and the Military Religious Orders”(2016), pp. 41 - 59.

50. Dondi, “Manoscritti liturgici” (2000), pp. 98 - 99, 106; Nicholson, “Saints venerated in the Military Orders”, pp. 91 - 113; Nicholson, “The Head of St Euphemia”, pp. 108 - 120.

51. Schenk, “Some Hagiographical Evidence”(2011), pp. 106 - 111; Schenk, “Documentary Evidence”, in Borchardt, Döring, Josserand and Nicholson, eds., *The Templars and their Sources*(2017), pp. 200, 205.

52. Salvado, “Templar Liturgy and Devotion”, in Nicholson, ed., *On the Margins of Crusading*(2011), p. 37.

53. Amatuccio, ed., *Il Corpus normativo* (2009), p. 408, 第 9 条; Barber and Bate, *The Templars*(2002), p. 37(第 8 条)。

54. Curzon, ed., *La Règle*(1886), pp. 34, 173 - 174, 第 24 条, 288; Upton-Ward, *Rule*(1992), pp. 26, 83 - 84; Amatuccio, ed., *Il Corpus normativo*(2009), pp. 16 - 18, 152 的第 38—39 行(I. 11, VII. 3)。

55. *Le livre des Juges. Les cinq textes de la version française faite au XII siècle pour les chevaliers du Temple*(1913).

56. Perman, “Henri d'Arci: the shorter works”(1961), pp. 279 - 321. 其中之一被译成了:“The vision of St Paul”, in Barber and Bate, *The Templars*

(2002), pp. 111 - 115。

57. Salvadó, "Icons, Crosses", in Burgtorf, Crawford and Nicholson, eds., *The Debate*(2010), pp. 187 - 188.

58. Burgtorf, "The Trial Inventories", in Burgtorf, Crawford and Nicholson, eds., *The Debate*(2010), p. 113.

59. Schenk, "Documentary Evidence", in Borchardt, Döring, Josserand and Nicholson, eds., *The Templars and their Sources* (2017), p. 205, 引自 Anne-Marie Legras and Jean-Loup Lemaître, "La pratique liturgique des Templiers et des Hospitaliers de Saint-Jean de Jérusalem", in *L'écrit dans la société médiévale. Textes en hommages à Lucie Fossier*(Paris, 1991), pp. 99 - 106,以及 pp. 121 - 122。

60. Schenk, "Documentary Evidence", in Borchardt, Döring, Josserand and Nicholson, eds., *The Templars and their Sources*(2017), pp. 202 - 203.

61. Higounet-Nadal, "L'inventaire des biens"(1956), p. 258.

62. 例如,在约翰郡的艾顿:TNA: E 142/18 mem. 9;在基尔克洛根(见前)。

63. *PATBI*, vol. 1, pp. 120, 148; vol. 2, pp. 224, 146 及注释(MS A, fols. 64v, 77r)。

64. *PATBI*, vol. 1, p. 183; vol. 2, p. 190(MS A, fol. 91v).

65. Burgtorf, "The Trial Inventories"(2010), pp. 113 - 114.

66. MacNiocaill, ed., "Documents"(1967), p. 215.

67. 希普利的盘点清单,TNA: E 142/15 mem. 5;由 Blaauw 在"Sadelescombe and Shipley"(1857), p. 254 中进行了翻译。

68. Goering, "Chobham, Thomas of(d. 1233x6)"(2004).

69. Mitchell, "The infirmaries of the Order of the Temple in the medieval kingdom of Jerusalem"(2007), pp. 225 - 234,此处见于 p. 229。

70. TNA: E 142/111 mem. 7.

71. Schenk, "Documentary Evidence", in Borchardt, Döring, Josserand and Nicholson, eds., *The Templars and their Sources*(2017), p. 208.

72. TNA: E 358/18 rot. 3.

73. Nicholson, "At the Heart", in Griffith-Jones and Park, eds., *The Temple Church in London*(2010), p. 10; Webster, *King John and Religion*(2015), p. 183.

74. TNA: E 358/18 rot. 6.

75. TNA: E 358/18 rot. 19; E 358/20 rot. 15.

76. TNA: E 358/18 rot. 24.

77. Leys, ed., *The Sandford Cartulary*, vol. 1 (1937), pp. 56 – 57, no. 74.

78. TNA: E 358/19 rot. 27.

79. TNA: E 358/19 rot. 26 dorse.

80. TNA: E 358/20 rot. 13 dorse. 据推测,此人大概是布洛涅的玛蒂尔达(Matilda of Boulogne),她把他们位于埃塞克斯郡和牛津郡考利(Cowley)的大部分财产都捐赠给了圣殿骑士团。

81. Brown, "Excavations at Temple Church, Bristol: a report on the excavations by Andrew Saunders, 1960"(2008), pp. 113 – 129,以及 p. 117。

82. *PATBI*, vol. 1, pp. 120, 241; vol. 2, pp. 114, 268(MS A, fols. 64v, 117v).

83. Jochen Schenk, "Aspects and Problems"(2016), pp. 287 – 289.

84. Demurger, *Les Templiers* (2005), p. 167; Schenk, "Aspects and Problems"(2016), pp. 275 – 276, 279, 292 – 295, 297 – 298.

85. Schenk, "Aspects and Problems"(2016), pp. 289 – 292.

86. TNA: E 358/19 rot. 25(1)(加尔韦的保管人账目,5 Edw. II); E 358/19 rot. 47 dorse(第 6 年);E 358/19 rot. 25(2)(2 Edw. II); E 358 /19 rot. 50 dorse(3 Edw. II and 4 Edw. II)。关于贵亭,参见 TNA: E 358/18 rot. 5。关于

总执事巡察教区的公开资料极少，但可参见 E. Gibson, *Articles and Directions in Order to a Parochial Visitation of the several Churches and Chapels and of the Houses of all Rectors, Vicars and Curates in the Archdeacon of Surry, to which is prefix'd A Brief Account of Parochial Visitations and of the Right and Duty of Archdeacons to make them*（无出版地点或出版商，1711），pp. 3－6。

87. Damien Carraz, "Églises et cimetières des ordres militaires. Contrôle des lieux sacrés et *dominium* ecclésiastique en Provence（XIIe－XIIIe siècle）"（2011），pp. 277－312，以及 pp. 280－282，在 Schenk, "Aspects and Problems"（2016），p. 275 中进行了引述。

88. Schenk, "Aspects and Problems"（2016），p. 302.

89. Powicke and Cheney, eds., *Councils and Synods with Other Documents Relating to the English Church*, II: A. D. 1205－1313, part 2: 1265－1313（1964），pp. 1242, 1255－1263; 1521 年，赫里福德郡乌普莱顿原属圣殿骑士团的庄园里的"医护员"遭到了指控：*Registrum Caroli Bothe, episcopi Herefordensis, A. D. MDXVI－MDXXXV*（1921），pp. 86－92，登记册的 fols. 59b－60b。

90. Schenk, "Some Hagiographical Evidence"（2011），p. 108.

91. Gilmour-Bryson, *The Trial of the Templars in Cyprus*（1998），p. 430.

92. Schenk, "Some Hagiographical Evidence"（2011），p. 109；*Acta Sanctorum, Januarii II*（1643），p. 413（奇迹 21）。

93. Josserand, "Le temple et le culte marial", pp. 324－326; Fuguet and Plaza, *Los Templarios en la Península Ibérica*（2005），pp. 158－159.

94. Gilmour-Bryson, *The Trial of the Templars in Cyprus*（1998），pp. 412, 415－416, 420, 422, 424, 425, 426, 427－429, 431, 433, 435, 436, 438（在法国以及东方）。

95. TNA: E 142/16 mem. 15.

96. TNA: E 358/18 rot. 5 and rot. 5 dorse.

97. Barber and Bate, *The Templars*(2002), p. 236;译自 Lizerand, ed., *Le dossier*(1923), p. 6。

98. TNA: E 142/112 mem. 2.

99. Dixon-Smith, "The Image and reality of alms-giving in the great halls of Henry III"(1999), pp. 86 - 87; Webster, *King John*(2015), p. 128. 我要感谢保罗·韦伯斯特(Paul Webster)在这一点上提供的帮助。

100. Dixon-Smith, "Image and reality of alms-giving", p. 86.

101. *The Cartulary of the Knights of St John of Jerusalem in England, Secunda Camera, Essex*(1982), p. 56, doc. 85, 选自大英图书馆 ms Cotton Nero E VI, fol. 304r; 也可参见 Forey, "The Charitable Activities of the Templars"(2003), pp. 109 - 141 以及 p. 118。

102. Perkins, "The Wealth of the Knights Templars in England and the Disposition of it after their Dissolution"(1910), p. 258.

第四章
赚钱:农耕与金融

圣殿骑士团不但接受支持者的直接捐赠,还通过在他们的地产上进行农业生产、饲养牲畜、经营磨坊、生产木材和开采矿物、收取地租、提供借贷和保管业务以及贸易等手段来筹集资金。为了开展这些活动,他们不得不雇用工人:有些人当管理者,还有些人则是直接在他们的土地上干活的雇工。本章探讨的就是圣殿骑士在赚钱的过程中,与他们所处的社会之间的日常联系。

粮食与粮食生产

与其他的土地所有者一样,圣殿骑士团也是根据该团庄园的气候条件、土壤和其他环境条件,种植能够带来最大收益的粮食作物。通常情况下,这种作物就是小麦。

布鲁斯·坎贝尔曾称小麦是"中世纪英格兰首屈一指的粮食作物";而从价格和食用价值两个方面来看,小麦也是最值钱的一种农作物。[1]小麦最受圣殿骑士团偏爱,几乎在英格兰和威尔士两地的圣殿骑士团庄园里都有种植。[2]坎贝尔指出,小麦也是一种耕种要求很高的作物,"平均所需的氮肥超过了其他任何一种作物",因此在轮作制中只能是耕种的头一种作物,应在休耕期过后立即种植;小麦必须在深秋播种,而不是在春季;它在沙质或者酸性土壤上不会茁壮成长,并且需要热量才能成熟。因此,根据坎贝尔确定的,在英格兰中世纪晚期小麦产量有限的7个郡中,圣殿骑士团在其中5个郡[德文郡(Devon)、康沃尔郡(Cornwall)、坎伯兰郡(Cumberland)、兰开夏郡(Lancashire)和诺丁汉郡(Nottinghamshire)]都没有自营(即直接管理的)土地,而在其余2个郡(诺福克郡和萨福克郡)里拥有的自营土地也不多,就不足为奇了。[3]若是获得了并不适合种植小麦的土地,他们通常都会把那里的土地租出去,而不会像他们在康沃尔郡、德文郡和诺丁汉郡所做的那样自行去耕作。显然,他们更愿意获取和耕作那些能够种植小麦的耕地。

英格兰圣殿骑士团的庄园里也曾种植黑麦,尤其是在诺福克郡,因为当地的土壤更适合种植黑麦,而不是种植小麦。[4]然而,尽管黑麦和小麦一样有营养,但黑麦对圣殿骑士团来说却没那么重要,所以他们并不是在所有的庄园里都种植黑麦。英格兰的圣殿骑士团还种植过大麦,这种作物在春季播种,在轻质土壤中,其收成要比小麦高,但作为粮食的价值却较低。[5]燕麦是另一种春季播种的作物,在贫瘠、湿润的土地上和低气温环境中也能生长,英格兰圣殿骑士团的庄园里几乎都有种植;它被用于烹制"羹汤",即农场雇工所吃的一种浓汤或粥(有时会掺上豌豆或者大麦),还用于喂养马匹和其他的牲畜。[6]燕麦"廉价、营养丰富且用途多样",可以与大麦一起播种,形成一种叫作混合麦(*draget* 或者 dredge)的作物,偶尔会掺入给圣殿骑士团雇用的农场工人所吃的杂粮之中。混合麦和大麦也被用于酿造啤酒。[7]圣殿骑士的庄园里还种有豌豆、大豆、巢菜,在林肯郡还有套豆(*pulmentum*,一种豆类混合作物)。[8]

菲利普·斯莱文估计,在1308年初的英格兰,圣殿骑士团拥有大约3.44万英亩的耕地,外加3万多英亩的林地和永久牧场。[9]据他估算,在整个英格兰和威尔士,圣殿骑士团的耕地中约有35%种着小麦,34%种着燕麦,8%种着黑麦和麦斯林(maslin,一种混合种植的谷物,通常是黑麦和小麦相混),9%种着豆类(豌豆、菜豆、巢菜和其他豆类),7%种着大麦,7%种着混合麦(即混种的燕麦和大麦)。用斯莱文的话来说就是,“圣殿骑士团庄园里所种作物的分布情况,密切反映了全国范围内耕地的构成情况”。[10]换言之,圣殿骑士团种植的作物与其他土地所有者种植的作物是一样的。

迈克·杰斐逊比较了人们对13世纪农耕手册的分析和1308—1313年林肯郡圣殿骑士团庄园的存世账目中所表明的实际做法,认为至少在林肯郡,“圣殿骑士团遭到逮捕之时,圣殿骑士们已经采用了14世纪初的最佳农耕方法”。[11]为了获得最佳产量,他们遵循着一种以两田制(two-field system)为基础的三分轮作(three-course rotation),冬季播种小麦和黑麦,春季则播种大麦、混合麦、燕麦、豆类和套豆。他们改变了播种量,并且采用了施肥、多次犁耕、除草、播种豆科作物及施以泥灰等方法,来改良土壤质量和抑制杂草。[12]三分轮作是当时一种常见的农耕方法。田地会在一年的深秋播种,种植的是冬播作物,比如小麦、黑麦和冬大麦;第二年种植燕麦、大麦和豆类等春播作物;第三年则休耕。坎贝尔解释说,这种制度“保持着一种明显高于”二分农耕法的“耕作强度”,因而“只要土壤能够满足对其增产的要求,就能带来真正的产出收益”。[13]

圣殿骑士团在其他地方种植着类似的作物。在爱尔兰——据玛格丽特·墨菲估算,圣殿骑士团在那里耕作的自有土地“只有500多英亩”——他们主要种植的同样是小麦这种“较有价值和商业化程度较高的粮食”;他们的第二大作物就是燕麦了。他们也种植了少量的大麦;墨菲认为,大麦是为了制造麦芽和酿酒才种植的。只有基尔克洛根一处领地种有黑麦。小麦和黑麦是在秋季播种,燕麦是在春季播种,遵循的是一种三田轮作制度。圣殿骑士团还种植了一些菜豆与豌豆,并且在基尔萨兰种着韭菜。[14]从圣殿骑士团在威尔士的唯一大庄园兰多马克谷仓中存有的东西来看,他们种植的庄稼有小麦、大麦、菜豆、豌豆和燕麦(参见

图 33)。当年 1 月份圣殿骑士们遭到逮捕之前,那里已有 8 英亩的土地播种了小麦,这说明他们像爱尔兰和林肯郡的圣殿骑士团一样播种冬小麦。[15]

图 33 兰马多克(Llanmadoc)村

虽然谷物对各地的圣殿骑士团来说都是一种重要的作物,但他们也种植过一些具有地区特色的重要作物。诺曼底卡昂辖区的庄园里出产的作物,与英格兰的作物类似,有小麦、黑麦、大麦和混合麦、燕麦、豌豆、巢菜和干草;而在博日,他们还种有大麻。[16]在香槟地区的佩恩斯管理地,圣殿骑士们种有小麦、黑麦、大麦和"二麦"(secourjon,即黑麦与大麦);但他们还种有用于酿造葡萄酒的葡萄和用于榨油的坚果。[17]英格兰圣殿骑士团的各个分团也酿造葡萄酒,起码吉斯林厄姆(当时位于诺福克郡)和斯特鲁德(位于肯特郡)两地曾经出产葡萄酒。[18]然而,英格兰生产范围更加广泛的饮品要算苹果酒:1308 年下半年布尔斯特罗德(位于白金汉郡)的进项中,就含有销售 50 加仑苹果酒的收入。[19]乌普莱顿(赫里福德郡)也出产苹果酒,而基尔[位于斯塔福德郡(Staffordshire),那里还销售过果园里出产的苹果]、斯旺顿(位于贝德福德郡)、牛津郡的沃尔普斯格罗夫(Warpsgrove)和默顿(Merton),以及伯克郡的比萨姆也是如此。[20]斯旺顿和罗伊登(Roydon,位于埃塞克斯郡)还各有一座苹果榨汁坊。[21]

在意大利南部萨兰托的莱切,圣殿骑士团的庄园里也种植小麦和大麦,还有葡萄园和橄榄树。[22]同样,阿普利亚北部卡皮塔纳塔(Capitanata)的圣殿骑士团修士除了种植小麦和大麦,还拥有葡萄园、橄榄园和盐场。在西西里岛上,修士们拥有大片大片的庄园,出产粮食、饲养牲畜;他们还有水力磨坊和渔场。[23]克里斯蒂安·托马斯波格指出,13 世纪意大利南部的圣殿骑士团和其他两个军事宗教修会(即医院骑士团和条顿骑士团)都得益于传统修道会团的没落,获得了原本属于以前那些修道会团的良田。他们可以轻而易举地在自己的庄园里调动现金,而经济策略也要比他们取而代之的那些修道会团更加有效。他们摆脱了葡萄酒、橄榄油和水果的集约化生产,转向了大规模的粮食和牲畜生产。[24]

圣殿骑士团的农场里还生产供分团所有成员和牲畜消费的其他粮食。1308 年,吉斯林厄姆的农场上除了种有小麦、大麦、燕麦和豌豆,菜园里还种植着蔬菜,其中包括大蒜和洋葱。[25]每一个有菜园的分团可能都种植了蔬菜,但由于这些蔬菜是供分团成员消费而不是用于出售的,没有产生经济价值,所以没有被载入王室保管人的账目中。[26]各处庄园上还生产干草,(与燕麦以及其他谷物)用于在冬季喂饲牲畜,但除非是销售出去了,否则干草也没有被赋予经济价值。[27]

英格兰圣殿骑士团各庄园的王室保管人出售了其中出产的大约40%的小麦和燕麦,以及粮食总产量的 30%。正如斯莱文指出的那样,圣殿骑士团出售的比例可能较小,因为他们还得供养那些领受津贴的人——我们在第二章里已经看到,这种领受人不计其数——和客人,并且必须定期向穷人施舍。[28]这些比例远低于伊恩·拉什(Ian Rush)所发现的

1302—1303年间和1311—1312年间格拉斯顿伯里修道院(Glastonbury Abbey)的本笃会修士们从非萨默塞特郡的庄园里出售的粮食比例,他们在那里出售的粮食比例平均达到了60%。然而,在直接供养修道士及其家人的萨默塞特郡庄园,格拉斯顿伯里修道院的修士们在1302—1303年间却只出售了所产粮食中的12%左右,1311—1312年间甚至只有6%左右。[29]在此基础上,如果我们把出售作物的百分比当成商业化的一个指标,那么英格兰圣殿骑士团庄园的商业化程度很可能与格拉斯顿伯里修道院的修道士不相上下。[30]

圣殿骑士团在意大利南部生产的农产品,可以直接输往东方。他们将粮食从巴列塔(Barletta)和曼弗雷多尼亚(Manfredonia)两座港口沿着海岸一路南下运到布林迪西,再从那里用该团自己的船只或者由威尼斯商贾运往圣地。[31]据克里斯蒂安·托马斯伯格估算,在1269—1274年,他们输送了超过1.4万公石①小麦和5 500公石大麦——也就是说,他们输送了差不多200万升的粮食[32]。这是输送许可证中记载的数量,实际输送的粮食数量既有可能比这少,也有可能比这多。我们不妨将它与英格兰圣殿骑士团各处庄园在1308—1313年的产量比较一下:英格兰圣殿骑士团庄园的保管人所用的英制夸特(quarter)相当于2.89公石,因此西西里的圣殿骑士团在6年时间里输出的谷物稍稍超过了6 900夸特。[33]据斯莱文的估算,1309年英格兰圣殿骑士团庄园的保管人出售了大约1.02万夸特的农产品。[34]

牲 畜

圣殿骑士团那些主要种植谷物的农场里,需要用到牲畜来牵拉——

① 公石(hectolitre),容积单位,1公石合100升。

拉犁和拉车——以及为田地生产肥料。所有农场都需要牲畜来生产供人食用的食物,不管是间接生产的牛奶和鸡蛋,还是直接以肉类形式生产的食品。牲畜也可以提供其他一些有用的产品,比如羊毛、皮革、蜂蜜和蜂蜡。

前文已经提到,英格兰和威尔士的圣殿骑士团采用了最先进的农耕生产方法。他们在农场中所使用的牲畜情况是否也是如此呢?

与14世纪早期英国农业领域里的常见情况一样,圣殿骑士团的大多数庄园里都是用马来拉车,同时用马和牛来拉犁耕地。[35]把马匹当成役畜来用,是相对较晚才出现于英国农场的一种现象。《英格兰土地调查清册》(Domesday Book)中几乎没有提及役马,但据坎贝尔估算,到14世纪早期时:

> 它们至少占到了自营领地上牲畜役力中的20%,在农民经营的农场上差不多占到了50%;而在某些地区,这两种比例分别超过了50%和75%。[36]

斯莱文估算说,平均而言,英格兰和威尔士两地圣殿骑士团的自营领地上马匹在役畜中所占的比例稍稍超过了30%。[37]这一比例在全国各地都有所不同,但他的估算表明,在英格兰和苏格兰两地的圣殿骑士团庄园内,牛、马两种役畜之间的比例遵循着其他土地所有者采用的那种平衡模式(图34是同时期的一幅插画)。

在英格兰和威尔士所有的圣殿骑士团地产上,耕牛数量都多于拉犁的耕马,只有土壤为沙质的一些庄园除外。[38]据杰斐逊估算,在1308—1313年的布鲁尔圣殿,一组犁耕牲畜由"2匹耕马配上4头或者6头牛"组成,而林肯郡的其他庄园则使用过各种各样的犁耕牲畜组合。在土壤松浅的地方,耕马可能占有多数,但在河谷地区厚实的黏性土壤上,犁耕

图 34　日常农活，包括用混杂的牲畜耕地

牲畜则全然由牛构成。[39]高尔半岛（Gower Peninsula）上的兰多马克有 3 匹耕马（affers）、10 头牛和 2 张犁。[40]为了确定粮食生产模式，笔者研究过英格兰的 46 座圣殿骑士团庄园；除了当中的 12 座，其余庄园里全都养有耕马，并且除了土壤为沙质的托格林德（Togrind，或拼作 Togrynd，位于萨福克郡）和哈迪斯科（Haddiscoe，位于诺福克郡）两处，其他庄园里全都养有耕牛，这表明当时的犁耕牲畜通常由马和牛组成。[41]有的时候，如果土地黏实，用耕牛犁地效率更高，他们就不会使用耕马；沃里克郡巴尔索尔圣殿的情况就是如此。有些马匹充当着多种角色,尤其是在一些无力饲养诸多马匹去承负单独用途的小庄园里。[42]

墨菲根据爱尔兰圣殿骑士团的资产清单所做的估算表明,这里的耕牛数量通常也多于马匹的数量,犁耕牲畜平均由 6 头耕牛配 2 匹耕马构成。唯一的例外就是劳司郡的库利,那里有 8 匹耕马和 7 头耕牛,这表明该地的犁耕牲畜由数量相当的牛和马组成。[43]诺曼底地区的庄园很有可能采用了相同的做法:博日只有 2 头牛,却有 8 匹可套挽具、可能也帮着犁地的母马;布雷特维尔有 6 匹耕马;沃伊瑟姆有拉犁耕地的牛;科瓦尔有 2 匹拉犁耕地的母马,还有 6 头牛。[44]香槟地区的佩恩斯管理地则有 37 头公牛和 1 头母牛,能拉 6 张犁去耕地,同时还有 5 匹役马。[45]

诺曼底卡昂辖区的圣殿骑士团分团全都养有马驹或者小马,这说明当时每座庄园都饲养了马匹。[46]墨菲认为,克罗努尔蒂管理地[Clonoulty,位于都柏林郡(Co. Dublin)]饲养的牛、马数量相差无几,因而是一座种马场,专司育马。[47]

除了役牛(*boves*),圣殿骑士团的农场里常常还饲养着 1 头公牛、数头母牛、小阉牛和牛犊,并且有一种持续的繁育规划,以便替换掉那些年纪太老、无法再干活的阉牛。母牛所产的牛奶也曾对外售卖,或者用于制作黄油或奶酪。[48]死掉牲畜的皮毛会被卖掉,用于制造皮革,或者加工成书写所用的羊皮纸或牛皮纸。从圣殿骑士团被捕之时食品储藏室里存放的牛骨架数量来看,他们也把牛用作了分团成员的一种食物来源。还有一种他们有可能饲养过且用于获取奶、肉和皮毛的牲畜,那就是山羊;只不过,饲有山羊的分团极少:(埃塞克斯郡的)克雷辛有 1 只,(诺森伯兰郡的)桑顿则养有 9 只山羊和 5 只小山羊[49]。

圣殿骑士团生产的最有价值的动物产品就是羊毛。从 13 世纪晚期—15 世纪晚期,羊毛曾经是英格兰一种最重要的出口产品。[50]一些规模较大的羊毛生产商(比如各个修道院),都是提前把每年所产的羊毛预售给意大利商贾。[51]这种预售让他们在剪羊毛的数个月之前就获得了资金;不过,若是出了什么事情,导致他们剪不了羊毛,这种做法就有问题了。1308年,那些与林肯郡的布鲁尔、威洛顿(Willoughton)和伊格尔(Eagle)等圣殿骑士团分团签订了期货契约的意大利商贾面临的问题,就是圣殿骑士团饲养的绵羊都被国王没收了;他们不得不去找国王手下的官吏,要求拿到自己应得的羊毛。[52]

英格兰的圣殿骑士团庄园里,并非全都出产羊毛。当时羊毛生产的核心区域是东中部地区[East Midlands,包括莱斯特郡、沃里克郡和北安普敦郡(Northamptonshire)]、奇尔特恩(Chilterns),以及白金汉郡、贝德福德郡、牛津郡的高地,再加上伯克郡、约克郡和林肯郡。[53]圣殿骑士团在这些地区全都拥有地产。羊群的数量可能非常庞大:1308年,林肯郡的布鲁尔有1 255只阉羊(即绝育了的公绵羊)、2 011只母羊、1 546只大羊(hogaster,即两岁的绵羊),还生了1 543只羊羔。赫里福德郡的加尔韦总计养有1 126只绵羊,当年还生下了347只羊羔;但是,赫里福德郡的另一个管理地,即乌普莱顿却没有养一只羊,那里主要进行粮食生产。1308年,位于约克郡东南部亨伯河畔的法克斯弗里特养有1 578只绵羊,并且产下了736只羊羔,但位于约克郡北部的卡顿却一只羊也没有。斯莱文已经估算出,1308年1月,“圣殿骑士团饲有3万多只绵羊,每年生产的羊毛或许多达大约3.9万磅”。虽说这种产量远远超过了任何一个地产拥有者,可其他一些宗教修会拥有的却更多:西多会“可能总共养有大约35万只绵羊……每年生产约50万磅羊毛”。他还估算说,吉尔伯特修会(Gilbertines)有大约7.7万只绵羊,普雷蒙特雷修会(Premonstratensians)则有约6万只——是圣殿骑士团所养绵羊的两倍之多。[54]

圣殿骑士团生产的羊毛,质量并不一定最为上乘。[55]然而斯莱文认为,圣殿骑士团所养的绵羊“产量相对较高”;据他估算,每只羊每次所剪羊毛的平均重量为 1.6 磅，“略高于全国每只羊每次可剪 1.4 磅羊毛的平均水平”。由于产量高，所以在修士们遭到逮捕之后的数年里，圣殿骑士团的羊毛生产占到了该团各处地产上畜牧业总收入的一半左右。[56]

英格兰圣殿骑士团的羊毛生产，建立在畜群中有大量阉羊的基础之上。绝育绵羊所产的羊毛重量胜于母羊，但这种绵羊显然是无法自我繁殖的。杰斐逊指出，为了把羊毛的商业生产维持在这种水平之上，修士们必定持有一种有组织的育种计划；他还认为，林肯郡的伊格尔管理地就是一座育种站，让林肯郡的圣殿骑士团庄园都能繁殖羊群。在羊群染上兽疫和其他疾病而遭受损失的时候，这一点就尤其重要了。[57]

羊毛也是爱尔兰圣殿骑士团一种重要的产品。墨菲指出，绵羊曾是爱尔兰圣殿骑士团庄园里数量最多的一种牲畜。令人遗憾的是，当年 2 月记录的资产清单无法让我们确定那时的羊毛产量，因为绵羊要到 6 月份才会剪毛。[58]同样，诺曼底圣殿骑士团的庄园里饲养的牲畜也以绵羊为主，但由于它们的资产清单都是秋季记载下来的，所以当时没有羊毛库存，可能是数个月之前就卖掉了。[59]

香槟地区是另一个羊毛产区，尤其是在 1296 年英国国王爱德华一世禁止将羊毛出口到法国，切断了特鲁瓦等大型布匹生产中心的羊毛供应之后。[60]于是，正如迈克尔·威尔马特指出的那样，圣殿骑士团距特鲁瓦最近的佩恩斯管理地就开始集中精力饲养绵羊了。[61]1308 年，佩恩斯管理地养了 740 只绵羊，雇了 6 名牧羊人来照料羊群，其中还有一位专门照料羊羔的牧羊能手。威尔马特指出，当时的撰文者都建议说，要把阉羊和其他绵羊隔离开来，单独放牧；佩恩斯管理地和英格兰的圣殿骑士团庄园似乎就是这样做的。专家们还建议给母羊挤奶，这与佩恩斯管理地的做法无异。佩恩斯管理地的羊圈每年清理一次，尽管同时期的撰文者建议说，应当更频繁地清理羊圈，比如两个星期清理一次。[62]

除了羊毛，母羊还能产奶，用于制作奶酪。这是一些原属圣殿骑士团的庄园里一种重要的收入来源。1308—1309 年白金汉郡的布尔斯特罗德管理地最大的一笔收入，就来自那里销售的 157 块奶酪和 8 加仑黄油。布尔斯特罗德还生产了 350 只绵羊和 56 只羊羔所剪的羊毛，但由于这些羊毛被直接交给了国王手下的官员，因此它们的货币价值没有载入账目之中。[63]

圣殿骑士团的大多数庄园里还饲养了猪，通常是一两头公猪、一些母猪、小猪和猪仔，这表明每座庄园都饲养着猪。[64]由于圣殿骑士团的修士们被捕之时，许多分团的食品储藏室里都存放着熏猪肉，因此我们可以推断出，这些猪都是供分团成员食用的。猪皮也有价值。有些庄园里饲养着大群大群的猪：在布雷特维尔，塞里西修道院（Cérisy l'Abbaye）在林子里饲养了 40 头猪；在伯克郡的坦普尔顿（Templeton），除了 1 头公猪、2 头母猪和 15 只猪仔之外，还有 32 头猪；埃塞克斯郡的萨顿则养有 2 头母猪、48 头成年猪和小猪，以及 12 只猪仔；约克郡西部的纽萨姆（Newsam）则总计养有 80 头猪。[65]

圣殿骑士团的许多分团里也有养鹅、养鸭和养鸡的记录，尽管并不是一贯都养有这些家禽。例如，赫里福德郡的加尔韦或乌普莱顿两个管理地显然就没有养过这些家禽。或许是因为每只家禽的价值可以忽略不计，所以在账目中省略未记。相比而言，诺福克郡和萨福克郡两地的账目中不但列出了所有家禽，连鸡蛋也记入了其中。[66]许多分团都有一座鸽舍，幼鸽既可以食用，也可以出售。[67]蜜蜂并非各地都养，但少数分团也有一个或者多个蜂房：约克郡的法克斯弗里特和卡顿有 7 个、香槟地区的佩恩斯有 9 个，用于生产蜂蜜和蜂蜡。[68]

英格兰圣殿骑士团的庄园自 1308 年 1 月起记载的资产清单中，既没有提到鱼塘，也没有提到其中养着供斋戒日里食用的鱼类。这种情况或许是因为此种鱼类都是供全体成员食用，没有售卖价值。相比之下，分团成员所吃的腌鱼却列入了账目之中，包括鲱鱼、腌“平鱼”（即“扁鱼”——切开，然后用盐腌制）、“干鱼”或者“硬鱼”（切开之后，不用盐腌制，而是风干），以及“一种叫作‘多吉德拉’（Dogedrahes）的腌鱼”。[69]

除了这些生活必需品，圣殿骑士团的一些分团里还养有孔雀；这是一种高级禽类，肉可以食用，羽毛则可以售卖——巴尔索尔饲养的孔雀就是如此。[70]有些分团还饲养着大群大群的孔雀：1308 年 1 月，埃塞克斯郡的克雷辛圣殿养着 10 只孔雀，格洛斯特郡的贵亭圣殿则养着 15 只孔雀，雌雄都有。[71]巴尔索尔和牛津郡的桑德福德两地还饲养过另一种高级禽类——天鹅。[72]然而，圣殿骑士团并没有饲养过每一种高级禽类。到目前为止，笔者还没有发现不列颠群岛（British Isles）上的圣殿骑士团有饲养兔子的任何记录——这一点不同于医院骑士团：到 13 世纪 80 年代的时候，医院骑士团曾在诺福克郡的齐彭纳姆（Chippenham）庄园上饲养着这些稀有而珍贵的动物。[73]

英格兰圣殿骑士团的账目中很少提到宠物，甚至很少提到牧羊犬；只有加尔韦管理地养了狗以保护绵羊免遭狼咬，并且是用发霉的谷物制成的面包喂狗。[74]牛津郡的桑德福德管理地曾有一只温驯的绵羊（*bidens domestica*），但被保管人卖掉了。[75]然而，香槟地区佩恩斯管理地的保管人提到家畜的次数却较多：那里有 6 条用死去的羊羔和大麦喂饲的狗，分团成员所吃羊羔的两张羊皮喂了猫。[76]猫对减少粮仓里的鼠害是必不可少的，狗则可以看家护院、保护牲畜。

照料牲畜

尽管圣殿骑士团庄园里的羊毛产量很大，但羊毛的生产成本也很高。不但有剪羊毛的开支，绵羊的损耗也不低。威尔马特指出，佩恩斯管理地的绵羊死亡率很高：在 1307 年保管人接手的那一群 740 只绵羊中,第二年就死了 94 只、病了 60 只;产下的 280 只羊羔也死了 20 只,还有 5 只生了病,被宰杀了。不包括病羊在内,这种死亡率达到了 11%。[77]

当时,牲畜的死亡都被归咎于“兽疫”。这是一个通用术语,指任何一种动物染上的疫病,但在绵羊当中,很有可能是指羊疥疮。[78]这种疫病首先出现于 13 世纪 70 年代的英格兰。羊疥疮会毁坏羊毛,让绵羊体质变弱,若是不加治疗,还会导致绵羊死亡。[79]与英国其他的羊毛生产商一样,圣殿骑士团饲养的羊群也曾深受这种疫病之害。绵羊还会得羊肝蛭病和肝吸虫病。[80]

在现代,人们会用药浴来杀死绵羊身上的寄生虫,并且预防疾病。而在 19 世纪发明绵羊药浴之前,人们则是在秋天给一只只绵羊抹上膏药,杀死虱子、蜱虫和其他的害虫。[81]英格兰圣殿骑士团在农场上使用的混合膏药因地而异,但其中都含有水银、铜绿、沥青、硫酸铁、白色油脂或者白色脂肪、猪油,“以及其他药物”。[82]在剑桥郡的威尔布拉姆(Wilbraham),保管人还具体说明了购买的数量:3 加仑脂肪(*pinguedinis*)、3 加仑沥青和 2 磅铜绿。[83]相比之下,在香槟地区的佩恩斯,他们则是在特鲁瓦买了 4 磅重的预制羊用浴膏。[84]

人们还会对绵羊进行清洗,既是为了清洁羊毛,也是为了防止绵羊身上长寄生虫。在 1185 年威尔特郡(Wiltshire)的罗克利(Rockley)圣殿骑士团庄园里,这项工作是由女性来进行的。[85]在牛津郡的浩斯帕斯(Horspath),这种事情都是由佃农来干,可以部分抵扣他们的地租;但在贝德福德郡的斯旺顿,清洗绵羊的任务则是花钱雇人来做的。[86]

绵羊并不是唯一容易染病的牲畜。1311—1312 年间,什罗普郡莱德利圣殿骑士团管理地的 2 匹耕马或者役畜中,有 1 匹染上了“致命的神经病”(*quodam morbo in nervis*),这是肌肉或者神经方面的一种不明疾病。他们花了 2 先令 11 便士,请一位兽医来治疗那匹耕马,但耕马最终还是死掉了。[87]

牲畜还有其他的危险。在剑桥郡的登尼，一头小公牛被沼泽里的洪水淹死了。[88]在贝德福德郡的斯塔格顿（Staughton），1308 年上半年，保管人报告说，狐狸和鹞子叼走了 11 只鹅。[89]在巴尔索尔，狐狸咬死了孔雀的幼崽。[90]狐狸在赫特福德郡也是一个问题：1308 年 2—9 月，狐狸吃掉了兰诺克的 35 只鹅和 16 只幼鹅。[91]在加尔韦，有狗守卫着羊圈，以防羊群被狼咬死。[92]虽说当时偷窃现象不太常见，但 1308—1309 年的冬天，白金汉郡布尔斯特罗德圣殿骑士团庄园里还是有一匹耕马被人偷走了。[93]

农场劳动力

墨菲在描述爱尔兰的圣殿骑士团地产时曾经中肯地指出，"耕作这些庄园可能需要大量的劳动力"：需要专业的雇工（比如犁田者、车夫、牧羊人、挤奶女工）；需要以承担劳役来抵付地租的佃农；农忙时节（尤其是收获季节）里，还需要雇用领取工资的劳动者。[94]爱尔兰的圣殿骑士团领地上既有自由民佃户，也有承租者（*firmarii*）和一年当中的某些时候必须服劳役的非自由民佃农（*betagii*）。[95]

1308—1313 年英国国库对英格兰圣殿骑士团庄园的文献记录，也显示了相同的模式：自由民佃户支付货币地租；非自由民佃户支付货币地租和从事劳役，以换取土地；还有领取报酬的农场雇工，其中有些人承担着固定且明确的角色，还有一些人则从事着季节性的工作，比如锄地、除草和收割。诺曼底的卡昂地区和香槟地区佩恩斯管理地的档案记录也证实了这种情况。

圣殿骑士团的一些农场雇工曾经领取现金薪水和粮食报酬，还有一些则属于"劳役雇工"，即那些用干活来抵偿地租的佃户。[96]专职和有技术的熟练工，比如庄园管家、犁田监工、车夫、牧羊人、厨师等，获得的是现金薪水和一份混合口粮。几乎所有的农场雇工都会获得一份燕麦粥，是庄园里的男性或女性厨师烹制的。[97]农场雇工还会获得其他的福利待遇，比如秋季的手套和灯油。[98]收获季节里，他们还会获得额外的饮食。[99]

对1308年英格兰圣殿骑士团各分团账目的分析表明，各个庄园支付给工人的"混合"粮食之间存有很大的差异。[100]这种地区间的差异并非圣殿骑士团所独有，当时的所有雇主都是这种模式。[101]表1是根据1308年原属圣殿骑士团的每一座庄园内的保管人所记录的第一批账目制作而成，表中按照从北到南的顺序列出了这些庄园。

表1　1308年每处庄园记录的第一批账目中，英格兰圣殿骑士团各庄园分配给雇工的不同谷物所占的百分比：从英格兰北部到南部　单位：%

地　点	小麦占比	麦斯林占比	黑麦占比	大麦占比	豌豆占比	巢菜占比	其他占比
诺森伯兰郡		100					
约克郡	43		57				
林肯郡（布鲁尔）	46		6	21	13		14
斯塔福德郡（基尔）	45		54				1
莱斯特郡（罗斯利）	12	66			22		
什罗普郡（莱德利）	100						
诺福克郡和萨福克郡	4		27	48	11		10
剑桥郡	6		54	34			6
沃里克郡（巴尔索尔）	24		48				28
伍斯特郡（Worcestershire）	53				48		

续　表

地　点	小麦占比	麦斯林占比	黑麦占比	大麦占比	豌豆占比	巢菜占比	其他占比
赫里福德郡	75				25		
贝德福德郡	42		19		40		
格洛斯特郡(贵亭)	38			49	13		
赫特福德郡	63		26		7		4
埃塞克斯郡(克雷辛)	88						12
埃塞克斯郡(其他)	16	84					
白金汉郡(布尔斯特罗德)	28	56			16		
伯克郡(比萨姆)		100					
威尔特郡				100			
肯特郡(斯特鲁德)	5	33		62			
萨默塞特郡(库姆)	34	38			28	1	
苏塞克斯郡(希普利)			44	56			
苏塞克斯郡[萨德斯科姆(Saddlescombe)]	100(一等)			100(二等)			

表1显示，从总体来看，在有资料可用的20多个郡里，半数郡分配给雇工的粮食中占比最大的就是小麦或者小麦混合物(即麦斯林)。尽管东安格利亚地区(East Anglia，包括剑桥郡、诺福克郡和萨福克郡)的重点谷物是黑麦与大麦，但在其他地方，圣殿骑士团的农场雇工得到的却是质量较高的谷物。[102]

杰斐逊指出，在1308年初，林肯郡的圣殿骑士团曾将“占比高得惊人的贮存小麦”分给了农场雇工；与之形成对比的是，(例如)格拉斯顿伯里的本笃会修道院的一些庄园农场雇工却没有获得这种高价值的粮食。他认为，“原属圣殿骑士团的庄园商业化程度低于”本笃会的庄园，因为前者分配给农场雇工的小麦所占比例远高于他们出售的小麦。[103]然而，圣殿骑士团却因为以最高的价格出售小麦而臭名昭著。[104]或许，林肯郡的圣殿骑士团之所以将小麦分配给雇工，是因为这样做可以让他们吸引和留住优秀的雇工；也或许是因为他们在与林肯郡的其他土地所有者竞争，而这样做确保了他们的雇工不会跳槽到别的地方去。当然，在加尔韦管理地，执行吏指出，雇工们获得了丰厚的报酬，以便确保他们留在那座庄园：“因为如若不然，他们就会不想留在那里了。”[105]

在圣殿骑士团持有领地的各郡中，他们只在大约 1/3 的郡里将黑麦分发给了农场雇工。[106]坎贝尔指出，到了 14 世纪晚期，黑麦就在雇工们的口粮中消失了，而克里斯托弗·代尔(Christopher Dyer)也指出，到了那时，农场雇工“获得的口粮中，小麦的占比提高了”；但显而易见的是，对于圣殿骑士团的农场雇工来说，多年以前，他们口粮中的黑麦就已减少、小麦就已增加了。[107]

1308 年圣殿骑士团分配给手下雇工的大麦占其谷物口粮中的比例，在剑桥郡略高于 1/3，在格洛斯特郡、诺福克郡和萨福克郡占一半左右，而在肯特郡则为 60%。在苏塞克斯郡的萨德斯科姆，大麦是分配给二等雇工唯一的谷物(二等雇工是指阉羊、母羊和牛群的管理人员，挤奶女工和“马夫”领取的则是大麦面包)；威尔特郡也是如此(他们专门为此购买了大麦，并且只给大麦以作为雇工的口粮)，但在大多数郡里，圣殿骑士团并未给农场雇工分发大麦。这种情况与克里斯托弗·代尔研究的诺福克郡诸庄园以及伊恩·拉什研究的格拉斯顿伯里修道院诸庄园形成了鲜明的对比：前者全年都只给农场雇工发放大麦，后者发放给农场雇工的粮食中，大麦占 60%，劣等小麦(*currall*)占 40%。[108]相比于代尔研究的库克斯汉姆(Cuxham，位于牛津郡)诸庄园来说，圣殿骑士团手下的雇工也生活得很好,因为库克斯汉姆的雇工得到的是劣等小麦、混合麦和豌豆,而在汉普郡(Hampshire)的梅尼唐恩(Manydown),雇工们得到的则是大麦和冬大麦(berecorn)。[109]

保管人自1308年开始记载的账目表明,雇工们的谷物报酬在一年里是有所变化的。[110]表2显示的是贵亭和库姆两地的变化情况。

表2　冬/春与春/夏之间分配的谷物含量变化情况　　单位:%

<table>
<tr><th>地点</th><th>时　间</th><th>小麦
占比</th><th>麦斯林
占比</th><th>大麦
占比</th><th>豌豆
占比</th><th>巢菜
占比</th></tr>
<tr><td rowspan="2">贵亭
(格洛斯特郡)</td><td>1308年1月10日—
5月9日</td><td>26</td><td></td><td>54</td><td colspan="2">20</td></tr>
<tr><td>1308年5月9日—
9月29日</td><td>50</td><td></td><td>45</td><td></td><td>4</td></tr>
<tr><td rowspan="2">库姆
(萨默塞特郡)</td><td>1308年1月9日—
4月6日</td><td>26</td><td>24</td><td></td><td>49</td><td>1</td></tr>
<tr><td>1308年4月9日—
9月29日</td><td>42</td><td>51</td><td></td><td>7</td><td></td></tr>
</table>

表2显示,冬季混合粮中豌豆的占比较高,而在夏季,营养丰富的谷物所占的比例则较高;这是因为夏季那几个月里需要雇工从事较为繁重的工作,或者也可能是因为夏季有更多的谷物可供选择。

不同的职责导致了不同的谷物分配,而这些还因庄园而异。通常情况下,雇工们干12周的活,可以获得1夸特的粮食。菲利普·斯科菲尔德(Phillipp Schofield)指出,1夸特小麦的重量差不多是400磅(略多于180公斤),“可为一个人提供一年所吃的主要食物”;这种报酬当然足以养活一名雇工,却无法养活雇工全家。[111]表3是根据1308年圣殿骑士团庄园的王室保管人记载的第一批账目整理而成,其中的“×”表示标准报酬,例外情况则另行列出。

表 3　圣殿骑士团在不同郡县和管理地支付给农场雇工的粮食数量变化情况

郡县（管理地）	等额	每段时间支付 1 夸特粮食					
		8 周	10 周	11 周	12 周	14 周	16 周
诺森伯兰郡			车夫、犁田人		总管、收割监工、厨师		猪倌
约克郡（卡顿）					×		猪倌
约克郡（法克斯弗里特）					×		
斯塔福德郡（基尔）					×		挤奶工
什罗普郡（莱德利）			×		总管		牧羊人、牛倌、猪倌
诺福克郡与萨福克郡					×		猪倌
剑桥郡	×						
沃里克郡（巴尔索尔）		管家			×		照管母羊、羊羔、小牛和马匹的人
伍斯特郡					×		
贝德福德郡			×				部分羊倌
格洛斯特郡（贵亭）			×				

续　表

郡县(管理地)	等额	每段时间支付 1 夸特粮食					
		8 周	10 周	11 周	12 周	14 周	16 周
赫特福德郡		总管	车夫、 犁田人、 厨师、总管		厨师、 牧羊人		猪倌
埃塞克斯郡(克雷辛)			铁匠		×		某些牧羊人、厨房人员和收割监工
埃塞克斯郡(萨顿)		管家		×			厨师
白金汉郡 (布尔斯特罗德)			车夫、 犁田人、 收割监工		牧羊人、 熬羹者	猪倌	
伯克郡(比萨姆)			×				
肯特郡	×						
萨默塞特郡(库姆)					×		猪倌
苏塞克斯郡(希普利)				牧羊人	犁田人		
苏塞克斯郡 (萨德斯科姆)			×				

说明:×＝标准报酬。例外情况另行列出。

林肯郡的布鲁尔、莱斯特郡的罗斯利、赫里福德郡及威尔特郡等地无详细资料可用。

表3显示大多数庄园向工作了12周的雇工支付的平均报酬都是大约1夸特的混合谷物，但比萨姆与贵亭两地（分别位于英格兰中部地区的南部和西南部）的报酬最为优厚。管家领到的混合粮食份额最大。农场里雇工们获得的粮食多少各不相同，取决于他们承担的职责，而猪倌领到的粮食通常最少。

农场长工的现金报酬是根据他们承担的职责以不同比率支付的，但具体的支付细目只出现在保管人的“明细账”里，而这种明细账很少留存下来。表4对现存5份明细账中的数据进行了归总。

表4　支付给圣殿骑士团农场雇工的现金报酬

记账期间支付的索里第（*solidi*，即先令）	斯坦顿朗（什罗普郡）：1308年1月10日—9月29日[a]	乌普莱顿（赫里福德郡）：1308年1月10日—9月29日[b]	布尔斯特罗德（白金汉郡）：1309年3月12日—9月29日[c]	布劳顿圣殿（Temple Broughton，伍斯特郡）：1309年1月14日—7月25日[d]	希尔克鲁姆（Hill Croome，伍斯特郡）：1309年1月14日—7月25日[e]
6				车夫、掌犁者	
5		车夫、掌犁者			
4.58	车夫、犁田者				
4.17		赶耕田役畜的人、猪倌、牛倌			
4					掌犁者
3.5			车夫、犁田者		
3		烹羹的厨师	赶耕田役畜的人	赶耕田役畜的人	赶耕田役畜的人
2.5			羊倌、挤奶工、收割监工		
2			羊倌		

续　表

记账期间支付的索里第(*solidi*，即先令)	斯坦顿朗(什罗普郡):1308年1月10日—9月29日[a]	乌普莱顿(赫里福德郡):1308年1月10日—9月29日[b]	布尔斯特罗德(白金汉郡):1309年3月12日—9月29日[c]	布劳顿圣殿(Temple Broughton,伍斯特郡):1309年1月14日—7月25日[d]	希尔克鲁姆(Hill Croome,伍斯特郡):1309年1月14日—7月25日[e]
1.5	女仆		猪倌		
1					
0.5		锄地者		烹煮羹汤的女仆	烹煮羹汤的女仆

说明:a. 国家档案馆(TNA): E 358/18 rot. 4 and E 358/20 rot. 5 dorse。
b. 国家档案馆:E 199/18/4。
c. 伦敦大英图书馆:Harley Roll A 25 dorse。
d. 国家档案馆:E 199/46/21:1309年3月25日的支付款项。
e. 国家档案馆:E 199/46/21:1309年3月25日的支付款项。

上述数据表明,尽管确切的工资比例各不相同,但车夫和掌犁者领取的现金报酬最多,那些赶耕田役畜的人挣得则稍微少了一点儿。其次是照管牲畜的人,不过,猪倌的工资常常比其他放牧者少。烹制羹汤的女仆或者马夫所得的现金报酬通常最少。我们将每座庄园里的粮食出仓价值与现金报酬比较一下就可得知,用粮食支付的工资价值高于现金报酬;在9个月的时间里支付给车夫和犁田者的现金报酬最多,可以购买到1夸特的粮食。

1308年圣殿骑士团佩恩斯管理地的账目表明,该管理地雇用的工人签的是连续性合约,从圣马丁节(St Martin's Day,即11月11日)一直受雇到圣约翰节(即6月24日),再从圣约翰节受雇到圣马丁节:他们每年领取4次工资,分别是在所签合约开始和结束的时候。威尔马特对比了佩恩斯管理地现存的保管人账目里的名字之后,认为农场雇工的流动情况通常都很稳定。农场里的关键雇员,即农夫、搬运工、厨师和车夫一直没有变动,但放牧者和羊倌却经常换人。[112]乍看上去,香槟地区的圣殿骑士团雇工获得的报酬似乎比英格兰的圣殿骑士团雇工更为优厚,但我们很难将佩恩斯管理地雇工的工资率与英格兰的圣殿骑士团雇工进行比较,因为两地工资涵盖的时间段不同;佩恩斯管理地的档案记录中没有给出谷物口粮的具体情况,图尔(Tours)所用英镑的价值相对于标准英镑来说波动也很大,尽管英国政府当时依照的是同一种估值,即1标准英镑合4图尔英镑(*tournois*)。[113]在1307年圣马丁节到1308年圣约翰节这段时间里(约为32周),车夫文森特领取的工资是30个苏,相当于7.5个标准索里第;而车夫杰哈宁(Jehanin)在同一段时间获得的工资却是40个苏,相当于10个标准索里第。这两位法国车夫每天还领取1品脱的葡萄酒,雇工们还能获得一份由谷物和燕麦粥组成的津贴。[114]相比而言,乌普莱顿的一位马车夫在将近38周的时间里只领取了5个标准索里第的工资,外加一份由小麦、豌豆和燕麦粥组成的津贴。

雇用工人的这些成本表明了直接管理一座庄园时产生的大量支出,有助于解释圣殿骑士团在一些地区——比如康沃尔郡、德文郡、北安普敦郡和威斯特摩兰郡(Westmorland)——发现将他们的土地出租并且简单地收取租金成本更低、管理也更加有效的原因。

工业与技术

圣殿骑士团的档案记录及其庄园账目中,也提到了一些与农业无关的生产和生产资料。14世纪早期英国利用机械化的主要形式,就是靠水力(河流、潮汐)或者风力驱动的磨坊:例如,吉斯林厄姆有一座风力磨坊,而赫里福德郡的圣殿骑士团在加尔韦和乌普莱顿两地都拥有运营着的水力磨坊，以及一些没有使用的磨坊。[115]在埃塞克斯郡，威瑟姆圣殿有两座水力磨坊和一座漂洗磨坊，钦福德(Chingford)也有一座漂洗磨坊。[116]有的时候，圣殿骑士团会把磨坊与一个管理地并在一起经营，但他们也曾把磨坊当成单独的实体来经营，比如北安普敦郡的"达丁顿"(Dudynton)水力磨坊就是这样：1308 年，托马斯·德·达丁顿曾向圣殿骑士团支付租金，租赁了那座磨坊。[117]

圣殿骑士团曾经因其磨坊而变得赫赫有名，因为 1185 年的"调查清册"中提到了漂洗磨坊；这是一种不久之前才开发出来的技术，可以在劳动力稀缺或者劳动力成本高昂的地方进行大规模的羊毛织物精加工。骑士团的修士们在贵亭圣殿附近的巴顿(Barton)建了一座漂洗磨坊，然后以每年 32 先令的价格将磨坊租了出去(参见图 35)，另一座则位于约克郡西部的纽萨姆；两地都属于圣殿骑士团出产大量羊毛的地区。[118]有可能，他们当时是决定自行去加工原毛，而不是简单地把原毛卖给商贾。在水力的驱动下，漂洗磨坊可以对新织布匹的纤维进行漂洗和捣杵，使之变得柔软顺滑。由于这种加工可以成本低廉地靠人工用脚踩踏来完成，因此只有在一个具备方便、干净和快速流动的水力供应且有大量羊毛布匹需要加工的地方，一座漂洗磨坊才有可能赢利。[119]显然，圣殿骑士团认为当时的情况就是如此，因为他们在 1185—1308 年投资兴建了更多的漂洗磨坊。

在发展这项技术的过程中，圣殿骑士团与西多会的修道士们走的是同一条道路，因为后者也曾投资于机械运作，比如制造铁器。然而，西多会的修道士可能是因为会规要求他们远离更广泛的社会并自力更生，才对工艺进行了机械运作，可圣殿骑士团没有这样的限制。[120]他们之所以投资兴建漂洗磨坊，很可能是因为他们认为，从长远来看漂洗磨坊的成本要比雇用工人所需的成本更加低廉。

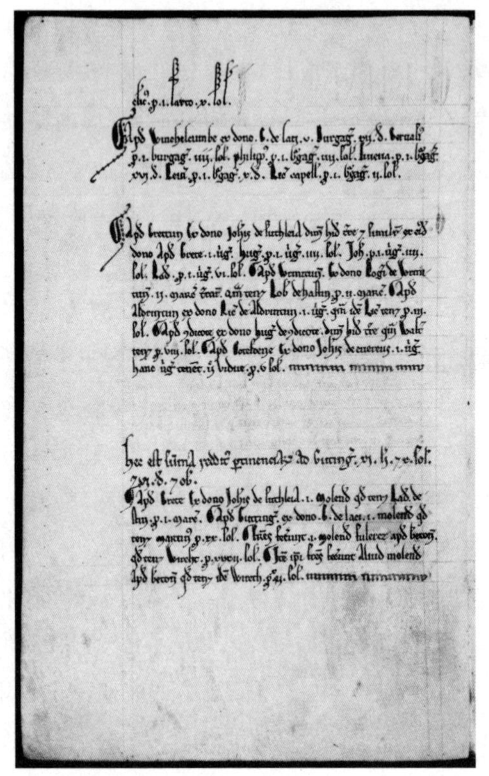

图 35　圣殿骑士团 1185 年“调查清册”(Inquest)中的一页

英格兰的圣殿骑士团还参与了某些需要获得王室许可才能进行的采矿活动。在莱德利，他们开采和销售过“易切石”(freestone)。[121]“易切石”是一种纹理细密、质地均匀、硬度较低的石头，适于用凿子进行雕刻。在斯塔福德郡的基尔，圣殿骑士团每年都有两笔固定的收入：一笔为 2 先令的铁矿(*de minera ferri*，来自一座铁矿山或者采矿权)收入，另一笔为 10 先令，来自一座煤矿。[122]在 1308 年的头几个月里，比萨姆的庄园里的王室保管人出售过海煤，而兰诺克的保管人则购买了海煤。[123]

然而，除了羊毛，圣殿骑士团最重要的非粮食产品就是木材了。爱尔兰的圣殿骑士团极其重视砍伐和销售木材，因此拉尔夫·德·布拉德利(Ralph de Bradley)修士曾在审讯中声称，圣殿骑士团的巡察员休·佩劳德(Hugh Peraud)修士到爱尔兰来的一个主要原因，就是为了考察木材的情况，并且从粮食和木材销售中筹措资金带往海外。[124]木材是一种很值钱的商品。木材最珍贵的用途就是建造房屋，尽管小块木材也有其他用途。1308 年贵亭圣殿的收入中，就包括了“下层林木”和 36 棵白蜡树、1 棵白杨，以及地产上各地伐下的 43 棵橡树的销售收入。[125]有些砍下来的树木被卖掉了，其余的则用于制造犁铧、修缮磨坊及其贮木场。他们还用这些木材制作了 120 个盘子、120 个碟子、120 个盐盘或盐碟，以及其他的食物容器，然后卖掉了。[126]

地租收入

地租是圣殿骑士团的一项重要收入来源。例如，1185 年圣殿骑士团的“调查清册”表明，该团曾在埃文河(Avon)南岸，即如今布里斯托尔那片称为“圣殿草地”(Temple Meads)的地区拥有范围广袤的地产。[127]1310—1313 年间王室保管人的账目中虽然将圣殿骑士团在这里的地产简单地说成是一座带有庭院和菜园的主要住宅，但其中也列举了 30 多位佃户的姓名及其租种的土地。[128]

除了城市里的租金，圣殿骑士团还从乡下的佃户那里获得了可观的收入，其中既有自由民佃户，也有非自由民佃户。王室保管人记录的档案中列出了到期地租的详细情况，包括佃户的姓名、租地规模、现金支付与劳役费用。例如，在牛津郡南部位于牛津城以东的浩斯帕斯村，有 20 多位租户持有农奴租约，还有数量差不多的租户属于拥有一栋村舍和小块田地的佃农；其中只有一位自由民佃户，名叫索特雷的罗伯特(Robert of Sautre)。

列入农奴和佃农的人不论男女，一年中都是在2个或者4个日期用现金缴纳地租，并且要从事像犁田、锄地、除草和割草、晾晒干草、用大车运送粮食和干草及挖沟之类的劳役。佃农还须清洗绵羊和到草地上去刈草。这种劳役中，有些会让佃农获得“领主之食”——想必就是燕麦粥了。我们并不清楚，当时的所有佃户究竟是真的亲自去履行这种劳役义务，还是以支付一笔现金的方式来代替这种劳役。

据1185年的“调查清册”记载，威尔特郡罗克利和洛克里奇(Lockeridge)两地的佃户欠有劳役费，不过，洛克里奇当地对这些劳役费究竟是什么意见不一。[129]到了一个多世纪之后的1308年，农奴和佃农缴纳的费用仍是罗克利的庄园主要的收入来源；只不过，此时都是用现金来体现了。[130]赫特福德郡丁斯利的账目中还专门指出，惯常的劳役地租被折算成了现金。[131]自1308年后的英格兰圣殿骑士团的地产账目中，提到了各种劳役费用的征收情况，包括租地继承税、其他遗产税和各种名目的惯例税。[132]

反过来，圣殿骑士团本身也欠有地租。因此，在浩斯帕斯，圣殿骑士团每年3月25日都要向5位不同的地主缴纳地租，其中包括阿宾顿修道院的院长(Abbot of Abingdon)和康沃尔伯爵皮尔斯·加维斯顿(Piers Gaveston)；而在桑德福德，他们则要为那里的各种租户向利特莫尔女修道院的院长(Prioress of Littlemore)缴纳地租。在赫里福德郡的加尔韦，圣殿骑士团要为5处不同的地产缴纳地租，它们分别位于兰罗瑟尔(Llanrothel)、黑尔伍德(Harewood)、坎普韦(Kempewe)、斯塔恩顿(Staunton)、斯特里吉尔(Striguil)领主的土地。什罗普郡的霍尔特普伦(Holt Preen)是从豪格蒙德修道院的院长(Abbot of Haughmond)手中租下的，那是一座奥古斯丁会修道院，每年的地租为17先令4便士。[133]

市场通行费

自成立初期以来,圣殿骑士团的赞助者就授予了他们一些商业权利,比如说在市场和集市上征收通行费的权利。[134]在英格兰,圣殿骑士团获得了举办市场(每周1次)和集市(每年3天)的权利,他们和手下的佃户都可以去市场和集市上买卖农产品。身为地主,他们可以在这些市场和集市上征收通行费和关税;这是他们重要的收入来源:王室保管人自1308年上半年开始记录的账目中,就包括了源自威瑟姆(埃塞克斯郡)、巴尔多克(Baldock)、兰诺克和班廷福德(赫特福德郡)、西约克郡(West Yorkshire)的韦瑟比(Wetherby)和南凯夫(South Cave)等地的市场税费和集市上的收入——最后一笔收入则源自1291年英国国王爱德华一世授权举办的一个市场兼集市。[135]

圣殿骑士团还通过购买和销售他们出产的农产品,为当地经济做出了贡献。保管人自1308年开始记载的账目中,列出了采购许多小东西的情况;它们对庄园的运作极其重要,但无法在庄园里生产出来,比如用于制作绵羊浴膏的材料、蜡烛、食盐、胡椒、马车所用的润滑油和扫帚。[136]

借贷与圣殿骑士团的应收债务

圣殿骑士团从各处地产上获得的钱财,每年都会在省级全体教士会议上汇总一次。英格兰圣殿骑士团的收入,先是送到法国那个重要的西方圣殿骑士团总部,再从那里送往东方。由于圣殿骑士团经常存有现金并且经常把钱财运送到很远的地方去，因此在 12 世纪和 13 世纪，他们变成了一个参与出借现金、保管贵重物品并将钱财从一个国家转移至另一个国家的主要的宗教修会。尤其是，他们还充当起各国国王的司库：巴黎的圣殿骑士团分团成了法国王室的国库，而伦敦的新圣殿则成了英格兰国王存放贵重物品的地方。[137]

圣殿骑士团的各个分团还充当着保险柜的角色，可以保管钱财、珠宝、文件，甚或其他任何有价值的人和东西，包括囚犯、牲畜和商品。[138] 艾伦·福雷指出，阿拉贡王国的加德尼有一座“存放屋”，可以存放贵重物品。[139] 圣殿骑士团还会按照存款人的指令，将存放在他们那里的钱财转交给第三方，从而让资金能够有效地从西方转移到东方，或者从东方转移到西方，由此推动了长途贸易。[140]

圣殿骑士团还向外出借资金。关于这种贷款，如今存世的书面记录表明，当时他们曾向各种各样的人出借资金：贵族、骑士、商贾——似乎是任何一个需要资金且有能力偿还的人。[141] 一笔贷款需要有某种形式的担保，比如土地或者货物，其中还包括衣物：1307 年 10 月，诺曼底的博日的统领就得到了一件毛皮大衣，是罗杰·德·普兰斯勋爵(Lord Roger de Planes)的妻子当成贷款抵押品抵给他的。[142] 一笔贷款并不一定非得用现金偿还，而是可以用实物偿还，包括已经为这笔债务做出抵押的、土地上种植的庄稼。[143] 在 1307 年诺曼底、1304 年和 1307 年阿拉贡的盘点清单中，圣殿骑士团的资产里都有一些尚未偿付的债务，不过，这些都是购买了骑士团的货物但尚未支付的款项或者地租，而不属于贷款。[144]

虽说伦敦的圣殿是一个重要的金融中心，但在 1308 年初，英格兰的其他地方几乎却没有出现金融活动的迹象。当时提及现金的账目很少(据克拉伦斯·帕金斯计算，那些账目中只出现了 36 英镑 12 先令 2 便士的现金)，而且这种现金很可能是用于支付给农场雇工的工资。[145] 在敦威治,布兰普顿(Brampton)的神父罗伯特·德·塞菲尔德(Robert de Seffeld)曾将100多英镑存起来,交由圣殿骑士团保管。后来,国王手下负责托管敦威治的官吏将这笔钱还给了他。[146]

1308年12月底,英国国王爱德华二世的司库向所有掌管原属圣殿骑士团庄园的执行吏发出了令状,指示他们清查到1307年圣诞节时——也就是英格兰的圣殿骑士遭到逮捕之前——圣殿骑士团的应收债务,并且在次年复活节的财政会议结束之前向财政部报告。国王急于确保将这些未偿债务收归国库,而不是交给圣殿骑士团或者其他任何一个人。[147]

许多令状的背面都有执行吏写下的简短答复,声明没有任何应收欠款。还有一些令状则附有一份文件,详细说明了清查的情况(比如图36中的那一份);有12名宣誓人宣誓参与清查,他们或是列出了应收债务(比如赫里福德郡),或是声明没有任何应收债务(比如布里斯托尔)。[148]在赫里福德,圣殿骑士团的应收债务包括:购买公牛和亚麻布的未付款项、应收的地租金、代表圣殿骑士团募集但尚未转交给他们的资金以及两笔贷款,一笔为20先令8便士,另一笔为10先令。[149]英格兰其他一些地方也记载了少量的债务:购买奶牛所欠的8英镑4先令、购买100只绵羊所欠的10英镑、购买绵羊及"其他小物件"所欠的9马克6先令4便士;购买什一税所欠的12马克、未付的16先令停尸费、购买粮食所欠的60先令、10先令的贷款,以及购买牲畜、粮食、贷款和拖欠地租等其他与之类似的小笔欠款。[150]在诺森伯兰郡,宣誓人声称没人欠圣殿骑士团什么东西,只是前任执行吏从圣殿骑士团的桑顿庄园拿走了羊毛、羊羔、牛奶和鸡蛋。[151]尽管到1308年12月,大部分欠款可能已经被各庄园的保管人收回,而伦敦以外的圣殿骑士团似乎也没有大量出借资金,但他们还是为那些需要小额借款的人提供了重要的服务。

图 36　伯克郡圣殿骑士团的一份应收债务记录

缴纳和收取地方税赋

根据地方统治者赐予他们的特权，圣殿骑士团可以免缴王室和教会所征的各种税赋，并且在很大程度上可以不受王室和主教的管辖。在英格兰，国王理查一世（Richard Ⅰ，1189—1199 年在位）曾经豁免了圣殿骑士团的大量义务，比如他们不用在郡县和百户法庭上出庭，不用服为国王修建城堡和桥梁等工程的劳役，不用缴纳兵役免除税、贡品、通行费和关税。理查一世保留的唯一王权就是事关生死的司法权。这位国王还将圣殿骑士团的人员纳入了这些豁免权中。他原本有可能仅仅是指圣殿骑士团的全体成员，可他的话却被理解成了指圣殿骑士团的佃户。[152]

这些豁免权导致他们与地方当局之间产生了矛盾。帕金斯追踪研究了自 1216 年起布里斯托尔的市民与圣殿骑士团之间就“佃户税”（tallage）这种王室税赋所发生的一系列纠纷。圣殿骑士团及其佃户可以免缴这种税赋，可圣殿骑士团拥有的土地面积太过广袤，因此布里斯托尔的市民不打算由他们自己去承担这种赋税负担。最终,布里斯托尔市市长和市民向1305年的威斯敏斯特议会(Westminster Parliament)请愿,要求强制所有"像其他公民一样进行贸易"和利用了与该市"有关之自由及地役权的人"全都缴纳佃户税。他们的要求获得了批准,此后圣殿骑士团及其佃户就须缴纳这种税赋了。[153]

圣殿骑士团最著名也最臭名昭著的豁免权之一,就是不用缴纳什一税(即农产品的1/10,是缴纳给教会的)。[154]在1179年举行的第三次拉特兰公会议(the Third Lateran Council)上,这是其他人对圣殿骑士团特别不满的内容;当时,教区的神职人员对圣殿骑士团与医院骑士团拥有的特权进行了抨击。教皇亚历山大三世(Alexander Ⅲ)允许他们在新开垦的土地上保留这项特权。此外,由于这两个骑士团获准拥有教区教堂,他们还把本来应当缴纳给教区司铎的什一税占为己有了。[155]

然而,1308—1313年英格兰的账目表明,圣殿骑士团在征取什一税的同时,其实也缴纳了部分什一税。在吉斯林厄姆,圣殿骑士团为羊毛、鹅和母鸡缴纳过什一税;在加尔韦,他们为自己从斯特里吉尔伯爵那里获得的土地缴纳了什一税;在基尔,他们为羔羊和羊毛缴纳了什一税;而在桑顿,他们也为羔羊缴纳了什一税。[156]

结　论

本章分析的大部分数据都源自1307—1308年圣殿骑士团终结的那个时期。尽管如此,这些数据还是表明了整个西欧地区的一致模式,由此也说明它是圣殿骑士团自身管理各个分团的方式。用杰斐逊的话来说就是,各个庄园的经营管理都遵循着"14世纪初的最佳农业实践"。[157]圣殿骑士团的地产上出产的是最赚钱的作物,不管是小麦还是羊毛都不例外；他们还向工人支付优厚的报酬，以上等谷物——小麦或者小麦混合粮——和现金的形式支付工资，同时提供燕麦粥这样的食物。

虽说圣殿骑士团会对他们的庄园加以监管，但随着拥有的土地越来越多，他们可能会将大部分决策权委托给执行吏。无疑，到1308年1月的时候，英格兰圣殿骑士团的庄园里都雇用了执行吏。修士们本身——在佩恩斯管理地还有修女——对自己宗教生活的关注程度，至少也不亚于他们对庄园进行经营管理的关注。由于他们每天都要去礼拜堂里参加数次礼拜活动，或者诵念规定的祷词，因此他们不可能在庄园里四下走动，去监督那些雇工干活。

然而，圣殿骑士们跟他们的农场雇工之间应该存在日常接触。在法国北部，农场雇工都是住在圣殿骑士团庄园内的房舍里。我们并不清楚英国和爱尔兰的情况是否相同，但两地的农场雇工很可能都在圣殿骑士团的大厅里跟修士们一起吃饭。有些雇工，比如厨师和管家，则是在会所里面干活。圣殿骑士们可能也会接触到分团以外的众多人士：有前来就购买羊毛的期货契约进行商谈的商贾，有想从他们那里借款或者想把贵重物品存放在他们那里的人，有前来瞻仰礼拜堂中圣物的访客，有请求借宿的旅人，有要求付款的债权人，以及偿付欠款的债务人。可能还有申请加入圣殿骑士团的人，而骑士团中的一员去世之后，外人也会前来参加他们的葬礼。现在，我们就来探究一下修士们生活中的这些内容。

注释

1. Campbell, *English Seigniorial Agriculture*(2000), p. 214.

2. 本章后文中的所有数据，都是根据我对1308年后的账目进行抽样与分析之后得出的，见于TNA: E 358/18 rot. 25 dorse(贝德福德郡)；E 358/19 rot. 26 dorse(伯克郡)；E 358/18 rot. 6 and rot. 7(白金汉郡)；E 358/18 rot. 10

(剑桥郡);E 358/18 rot. 22 - 22 dorse, E 358/19 rot. 52 - 52 dorse(埃塞克斯郡);E 358/18 rot. 5, E 358/19 rot. 53(格洛斯特郡);E 358/18 rot. 2(赫里福德郡);E 358/18 rots. 23, 24 dorse(赫特福德郡);E 358/18 rot. 8(肯特郡);E 358/19 rot. 27(莱斯特郡);E 358/18 rot. 19(林肯郡);E 358/18 rot. 3(诺福克郡与萨福克郡);E 358/18 rot. 6 dorse(诺森伯兰郡);E 358/19 rot. 26 - 26 dorse(牛津郡);E 358/18 rot. 4 and E 358/20 rot. 5d(什罗普郡);E 358/18 rots. 26, 35(1)(萨默塞特郡);E 358/20 rot. 6(斯塔福德郡);E 358/20 rot. 13(苏塞克斯郡);E 358/18 rot. 42 dorse, E 358/19 rot. 27 dorse(沃里克郡);E 358/18 rot. 52(1), E 358/20 rot. 38(威尔特郡);E 358/19 rot. 47 dorse(伍斯特郡);E 358/20 rots. 39, 40(2), 41(约克郡)。

3. Campbell, *English Seigniorial Agriculture*(2000), p. 218.

4. Campbell, *English Seigniorial Agriculture*(2000), p. 219.

5. Campbell, *English Seigniorial Agriculture*(2000), p. 222.

6. Campbell, *English Seigniorial Agriculture*(2000), p. 225.

7. Campbell, *English Seigniorial Agriculture*(2000), pp. 226, 247(引文)。

8. 关于这些作物,参见 Campbell, *English Seigniorial Agriculture*(2000), pp. 228, 230。

9. Slavin, "Landed Estates"(2013), p. 38.

10. Slavin, "Landed Estates"(2013), p. 40.

11. Jefferson, "Templar Lands in Lincolnshire"(2016), pp. 34, 88 - 129, 以及 p. 128 的引文。

12. Jefferson, "Templar Lands in Lincolnshire"(2016), pp. 90 - 107, 109 - 112, 127 - 128.

13. Campbell, *English Seigniorial Agriculture*(2000), pp. 230 - 231.

14. Murphy, "From swords to ploughshares", in Browne and Ó Clabaigh, eds., *Soldiers of Christ*(2015), pp. 172 - 175, 172 的引文。

15. TNA: SC 6/1202/3.

16. Delisle, ed., "Inventaire"(1903), pp. 721 - 722, 724, 725, 726;译文见于 Barber and Bate, *The Templars*(2002), pp. 191, 195, 197, 198。

17. Wilmart, "Salariés, journaliers et artisans", in Baudin, Brunel and Dohrmann, eds., *Économie templière en Occident* (2013), 286; Pétel, "Comptes de régie"(1907), pp. 337, 351 - 354, 355, 359 - 360, 366.

18. TNA: E 358/20 rot. 24d(吉斯林厄姆);E 358/18 rot. 8(斯特鲁德)。

19. TNA: E 358/18 rot. 6.

20. 乌普莱顿:TNA: E 358/18 rot. 2 and 2 dorse, E 358/20 rot. 25(2) and dorse;基尔:E 358/18 rot. 4 and E 358/20 rot. 5 dorse;斯旺顿:E 358/18 rot. 24 (2);沃尔普斯格罗夫、默顿和比萨姆:E 358/19 rot. 26 and 26 dorse。

21. 斯旺顿:TNA: E 358/18 rot. 24(2);罗伊登:E 358/19 rot. 52 dorse。

22. Ricci, "La precettoria"(2012), pp. 164 - 167.

23. Kristjan Toomaspoeg, "Le grenier des templiers. Les possessions et l'économie de l'Ordre dans la Capitanate et en Sicile", in Baudin, Brunel and Dohrmann, eds., *Économie templière en Occident*(2013), pp. 93 - 113,以及 p. 104。

24. Toomaspoeg, "Le grenier des templiers", in Baudin, Brunel and Dohrmann, eds., *Économie templière en Occident*(2013), pp. 108 - 110.

25. TNA: E 358/20 rot. 24 dorse.

26. Dyer, "Changes in Diet"(1988), p. 31.

27. 比如说在加尔韦:TNA: E 358/18 rot. 2。

28. Slavin, "Landed Estates"(2013), pp. 42 - 43.

29. Ian Rush, "The Impact of Commercialization in Early Fourteenth-Century England: from Evidence from the Manors of Glastonbury Abbey"(2001), pp. 123 - 139,以及 pp. 128 - 130。

30. 关于商业化的这一指标,参见 Rush, "Impact of Commercialization"(2001), p. 127。

31. Toomaspoeg, "Le grenier des templiers", in Baudin, Brunel and

Dohrmann, eds., *Économie templière en Occident*(2013), pp. 103, 105 - 106.

32. Toomaspoeg, "Le grenier des templiers", in Baudin, Brunel and Dohrmann, eds., *Économie templière en Occident*(2013), p. 94.

33. Campbell, *English Seigniorial Agriculture*(2000), p. xxv.

34. Slavin, "Landed Estates"(2013), p. 42.

35. Campbell, *English Seigniorial Agriculture*(2000), pp. 120 - 134.

36. Campbell, *English Seigniorial Agriculture*(2000), p. 123.

37. Slavin, "Landed Estates"(2013), pp. 43 - 44.

38. 牛津郡的考利、赫特福德郡的丁斯利、埃塞克斯郡的萨顿、萨福克郡的托格林德和敦威治。关于沙质土地上马匹的用途，参见 Campbell, *English Seigniorial Agriculture*(2000), pp. 129 - 131。

39. Jefferson, "Templar Lands in Lincolnshire"(2016), pp. 133 - 136 及附录 11。

40. TNA: E 358/20 rot. 10.

41. 参见前文本章的注释 2，以及 E 358/18 rot. 9(剑桥郡)。托格林德(萨福克郡)和哈迪斯科(诺福克郡)两地没有阉牛。

42. TNA: E 358/20 rot. 40 dorse[威德利(Weedley)/威特利(Whitley)]。关于这个分团所在的地点，参见 John S. Lee, "Weedley not Whitley: Repositioning a Preceptory of the Knights Templar in Yorkshire", *Yorkshire Archaeological Journal*, 87(2015), pp. 101 - 123。

43. Murphy, "From swords to ploughshares", in Browne and Ó Clabaigh, eds., *Soldiers of Christ*(2015), p. 175，表 9.3 和注释 51；MacNiocaill, ed., "Documents"(1967), p. 192。

44. Delisle, ed., "Inventaire"(1903), pp. 721, 723, 725, 726；译文见于 Barber and Bate, *The Templars*(2002), pp. 191 - 192, 195, 197, 198。

45. Pétel, "Comptes de régie"(1907), p. 349.

46. Delisle, ed., "Inventaire"(1903), pp. 723, 725, 726, 728；译文见于

Barber and Bate, *The Templars*(2002), pp. 195, 197, 198, 201。

47. Murphy, "From swords to ploughshares", in Browne and Ó Clabaigh, eds., *Soldiers of Christ*(2015), p. 177.

48. 例如,关于牛奶销售的情况,参见萨顿的账目:TNA: E 358/19 rot. 52 - 52 dorse。

49. TNA: E 358/18 rot. 52 dorse(克雷辛);E 358/18 rot. 6 dorse(桑顿)。

50. Adrian R. Bell, Chris Brooks and Paul R. Dryburgh, *The English Wool Market, c. 1230 - 1327* (Cambridge: Cambridge University Press, 2007), p. 8.

51. T. H. Lloyd, *The English Wool Trade in the Middle Ages*(Cambridge, 1977), pp. 60 - 102; Adrian R. Bell, Chris Brooks, and Paul Dryburgh, *Advance contracts for the sale of wool c. 1200 -c. 1327*, List & Index Society, 315(Kew, Surrey: List and Index Society, 2006),尤其是 pp. 148 - 149,注释 179。

52. TNA: E 368/78, rot. 41 dorse, rot. 84; E 368/79 rot. 121 dorse;也可参见 Clarence Perkins, "The Wealth of the Knights Templars in England and the Disposition of it after their Dissolution"(1910), pp. 252 - 263 以及 255 - 256 和注释。

53. Bell, Brooks and Dryburgh, *English Wool Market*(2007), pp. 58 - 59.

54. Slavin, "Landed Estates"(2013), p. 44.

55. Bell, Brooks and Dryburgh, *English Wool Market*(2007), p. 63.

56. Slavin, "Landed Estates"(2013), p. 45.

57. Jefferson, "Templar Lands in Lincolnshire"(2016), pp. 179 - 180,引自 J. P. Bischoff, "'I cannot do't without counters': Fleece Weights and Sheep Breeds in Late Thirteenth and Early Fourteenth Century England", *Agricultural History*, 57. 2(1983), pp. 143 - 160,以及 149。

58. Murphy, "From swords to ploughshares", in Browne and Ó Clabaigh, eds., *Soldiers of Christ*(2015), p. 178.

59. Delisle, ed., "Inventaire"(1903), pp. 721, 723, 725, 726;译文见于 Barber and Bate, *The Templars*(2002), pp. 191 - 192, 195, 197, 198。

60. Wilmart, "Salariés, journaliers et artisans", in Baudin, Brunel and Dohrmann, eds., *Économie templière en Occident* (2013), pp. 273 - 293 以及 p. 278。

61. Wilmart, "Salariés, journaliers et artisans", in Baudin, Brunel and Dohrmann, eds., *Économie templière en Occident*(2013), p. 278.

62. Wilmart, "Salariés, journaliers et artisans", in Baudin, Brunel and Dohrmann, eds., *Économie templière en Occident*(2013), pp. 289 - 291; Pétel, "Comptes de régie"(1907), pp. 332, 333, 336.

63. TNA: E 358/18 rots. 6 and 7 dorse, E 358/20 rots. 12 and 24.

64. 例外情况包括：贝德福德郡的小分团，诺福克郡和萨福克郡的吉斯林厄姆、托格林德和哈迪斯科 3 个小分团，什罗普郡的斯坦顿朗和霍尔特普伦，伍斯特郡的 3 个小分团以及苏塞克斯郡的萨德斯科姆。

65. Delisle, ed., "Inventaire"(1903), p. 723;译文见于 Barber and Bate, *The Templars* (2002), p. 195; TNA: E 358/19 rot. 26 dorse(坦普尔顿)；E 358/19 rot. 52 - 52 dorse(萨顿)；E 358/20 rot. 40(纽萨姆)。

66. TNA: E 358/18 rot. 3, E 358/20 rot. 24d. 对盘点清单中遗漏家禽的探讨，参见 Overton and Campbell, "Norfolk livestock farming 1250 - 1740: a comparative study of manorial accounts and probate inventories"(1992), pp. 377 - 396。

67. 巴尔索尔：TNA: E 358/18 rot. 42 dorse, E 358/19 rot. 27 dorse;布尔斯特罗德圣殿：E 358/18 rots. 6 and 7 dorse and E 358/20 rots. 12 and 24;卡顿：E 358/20 rot. 39;纽萨姆与法克斯弗里特：E 358/20 rot. 40(2);福尔布里奇：E 358/20 rot. 39 dorse;加尔韦与乌普莱顿：E 358/18 rot. 2, E 358/19 rot. 25;罗克利：E 358/18 rot. 52(1), E 358/20 rot. 38;韦瑟比：E 358/20 rot. 41(2)。

68. TNA: E 358/18 rot. 3(诺福克郡的吉斯林厄姆)；E 358/19 rot. 26

dorse(牛津郡的桑德福德);E 358/20 rot. 40(约克郡的纽萨姆和法克斯弗里特);E 358/19 rot. 26 dorse(牛津郡的默顿);E 358/20 rot. 39(约克郡的卡顿);Delisle, ed., "Inventaire"(1903), p. 728;译文见于 Barber and Bate, *The Templars*(2002), p. 201(诺曼底的卢维尼);Pétel, "Comptes de régie"(1907), p. 349(香槟的佩恩斯)。

69. 例如:TNA: E 358/18 rot. 3; E 358/20 rot. 24d(诺福克与萨福克);E 358/18 rot. 42 dorse and E 358/19 rot. 27 dorse(巴尔索尔);E 358/19 rot. 26(桑德福德);E 358/19 rot. 52 dorse(克雷辛);E 358/20 rot. 39 dorse(福尔布里奇);E 358/20 rot. 40(2)(法克斯弗里特)。

70. Gooder, *Temple Balsall*(1995), pp. 34, 42, 51.

71. TNA: E 358/19 rot. 52 dorse(克雷辛);E 358/19 rot. 53 dorse(贵亭)。也可参见:E 358/18 rots. 24 - 25(贝德福德郡);E 358/19 rot. 52 and 358/18 rot. 23(丁斯利);E 358/18 rot. 22 dorse(登尼);E 358/20 rot. 39 dorse(福尔布里奇)。

72. Gooder, *Temple Balsall*(1995), pp. 34, 42, 51(巴尔索尔);TNA: E 358/19 rot. 26 dorse(桑德福德)。

73. Bailey, "The Rabbit and the Medieval East Anglian Economy"(1988), p. 3.

74. TNA: E 358/18 rot. 2 dorse.

75. TNA: E 358/19 rot. 26 dorse.

76. Pétel, "Comptes de régie"(1907), pp. 318, 327, 345(狗),345(猫)。

77. Wilmart, "Salariés, journaliers et artisans", in Baudin, Brunel and Dohrmann, eds., *Économie templière en Occident*(2013), p. 292; Pétel, "Comptes de régie"(1907), pp. 344 - 345.

78. Jefferson, "Templar Lands in Lincolnshire"(2016), pp. 187 - 190.

79. Jefferson, "Templar Lands in Lincolnshire"(2016), pp. 187 - 188; Campbell, *English Seignorial Agriculture*(2000), p. 417 及注释 18。

80. Jefferson, "Templar Lands in Lincolnshire"(2016), pp. 190 - 191，引自 Campbell, *English Seigniorial Agriculture 1250 - 1450* (Cambridge, 2000), p. 417 和 Stephenson, "Wool Yields in the Medieval Economy", p. 382。

81. Stephens, *The Book of the Farm, Detailing Labours of the Farmer, Farm Steward, Ploughman, Shepherd, Hedger, Cattle-man, Field-worker and Dairy-maid*(1844；2010 年重印), pp. 1111 - 1120。

82. 考利、浩斯帕斯(牛津郡)和坦普尔顿(伯克郡)，白色油脂、汞和铜绿：TNA: E 358/19 rot. 26 and 26 dorse;贵亭(格洛斯特郡)，1308 年夏季的油脂与铜绿，接下来是 1308—1309 年的 15 英石猪油：E 358/18 rot. 5 and 5 dorse;米尔布鲁克(Millbrook, 贝德福德郡)，油脂，斯旺顿(贝德福德郡)，1308 年初的 1.5 加仑药膏(E 358/18 rot. 25)；后来的油脂与沥青，比如在切尔辛和兰诺克(赫特福德郡)以及萨顿(埃塞克斯郡)：E 358/18 rots. 22, 24, 24 dorse;克雷辛圣殿(埃塞克斯郡)，牛油或板油、油脂、沥青和铀绿：E 358/18 rot. 22 dorse;布鲁尔圣殿(林肯郡)、罗斯利(莱斯特郡)，汞、铜绿和"其他药剂"：E 358/18 rot. 19, E 358/19 rot. 27;默顿(牛津郡)，牛油或板油、油脂、铜绿、汞、沥青和硫酸铁：E 359/19 rot. 26;罗克利(威尔特郡)，油脂、汞和"其他东西"：E 358/18 rot. 52 (1), E 358/20 rot. 38;法克斯弗里特(约克郡)，铜绿、汞、油脂和"其他药剂"：E 358/20 rot. 40(2);多克斯沃斯(Dokesworth, 剑桥郡)，白色脂肪、铜绿、汞和"其他药物"：E 358/18 rot. 10 dorse;萨德斯科姆(苏塞克斯郡)，汞和铀绿：E 358/20 rot. 13;斯特鲁德(肯特郡)，油脂和"其他药物"：E 358/18 rot. 8;登尼(剑桥郡)，白色脂肪和"其他药物"：E 358/18 rot. 10;加尔韦(赫里福德郡)，"各种药物"：E 358/18 rot. 2;韦瑟比(约克郡)，"药材"：E 358/20 rot. 41。

83. TNA: E 358/18 rot. 10 dorse.

84. Wilmart, "Salariés, journaliers et artisans", in Baudin, Brunel and Dohrmann, eds., *Économie templière en Occident* (2013), p. 291 - 292; Pétel, "Comptes de régie"(1907), p. 334.

85. Lees, ed., *Records of the Templars*(1935), pp. cxxxl, 56 - 57.

86. TNA: E 142/13 mem. 15; E 358/18 rot. 25 dorse.

87. TNA: E 358/18 rot. 54.

88. TNA: E 358/18 rot. 11.

89. TNA: E 358/18 rot. 24 dorse.

90. Gooder, *Temple Balsall* (1995), p. 51.

91. TNA: E 358/18 rot. 23.

92. TNA: E 358/18 rot. 2 dorse.

93. TNA: E 358/18 rot. 7 dorse.

94. Murphy, "From swords to ploughshares", in Browne and Ó Clabaigh, eds., *Soldiers of Christ* (2015), p. 182.

95. Wood, "The Templars in Ireland" (1906/1907), pp. 327 - 377, 以及 p. 337,引自尚未公开发表的 Memoranda Roll, Exchequer, 4 Edward II, m. 23; Murphy, "From swords to ploughshares", in Browne and Ó Clabaigh, eds., *Soldiers of Christ* (2015), p. 182。这些佃户中,似乎既有爱尔兰本地人,也有来自英国的移民:Wood, "Templars in Ireland" (1907), p. 339,引自现已遗失的 Plea Roll 76 (33 and 34 Edward I) mem. 27; Murphy, "From swords to ploughshares", p. 182 对此进行了探讨。

96. Rush, "Impact of Commercialization" (2001), pp. 125 - 126.

97. Campbell, *English Seigniorial Agriculture* (2000), p. 225.

98. 布尔斯特罗德的手套:TNA: E 358/18 rot. 7; Bruer: E 358/18 rot. 19; 库姆:E 358/18 rot. 26;贵亭圣殿:E 358/18 rot. 5;莱德利、斯坦顿朗、霍尔特普伦和基尔:E 358/18 rot. 4 and E 358/20 rot. 5;希尔克鲁姆:E 358/19 rot. 50;乌普莱顿的动物油脂:E 199/18/5。

99. Dyer, "Changes in Diet" (1988), pp. 22 - 23; Bruer: TNA: E 358/18 rot. 19, E 358/20 rot. 15; Jefferson, "Templar Lands in Lincolnshire" (2016), pp. 228 - 229; E 358/18 rots. 3(哈迪斯科),7(布尔斯特罗德),8(斯特鲁德),22(克雷辛);E 358/18 rot. 2 dorse, E 358/19 rots. 25, 27; E 199/1/5(加尔韦与乌

普莱顿);E 358/20 rot. 13 dorse(萨德斯科姆)。

100. 下文中的数据来源,参见前文中本章的注释 2。

101. 例如,参见 Rush, "Impact of Commercialization"(2001), p. 126 及注释。

102. Campbell, *English Seigniorial Agriculture* (2000), p. 219; Dyer, "Changes in Diet"(1988), pp. 29 - 30.

103. Jefferson, "Templar Lands in Lincolnshire"(2016), pp. 119 - 120,引自 Rush, "Impact of Commercialization"(2001), p. 133。

104. "Sur les états du monde"(1953), p. 123.

105. TNA: E 358/18 rot. 2.

106. 贝德福德郡的米尔布鲁克(占 75%的口粮);剑桥郡(略低于 50%);赫特福德郡(两个管理地都略低于 40%);林肯郡的布鲁尔(6%),诺福克和萨福克(约占 50%);斯塔福德郡(略高于 50%);巴尔索尔(近 50%),以及约克郡(高于 50%)。

107. Campbell, *English Seigniorial Agriculture* (2000), p. 219; Dyer, "Changes in Diet"(1988), p. 34.

108. Dyer, "Changes in Diet"(1988), p. 32; Rush, "Impact of Commercialization"(2001), pp. 130, 132.

109. Dyer, "Changes in Diet"(1988), p. 33.

110. TNA: E 358/19 rot. 53, E 358/18 rot. 5(贵亭);E 358/18 rot. 35(1), E 358/18 rot. 26(库姆)。

111. Schofield, *Peasant and Community*(2003), p. 141.

112. Wilmart, "Salariés, journaliers et artisans", in Baudin, Brunel and Dohrmann, eds., *Économie templière en Occident*(2013), pp. 275, 281.

113. 十分感激彼得·斯帕弗德教授(Professor Peter Spufford)就这一时期图尔英镑/英镑比率所提的建议。关于 1297—1310 年间 1 英镑等于 4 图尔英镑这种汇率的例子,参见 *Calendar of the Patent Rolls preserved in the Public*

Record Office: Edward I A.D. 1292 - 1301 (1895), pp. 231, 232, 234, 419; *Calendar of the Close Rolls preserved in the Public Record Office: Edward I, vol. V, A.D. 1302 - 1307* (1908), p. 250; *Calendar of the Patent Rolls: Edward II, A.D. 1307 - 1313* (1894), p. 216。

114. Pétel, "Comptes de régie"(1907), pp. 319, 332, 360, 362.

115. TNA: E 358/20 rot. 24 dorse(吉斯林厄姆);E 358/18 rot. 2(加尔韦与乌普莱顿)。

116. TNA: E 358/19 rot. 52 dorse.

117. TNA: E 358/18 rot. 25 dorse,位于沙恩布洛克(Sharnbrook)之下。

118. Lees, *Records of the Templars*(1935), pp. 50, 127.

119. Holt, "Mechanisation and the Medieval English Economy" (1997), pp. 139 -157 以及 pp. 150 - 154。

120. Holt, "Mechanisation"(1997), p. 153.

121. TNA: E 358/18 rot. 4, E 358/20 rot. 6.

122. TNA: E 358/18 rot. 4, E 358/20 rot. 5 dorse.

123. TNA: E 358/19 rot. 26 dorse; E 358/18 rot. 24.

124. *PATBI*, vol. 1, pp. 312 - 313; vol. 2, p. 349 (MS A, fols. 144v, 145r).

125. TNA: E 358/18 rot. 5 and 5 dorse.

126. TNA: E 358/20 rot. 13 dorse.

127. Lees, ed., *Records of the Templars*(1935), pp. cxxxi - cxxxii, 58.

128. TNA: SC6/851/10; E 358/20 rot. 2 dorse.

129. Lees, ed., *Records of the Templars*(1935), pp. cxxxi, 56 - 57.

130. TNA: E 358/18 rot. 52(1).

131. TNA: E 358/18 rot. 23.

132. 租地继承税:TNA: E 358/19 rot. 52(Dinsley); E 358/18 rot. 24 dorse (兰诺克);E 358/19 rot. 53(贵亭);E 358/19 rot. 26[西伯福德(Sibford)] dorse

[斯帕秀特(Sparsholt,位于桑德福德之下)];E 358/20 rot. 13(希普利)。关于租地继承税是非自由民土地保有权的指标,参见 Schofield, *Peasant and Community* (2003), p. 15。布鲁尔的遗产税与其他税赋:TNA: E 358/18 rot. 19;基尔的人头税:E 358/20 rot. 5d[关于人头税,参见 Schofield, *Peasant and Community* (2003), p. 15];切尔辛的医药税:E 358/18 rot. 24 dorse;浩斯帕斯的"林地银"(harpesforde silver)和"什一银"(tithing-silver): E 142/13 membrane 15 and E 358/19 rot. 26。

133. TNA: E 338/ 19 rot. 26 and 26 dorse(浩斯帕斯);E 358/18 rot. 2(加尔韦);E 358/18 rot. 4 and E 358/20 rot. 5 dorse(霍尔特普伦)。关于霍夫蒙德修道院(Haughmond Abbey),参见 Knowles and Hadcock, *Medieval Religious Houses: England and Wales*,第二版(1971), pp. 140, 159。

134. Demurger, *Les Templiers*(2005), p. 274; Nicholson, *Brief History* (2010), pp. 211 - 213.

135. TNA: E 358/19 rot. 52 dorse; E 358/18 rot. 22 dorse(威瑟姆); E 358/18 rot. 24 dorse(巴尔多克、兰诺克和班廷福德);E 358/20 rot. 41(韦瑟比);TNA: E 358/20 rot. 40 dorse(南凯夫);*Calendar of the Charter Rolls preserved in the Public Record Office, vol. II, Henry III - Edward I, A. D. 1257 - 1300*(1906), p. 404。

136. Wilmart, "Salariés, journaliers et artisans", in Baudin, Brunel and Dohrmann, eds., *Économie templière en Occident*(2013), pp. 287, 291 - 292; Pétel, "Comptes de régie"(1907), pp. 334, 335.

137. Demurger, *Les Templiers*(2005), pp. 316 - 329, 376 - 381; Barber, *The New Knighthood*(1994), pp. 266 - 278; Forey, *Templars in the Corona de Aragón*(1973), pp. 349 - 350,以及 p. 345; Sandys, "The Financial and Administrative Importance of the London Temple in the Thirteenth Century"(1925), pp. 147 - 162; Nicholson, *Brief History*(2010), pp. 178 - 182。

138. Forey, *Templars in the Corona de Aragón* (1973), pp. 346 - 348;

Nicholson, "At the Heart of Medieval London", in Griffith-Jones and Park, eds., *The Temple Church in London*(2010), pp. 8 - 10.

139. Forey, *Templars in the Corona de Aragón*(1973), p. 346.

140. Forey, *Templars in the Corona de Aragón*(1973), p. 348.

141. 例如,参见 Barber and Bate, *The Templars* (2002), pp. 201 - 203, 209 - 210; Forey, *Templars in the Corona de Aragón*(1973), pp. 348 - 352。

142. Delisle, ed., "Inventaire"(1903), p. 722;译文见于 Barber and Bate, *The Templars*(2002), p. 193。

143. 偿还给 G. 德・托雷(G. de Torre)及其妻子埃斯特法尼娅(Estefania)的借款,译文见于 Barber and Bate, *The Templars*(2002), pp. 201 - 203;另一个例子见于 Forey, *Templars in the Corona de Aragón*(1973), p. 350。

144. Delisle, ed., "Inventaire"(1903), pp. 724, 726 - 727;译文见于 Barber and Bate, *The Templars*(2002), pp. 196, 199 - 200; Vilar Bonet, *Els béns del Temple*(2000), pp. 118, 120, 123, 131。

145. 例如:乌普莱顿:TNA: E 199/18/4(six pounds);加尔韦:E 358/18 rot. 2(40 先令 10 便士);敦威治:E 358/18 rot. 3 dorse[35 个金弗罗林(golden florins),价值 4 英镑 7 先令 6 便士,兑换率是每个弗罗林为 2 先令 6 便士];比萨姆:E 142/119 mem. 19(11 个马克)。Perkins, "Wealth of the Knights Templars"(1910), pp. 255, 257.

146. TNA: E 358/18 rot. 3 dorse.

147. 令状与执行吏的回复保存在 TNA: E 142/119。

148. TNA: E 142/119 mems. 23, 26.

149. TNA: E 142/119 mem. 23.

150. TNA: E 142/119 mems. 3, 5, 6, 8 dorse, 12 dorse, 19, 20 dorse, 28 dorse, 29, 31. 1 马克等于 2/3 英镑,也就是 13 先令 4 便士。

151. TNA: E 142/119 mem. 37.

152. Lees, *Records of the Templars* (1935), pp. 139 - 140, Royal

Charters no. 3.

153. Perkins, “Knights Templars in the British Isles”(1910), pp. 216 - 217.

154. Nicholson, *Brief History*(2010), pp. 172, 192.

155. TNA: E 358/18 rot. 24[贝德福德郡的朗福德(Langford):禾捆与干草],rot. 24 dorse(赫特福德郡兰诺克:禾捆);E 358/19 rots. 47d, 50d[赫里福德郡的纽顿(Newton)、黑尔伍德、加尔韦:大什一税];E 358/18 rot. 38, E 358/20 rots. 11, 44d[萨福克郡的丁格尔(Dingle)和敦威治:小什一税];E 358/18 rots. 4, 54; E 358/19 rot. 36, E 358/20 rot. 5(什罗普郡的卡丁顿:教区神父收取小什一税);E 358/19 rot. 53(1308 年 1 月—5 月),E 358/18 rot. 5(1308 年 5 月—9 月)(格洛斯特郡的贵亭:羊羔与羊毛);E 358/18 rot. 3 dorse(敦威治:征收什一税的费用);E 358/18 rot. 19(林肯郡的布鲁尔: 征税费用);E 358/20 rot. 13(苏塞克斯郡的希普利:征税费用); Pétel, ed., “Comptes de régie”(1907), pp. 351, 352, 353, 357(香槟的佩恩斯:大麦); Delisle, ed., “Inventaire”(1903), pp. 722, 724; Barber and Bate, *The Templars*(2002), pp. 193, 196(诺曼底的博日:出租什一税)。

156. TNA: E 358/18 rots. 3, 24d(吉斯林厄姆);E 358/18 rot. 2, E 358/19 rot. 25(加尔韦);E 358/18 rot. 4, E 358/20 rot. 5; E 358/18 rot. 6d(桑顿)。

157. Jefferson, “Templar Landsin Lincolnshire”(2016), p. 128.

第五章
圣殿骑士的生活周期

招　募

圣殿骑士团的新募成员来自哪里？他们又是怎样被招募过来的呢？

本书第一章探究了圣殿骑士团的初始《团规》，以及《团规》允许加入的各类成员：骑士修士、军士修士和司铎修士。条规允许他们调整入会仪式，以适应不同的群体。入会仪式提醒骑士修士和军士修士说，他们必须服从命令和前往海外；这就意味着，他们会被调离自己的家人，远离他们个人的支持和影响力网络。军士修士还被告知，他们可能必须从事一些底层的任务，比如到烤房、磨坊、厨房里去干活，或者去喂猪和喂骆驼（最后一种只在东方有）。司铎修士们都在放着一份书面文件的圣坛前起誓；就算是在其余的规章制度都已翻译成了地方语言之后，他们的入会仪式也仍是以拉丁语举行的。在东方，侍从官或者掌旗官负责招募侍从（即骑士的助手，根据契约为骑士团提供有偿服务），并且让侍从宣誓效忠，但"等级律令"中并未规定侍从的入会仪式规程。然而，到了13世纪晚期，圣殿骑士团就有了书面的指导原则，来接纳那些没有发下三大宗教誓言的仆役和分团中的其他成员：他们都由侍从官或者另一位修士招募而来，必须向上帝、"圣母马利亚"以及上帝的所有男女圣徒许下诺言，承诺在其服务期内尽心尽力、忠心耿耿（仿佛他们要加入圣殿骑士团，当其正式成员一样）。[1]

圣殿骑士团距今最近的《团规》中规定，入会仪式以“凡有要求加入骑士团者”（*Cant aucun hom requer la companya de la maisó*）这句话开始，这暗示出任何人都可以来到圣殿骑士团并要求加入其中。圣殿骑士团早期的一些故事确实表明了这一点；沃尔特·梅普描述哈梅里库斯[Hamericus，即艾默利（Aimery）]骑士的故事，讲述了此人在经历了一次奇迹之后加入圣殿骑士团的过程，由此说明任何一位合适的骑士都可以加入圣殿骑士团。[2]然而在实践中，骑士团会对获准加入的人进行精挑细选；若是早已与骑士团有所联系，就更容易获准加入了。

宗教团体通常都规定了一段察看期，也叫作“见习期”（*novitiate*）；在这段时间里，新入会的成员将了解到骑士团里的生活情况，搞清楚他们是否真正受到了上帝的召唤，同时团中已有的成员也会考察他们，看他们是否能够适应骑士团里的生活。然而，或许是因为战场上损失的人员需要得到迅速补充，所以圣殿骑士团和医院骑士团很快都取消了这种察看期。[3]圣殿骑士团的拉丁语《团规》中提到新加入的修士应有一段察看期，只不过察看期的长短由团长自行决定；可法语版的《团规》里却没有提到这种察看期，只规定需要考验申请人的使命感。[4]这就意味着，新成员马上就变成了这个修士群体中的正式成员，可以迅速承担种种职责了。

这种“快速”入会的做法对骑士团有利，因为这样可以让一些在世俗事务上经验丰富的人被招募进来，并且在很短的时间里被擢升到责任重大的职位上去。比方说，1308年1月英格兰的圣殿骑士遭到逮捕之时，加尔韦管理地的统领菲利普·德·莫克斯（Philip de Meaux）骑士加入圣殿骑士团还不到4年的时间，而伦敦新圣殿的统领巴斯克维尔的迈克尔（Michael of Baskerville）加入该骑士团也才5年；纽萨姆的掌匙官或者司库罗克利夫的亨利（Henry of Rawcliffe）是在遭到逮捕的2年之前才加入骑士团的，而伊格尔的掌匙官斯特雷奇的托马斯（Thomas of Strech）竟然是在遭到逮捕的10个星期之前刚刚加入的。[5]然而，没有察看期就意味着骑士团里的许多成员在负责管理其中的某个部门之前，没有时间去学习骑士团的规章制度。

解决这个问题的办法，就是优先招募那些已经与骑士团有所联系的申请者，实际上就是把培训的责任从骑士团转嫁给了个别成员。了解圣殿骑士团的一条途径，就是成为一名奉献者；其中有些人还会发誓服从骑士团团长的命令，并且想在将来某一天变成一名正式宣誓加入的骑士团修士。尽管约亨·申克指出，成为圣殿骑士团的奉献者与进入"见习期"并非同一回事，因为并非所有奉献者都承诺加入骑士团，但他也认为，"奉献者与新成员在骑士团的等级结构中处于同等位置"。[6]

还有一些准成员担任着要职，为圣殿骑士团效力，并且最终获准加入其中，成了骑士团的正式成员；一些世俗教友虽然充当着骑士团的代表，却没有发下三大誓言。在英国和爱尔兰的圣殿骑士团受审期间，一些圣殿骑士曾经提到，他们在加入之前曾为圣殿骑士团效力：其中之一即塔德卡斯特的休声称，他是在担任骑士团的掌匙官一职之后，才请求团长批准他加入该团、成为一位修士的；担任这一职务时，他负责维护圣殿骑士团一个分团的安全，并且负责对仆役们进行管教。[7]

新加入的圣殿骑士常常来自那些与该骑士团联系已久的家族。申克已经说明了家族网络对法国圣殿骑士团的重要性：同一家族里的人会向圣殿骑士团进行捐赠、变成教友并加入骑士团，或者参加十字军东征；十字军战士身处海外的时候，圣殿骑士团曾为他们提供资金和军事支持。这些家族全都沾亲带故，人们通过血缘与通婚而彼此相连，形成了一个庞大的网络，时间绵亘数代人之久。已经加入圣殿骑士团的家人可以帮助其他家庭成员加入，而那些在晚年才加入骑士团的人的子女长大之后，也有可能追随父亲的脚步，成为骑士团中的一员。[8]

对圣殿骑士团的审讯记录表明，许多申请入会者都有亲戚早已加入了骑士团，或者与骑士团有所联系。阿基坦(Aquitaine)与普瓦图的大统领戈内维尔的杰弗里(Geoffrey of Goneville)修士曾经告诉法国的讯问者，是他那位与英国国王关系密切的叔叔让他获准加入了圣殿骑士团，因为接收官欠了他的叔叔很多人情。[9] 1307 年担任欧洲圣殿骑士团巡察官一职的休・佩劳德(Hugh Peraud)则是希姆伯特・佩劳德(Himbert Peraud)的侄子，后者曾在 13 世纪 60 年代是法国和英格兰两地的大统领，还担任过圣殿骑士团的巡察官一职。[10] 小威廉・德・格拉夫顿(William de Grafton junior)修士是一位逃到英格兰避难的圣殿骑士，此人很可能是约克郡统领威廉・德・格拉夫顿修士的一位年轻亲戚。[11] 约亨・伯格托夫指出，尽管"最后一次为人所知是在 1259 年担任普罗旺斯的省级统领一职"的卡隆姆的雷姆鲍德(Raimbaud of Caromb)和 1300 年起担任女修道院统领一职的卡隆姆的雷姆鲍德两人因职业生涯的已知日期相距太远而不可能是同一个人，但两人姓名的相似性表明，他们之间肯定具有某种关系。[12] 1307 年遭到逮捕之时，日济的拉尔夫(Ralph of Gizy)修士兼任着"博韦(Beauvais)主教区的拉尼勒塞(Lagny-le-Sec)和索梅雷(Sommereux)"的统领以及"国王在香槟地区的资金收缴人"两职，他是佩恩斯统领庞泽・德・日济(Ponzard de Gizy)的叔叔。姓氏相同或者相似的其他圣殿骑士，还有鲍德温・德・日济(Baldwin de Gizy)、让・德・日西(Jean de Gisi)，以及博韦的一位骑士马修・德・日西(Matthew de Gisi)。[13]

庞泽・德・日济修士曾经给普瓦捷的神父菲利普・德・福埃(Philippe de Voet)写了一封抗议信，抱怨圣殿骑士团内部的一系列陋习。其中之一就是，尽管骑士团在什么人可以加入这个方面有着种种限制条件——比如，新募人员必须身体健康、遵纪守法和声誉良好——但"只要有一点儿钱"，盗贼和杀人犯也被接纳了进来；甚至有一个让人加入骑士团、变身为修士的市场，“完全与一个人在市场上卖马无异”，因此只要付够了钱，像分团统领之类的负责人（*maistres des baillies*）实际上会批准任何人加入，使之成为骑士团里的一名修士。[14]圣殿骑士团的条规原本禁止买卖圣职圣物（simony），而买卖圣职圣物也是导致一位修士有可能被永久逐出骑士团的一种主要过错。[15]圣殿骑士团愿意接纳任何人，而不管他们有多贫穷，这一点使得该团对社会各阶层都颇具吸引力。然而，到了14世纪早期，圣殿骑士团也像圣约翰医院骑士团一样，开始要求新成员为他们前往海外的费用（*passagium*）进行捐款；有了这样一种捐款规定，人们为加入骑士团而支付各种费用的现象就很难根除了。[16]

另一方面，庞泽·德·日济还指出，一位修士如果没有势力强大的家族支持网络，那么在骑士团内与某位官员发生冲突之后，此人就会吃亏：

> 任何人微言轻的修士若是说了让（统领）生气的话，后者就会向省级统领行贿，将那位可怜的修士派往海外去送死，或者派往让人不知所措的异国他乡，使之不得不在悲伤和贫困中死去；若是弃骑士团而去，他就有可能被抓住，然后关进监狱。[17]

由于引发庞泽·德·日济抗议的原因是（巴黎的）圣殿司库说了他的坏话，因此我们可能想知道，庞泽本人是不是也遭遇过这种对待，尽管他没有被派往海外。在英格兰的圣殿骑士团受审的那段时间里，许多不属于圣殿骑士团的证人都讲述过一些正直的修士因为冒犯了别人而被派到海外去送死的故事。然而，考虑到圣殿骑士团在1291年和1302年的战斗中损失惨重，因此这些人的死亡很可能并非故意为之，而是纯属他们身处冲突前线的结果。[18]

富有而人脉广泛的修士能不能利用他们的影响力而免于被派往东

方呢？1288 年，阿拉贡国王阿方索三世（Alfonso Ⅲ）显然认为，医院骑士团将卡拉曼达拉的博尼法斯（Boniface of Calamandara）修士派驻到奇里乞亚亚美尼亚（Cilician Armenia）是一种蓄意而为的恶意之举，因为后者肯定会由于当地气候非常恶劣而死在那里。[19]然而，尽管入会仪式提醒过他们有可能被派往海外，但在为骑士团服务的职业生涯中，其实很少有圣殿骑士或者医院骑士离开当地。的确，“如果他们在该地区拥有重要的家族人脉，骑士团就很难在不失去当地捐助的情况下将他们派往海外”——但是，假如其中的成员个个都不愿意到海外去作战，一个军事宗教修会又怎能保护基督教世界呢？[20]

然而，绝大多数圣殿骑士都并非来自富裕或者门第显赫的家族。在圣殿骑士团受审的那段时间里，英格兰和爱尔兰两地的受审修士都没有什么强大的人脉关系，只有爱尔兰的统领威廉·德·瓦伦尼（William de Warenne）除外，他与有权有势的博蒂勒（Botiller）家族有亲戚关系。[21]迪耶特尔·沃伊特基（Dieter Wojtecki）的研究表明，利沃尼亚和普鲁士两地条顿骑士团招募的修士，大多来自下层骑士阶层、较富裕的农民阶层和商贾阶层；圣殿骑士团和医院骑士团招募的新成员似乎也来自相同的群体。[22]当然，英格兰的一些修士说自己不懂法语或者不会说法语的事实，就表明他们的出身都非常卑微，甚至低于骑士阶层。[23]

当时，贫困和没有势力应该不是阻碍人们加入骑士团的一道障碍，但年龄却是。圣殿骑士团的 1129 年《团规》不允许接纳儿童加入骑士团，尽管修士们允许儿童进入分团去接受教育和照料——比如说，年幼的阿拉贡国王詹姆斯一世（James Ⅰ）在其父亲死于 1213 年的穆莱特之战（the battle of Muret），而他被人送回阿拉贡之后，就被蒙松（Monzón）的圣殿骑士团（参见图 37）收留过 2 年。[24]在 1309 年受审期间，英格兰的一位圣殿骑士声称，修士们的年龄须至少为 25 岁，才能获准加入骑士团。[25]虽然在法国接受讯问的数位骑士声称他们都是不到十几岁就加入了骑士团，但绝大多数修士（超过 80%）是过了 20 岁才加入的。[26]

图 37　圣殿骑士团的蒙松城堡

圣殿骑士团没有最大年龄限制，因此该团的一些赞助人选择在临终前宣誓加入，以便死后他们的灵魂会获得身为骑士团一员所带来的精神益处。或许，最著名的例子就是威廉・马歇尔一世（William Marshal Ⅰ，卒于 1219 年）。[27]庞泽・德・日济提到了年轻女子和年老女性都曾获准加入骑士团的情况：年轻女子可能希望过修女的生活，而年老的女性之所以加入，则是为了在年老之时让她们的灵魂获得救赎。[28]

入　会

圣殿骑士团的规章制度中规定了入会的程序。接收官会询问准骑士修士和准军士修士希望加入骑士团的动机，并且警告他们说骑士团的生活会很艰苦;然后(如果他们坚持要求加入的话)会仔细盘问,看有没有任何义务阻止他们变成骑士团的一员:他们有没有结婚或者订婚?他们有没有宣誓加入另一个宗教修会?他们有没有欠债?他们的身体健不健康?他们在法律上是不是自由之身?他们有没有被逐出教会?那些申请成为骑士修士或者军士修士的人不得担任过司铎,而那些申请成为军士修士的人则不得是骑士。

假如申请人的回答表明没有什么优先义务阻止他们加入,那么申请人接着就会立下三大誓言,向"上帝和圣母(即基督之母万福马利亚)"承诺他们会服从圣殿骑士团团长的命令、保持身体的贞洁,并且在生活中不得保留个人财产。申请人还会承诺遵守骑士团的惯例,帮助征服圣地耶路撒冷,未经团长许可永不离开骑士团,并且决不出现因为他们的权威或者建议而有可能让一名基督徒被不公正被剥夺财产的情况。

申请人做出全部承诺之后,接收官就会接纳他们,欢迎他们加入骑士团,并且承诺给他们"分团的粗茶淡饭和简衣陋服,以及诸多的痛苦和磨难"。他们会给新入会者的肩头披上一件披风(骑士修士为白色,其他所有成员都为深色),然后做祷告。接下来,接收官会吩咐新入会的修士坐下,向后者解释本书第一章里描述过的《团规》和规章制度。[29]

诚如庞泽・德・日济那封抗议信中所言,骑士团的团长曾接纳人们成为团中的修士和修女,修女们还誓言服从命令、守身如玉、生活中不得有个人财产;圣殿骑士团的修女遵循的入会程序,似乎与修士无异。[30]司铎修士所发的誓言与骑士团的其他成员相同,但他们还会誓言弃绝俗世、奉教顺敬,并且奉循骑士团的《团规》。做出这些承诺之后,司铎修士就会把一份书面文件放到圣坛脚下,代表自己发下的誓言,然后俯身于圣坛之上,祈祷上帝接纳他。修士们会诵念一系列经文和应答,并且祈祷上帝接纳这位司铎修士加入骑士团,使之能够履行其承诺。[31]

有些圣殿骑士在获准加入骑士团的时候其实已经结婚成家,但他们还是必须声明自己没有结婚。我们在第二章里已经看到,曾有已婚夫妇一起加入、成为骑士团准成员的现象,而1129年的《团规》中,也允许已婚骑士在一段有限的时间里加入骑士团。[32]尽管如此,似乎有些已婚的圣殿骑士也变成了骑士团的正式成员。在英格兰对圣殿骑士团的审讯结束、圣殿骑士们也公开发誓弃绝异端邪说并被送至不同的宗教修会中去进行忏悔之后,一些女性曾经出现在伦敦的教会会议上,称她们嫁给了圣殿骑士团的修士,要求找到她们的丈夫。虽说圣殿骑士团的入会仪式规定,假如一位妻子要求找到加入了骑士团的丈夫,后者就会被遣送回去,可伦敦的教会会议却没有让这些圣殿骑士回到他们的妻子身边。[33]在实践中,似乎只要妻子愿意让自己的丈夫加入骑士团,那么后者就算是已婚之人,也是可以加入的。

1307年针对圣殿骑士团的指控之一,就在于他们的入会仪式都是秘密举行的,除了骑士团的成员就没有别人出席;但是,骑士团的规章制度却没有规定他们必须如此。英格兰的一些圣殿骑士团修士曾解释说,入会仪式之所以秘密举行,是因为入会仪式属于一场全体教士会议的组成部分,而非骑士团成员是不被允许参加教士会议的——其余的军事宗教修会也执行着这种规定。[34]1309—1310年在伦敦和林肯郡受审的圣殿骑士都不知道有什么禁止谈论入会的规定,但那些在约克郡和爱尔兰受审的圣殿骑士却认为,这属于教士会议议程方面的规定,尽管他们没有听说过哪位修士因为谈论入会的问题而受到过惩戒。[35]

然而,英格兰圣殿骑士团的修士和一些外人提供的证据却表明,外人至少可以看到入会仪式的一部分。[36]全体教士会议并非全然不对外人开放:骑士团雇请的神父会在会议开始和结束时前来做祷告或者举行弥撒,而根据规定,在会议期间,骑士团雇用的其他公证人和财务方面的专业人员也必须出席。[37]入会仪式中唯一私密的部分,似乎就是入会者庄严宣誓的时候。

圣殿骑士并非一个与世隔绝的宗教修会：他们加入骑士团之后并没有消失于高墙大院之后，而是继续在俗世中工作，只不过此时他们披上了一件宗教袍服罢了。那么，既然骑士团的成员身份并非秘密，外人至少也可以目睹入会仪式的一部分，他们的入会仪式又在哪种意义上来说算是"隐秘异常"呢？

有可能，当时的异端审判员对"隐秘"一词的定义与我们如今所用的定义不同。卡罗尔・亚维农(Carole Avignon)指出，在15世纪鲁昂主教区的宗教法庭上，"隐秘"婚姻并不是指一桩秘密婚姻，而是指一桩没有正确地通过发布结婚预告并向主教呈交文件来公之于众的婚姻。[38]圣殿骑士团的入会仪式并没有正确地公之于众；尽管最初的拉丁语《团规》针对新募成员规定了一个察看期，但到14世纪初，修士们却是在一场入会仪式中就被接纳为骑士团的正式成员了。这就意味着，圣殿骑士团的入会规程不同于绝大多数宗教修会实行的、包括两个阶段的入会规程，既没有向一位打算加入骑士团的申请人的所有利益相关方提供适当的警示，也没有为准成员提供一段"冷静"期，而是让他们立即宣誓加入骑士团，并且不得离开。[39]尽管我们可以说，奉献者的身份可能在一定程度上取代了圣殿骑士的"见习期"，成为奉献者也需要举行某种仪式，但这终究不是敛心默祷型宗教修会所遵循的那种正规程序，而奉献者也不一定会接受一名正式申请者所接受的那种宗教培训。[40]从这个方面来看的话，圣殿骑士团的入会仪式确实算得上"隐秘异常"——不是因为秘密举行，而是因为他们没有按照教皇的谕令正确地设立入会仪式的规程。[41]

职　制

一旦加入圣殿骑士团，修士们就没有什么固定的职业结构可言了。

一位新成员既有可能被立即派往东方，也有可能在西方度过自己的整个职业生涯。他有可能承担责任重大的职务，沿着“管理树”(managerial tree，打个比方)上下沉浮，然后在日后的多年里根本没有承担什么职务。约亨·伯格托夫研究了医院骑士团与圣殿骑士团一些修会官员的职业生涯，也就是那些在骑士团总部担任主要职务者的职业生涯。他得出结论说，尽管其中并无固定的职业模式，但还是具有“某些趋势”的。

比如，晋升为修会分团官(conventual preceptor，亦称大统领或大分团官)的修士都在西方或者东方担任过高级职务，而这些修士接下来常常会在东方或者西方担任其他的职务，仿佛前一种职务是他们“在西方执行重要任务前的训练场”。擢升至元帅一职的修士都在东方和西方担任过要职，并且拥有军事经验；其中有些修士接下来继续担任着要职，但还有一些人却因为死于军事行动而没有在这一职务上继续获得晋升。修会司衣官一职“可能是将来在西方或者东方从事高级职业的一块跳板”。担任过总管(seneschal)、分团官(或统领)或者元帅等修会职务的修士被擢升为大团长的可能性比其他人更大。[42]

修士们一生中可以担任不止一个修会职务。比如，罗伯特·弗莱斯奈尔(Robert Fraisnel)曾在1179—1181年担任修会分团官或者统领一职，1187年担任过元帅，但他在当年5月1日的“克雷森泉之战”(the battle of the Spring of the Cresson)中战死了。蒂博·高登(Thibaut Gaudin)曾在1270—1271年担任阿卡统领一职，1277年担任土科波利尔，而在1279—1291年担任了大分团官或者大统领，并于1291年当选为大团长。有些修士在隔了一段时间之后，又重新受命担任同一职务。比如说，吉尔伯特·埃拉尔(Girbert Eral)在1183年曾任修会分团官一职，然后根据记载，他在1185—1189年间担任了西班牙的团长，接下来又在1190—1191年担任了修会分团官(继而在1193年或1194年再度担任团长一职，直至1200年)。[43]

这些修士们的职业之所以没有固定的路线，原因之一就在于教廷和国王的干预。任何一位能力出众的修士，都有可能转而去为王室服务。比方说，阿莫里・德拉罗什（Amaury de la Roche）原本是东方的大统领，后来却应法国国王路易九世的要求，去担任了法国的大统领一职。[44]各国国王和教皇还干预过省级统领和大团长的选举，要求让他们喜欢的人当选。[45]有些修士会被上司有意挑选出来，进行提拔：蒂博・高登之所以当选为大团长，可能就属于这种情况。[46]个别圣殿骑士还被教皇和国王挑选出来去担任行政职务、履行骑士团以外的职责，尤其是担任大使、王室施赈者和司库等职务。[47]这些相互冲突的利益与势力，对任何一种正式的职业发展都构成了妨碍；但东方总部的官员们很有可能也喜欢保持灵活性，以便他们可以迅速提拔那些能干有为的新募成员。

这些修士都显示出了非凡的行政管理才能，被擢升到了骑士团总部的主要职位，或者在朝廷和教廷被委以重任。那些不那么重要的修士，情况又是怎样的呢？1267 年前后，图卢兹的托马斯（Thomas of Tholouse，或拼作 Thomas of Tolosa）修士加入了英格兰赫特福德郡的丁斯利圣殿骑士团。在 1285 年和 13 世纪 90 年代初，他担任爱尔兰的圣殿骑士团统领一职。到了 14 世纪初，他回到了英格兰，担任约克郡分团的统领，而在 1307 年底，他又负责管理赫里福德郡的乌普莱顿管理地，手下还有一位修士。他在 1310 年 9 月 7 日辞世，此时已在骑士团里服务了 40 多年。[48]

相比之下，道尔顿的罗杰（Roger of Dalton）修士是在 1305 年或者 1306 年的四旬斋（Lent）开始时才加入圣殿骑士团的。他住在一座田庄里，那是隶属于一个管理地的一个小会所；除了加入骑士团时的入会仪式，此人从未参加过任何形式的分团教士会议。1311 年 7 月宣布弃绝所有异端邪说之后，他被送往了伊莱（Ely）主教区的一座修道院，可能是巴恩维尔（Barnwell）修道院。此人 1338 年的时候依然在世，当时他正在为医院骑士团服务，管理着该骑士团位于剑桥郡阿什利(Ashley)的那个小分团。[49]很显然，罗杰在整个职业生涯中从来就没有离开过英格兰的沼泽地区；而且，尽管此人负责管理农场，他却没有指挥过任何修士。

艾伦·福雷研究了一些不那么杰出的修士的职业模式，注意到像掌匙官或管家之类的角色以及管理附属地产与田庄的任务常常都是委派给了军士修士而非骑士修士，并且常常是委派给了那些刚刚加入骑士团不久的军士修士。他指出，在阿拉贡王国内，重要城堡与管理地的指挥权通常不会交给军士修士，但在法国，军士修士也确实承担过这样的职责。实践中的这种差异，可能是圣殿骑士团在比利牛斯山脉(Pyrenees)以南承担着军事任务(因此一个分团或者一座城堡的统领可能必须率领骑士们参加军事作战)，而他们在法国却没有军事任务导致的。[50]

福雷还指出，那些在东方服过役的修士返回西方之后，更有可能被授予像统领一个分团之类的职责。然而，并非所有统领都在东方任过职。比方说，1308—1311 年在英国和爱尔兰受审的那 108 位圣殿骑士中，只有 7 人说他们去过东方，其中 5 人还是在东方加入圣殿骑士团的。[51]统率过一个分团的人，有可能被擢升为一个省的统领；但据福雷估算，阿拉贡王国内的半数省级统领从未掌管过一个分团。[52]同样，当上圣殿骑士团大团长的人也不一定非得担任过省级统领。[53]

圣殿骑士们并非一定会从责任较轻的职位晋升至职责更为重大的职位上去。福雷的研究表明，许多圣殿骑士曾经反复担任掌匙官或统领之职，从来没有获得晋升或者遭到降职。他们也不一定会从较小的管理地调往较大的管理地，而是有可能从较大的辖区调到较小的辖区，然后再度调往较大的辖区。尽管很多修士从来没有去过东方，但省级统领却有可能被授予自身辖地以外的一个地区的指挥权；因此，普罗旺斯的省级统领可能会被调任为奥弗涅(Auvergne)的省级统领。与修会里的官员一样，圣殿骑士们可以被反复委任到同一职位上。接下来，他们有可能晋升，但同样有可能降职，调到一个责任不那么重大的岗位上（就像图卢兹的托马斯在年迈时一样），或者不再担任任何职位。[54]

福雷得出结论说，在圣殿骑士团和圣约翰医院骑士团里，此种圣职"通常都被视为一种责任，而非一种奖励"。之所以必须委任这些职位，是为了最有效地对骑士团进行管理和分摊工作负担，而不是为了提拔或者奖励任何一位修士。职位都是临时性的，目的在于防止职务变成修士的负担，但也是为了防止任何一位修士"在某一职位上变得过于资深名盛"。一位圣殿骑士终身担任某一职位的现象极其罕见。[55]

据1308年遭到逮捕时爱尔兰圣殿骑士团唯一的司铎修士，即基尔罗斯的威廉（William of Kilros）修士称，圣殿骑士团内部的教士不能获得晋升，必须永远留在加入圣殿骑士团时的级别上。[56]尽管如此，圣殿骑士团的司铎还是可以担任一些重大职务的。在13世纪和14世纪早期，圣殿骑士团总部的首席司铎拥有"圣殿骑士团修道长"（*prior de ordine Templi*）的头衔。[57]这位官员在全体教士会议上发挥着重要的作用，并且被教皇授予了重大的职责。[58]伦敦的新圣殿是圣殿骑士团在英格兰的中枢教堂，负责掌管这座教堂的司铎也拥有"修道长"头衔。[59]他在骑士团以外必定也很有影响力，因为这个分团曾经为商贾、律师提供保管设施，并且有过许多有权有势的访客。西班牙和东方圣殿骑士团的其他司铎，也拥有"修道长"的头衔。[60]

圣殿骑士团的一些司铎后来都成了主教，甚至有位司铎当上了大主教。1226年，教皇洪诺留三世（Pope Honorius Ⅲ）批准了圣殿骑士团的里卡德（Riccard）修士当选为意大利南部的拉韦诺主教（Bishop of Lavello）。[61]1272年5月，圣殿骑士团的乌姆伯特（Umbert）修士曾是巴尼亚斯的主教（Bishop of Baniyas）。[62]圣约翰的威廉（William of St John）本是圣殿骑士团的一位司铎修士，但在1288—1290年间担任了拉撒勒大主教（Archbishop of Nazareth）一职。[63]然而，在大多数情况下，圣殿骑士团似乎更愿意团中的司铎修士为骑士团服务，而不是到其他地方去寻求晋升。

简而言之，圣殿骑士的职业生涯不该是为了追求自己的荣耀，而应当是为了骑士团的利益。一名圣殿骑士所做的一切，都应当是通过服务于骑士团来侍奉上帝；因此，他不应试图去求得自己的升迁，而应该努力去弘扬上帝的荣耀。

然而，即便是最成功的职业生涯，也有可能因为疾病而中断。生病的圣殿骑士又该怎么办呢？

疾　病

圣殿骑士团的条令中规定，凡是生病时间超过了一天的圣殿骑士，都应当前往医务室；但在西方，却没有几座分团的规模大到足以拥有一间医务室。[64]在英格兰，有两个分团负责照料长期生病和年老体衰的圣殿骑士，那就是林肯郡的伊格尔和剑桥郡的登尼。当时的人认为，这些地区寒冷的东风有益于健康。[65]据记载，在13世纪早期，阿拉贡王国内的圣殿骑士团的加德尼管理地曾经有过一位“修道院医护官”（参见图38）。艾伦·福雷认为，由于加德尼是阿拉贡王国内唯一设有这种官员的分团，因此这里很可能就是收留和照料阿拉贡王国内那些病弱圣殿骑士的地方。[66]一些证据表明，圣殿骑士团拥有医学书籍：皮尔斯·米切尔指出，阿拉贡的圣殿骑士团拥有一部著名的、被翻译成了加泰罗尼亚语的拉丁语外科著作（即西奥多里克·博尔戈诺尼的《外科手术》一作）。[67]此书可能是供圣殿骑士们自己使用，但也有可能用于治疗圣殿骑士团的分团成员、佃户和当地的其他百姓。

图 38　加德尼

我们已经看到，圣殿骑士团的教牧工作拓展到了他们自己的分团成员之外，涵盖了他们的佃户和当地民众。从敞开礼拜堂的大门，让当地百姓和朝圣者能够瞻仰他们那些创造过奇迹的圣物和圣像，到为外人提供医疗服务，这是迈出了一小步。萨默塞特郡的库姆圣殿里有一部《病人之书》，内容可能是关于如何治疗病人的。[68]人们在博洛尼亚（Bologna）原属圣殿骑士团的抹大拉的圣马利亚（Santa Maria Maddalena）教堂里发现了一种为病人制作圣水的仪式，表明当时的圣殿骑士团至少在为本地的病人提供精神治疗。[69]

圣殿骑士团的规章制度中，含有关于东方医务室里的食物和住宿条件的规定；这种医务室原本是只供骑士团里的成员使用的。他们不得吃扁豆、去壳的蚕豆、卷心菜、牛肉、鳟鱼、山羊肉、绵羊肉、牛犊肉、鳗鱼或者奶酪，但他们可以选择的食物应当多于主厅里提供的食物。他们应当喝水，但不得用杯子喝水（或许是因为有打破杯子的危险）。[70]

任何一位因为染病而不适合与其他人为伴的修士，比如呕吐、腹泻或者是患有精神错乱症的修士，都会与其他修士隔离开来，单独住进医务室里。[71]1268年以后编纂的加泰罗尼亚语版条令中，则更加准确而详细地对这种修士做出了规定。出现了麻风症状的修士应由内科医生进行检查；假如医生诊断说这位修士染上了麻风病，则应该为他配发白天和夜晚所穿的衣服，派一位奴隶去服侍，让他骑上一头驴，然后送到圣拉撒路骑士团；但若是诊断出他没有染上，他就该回到圣殿骑士团的分团里。在西方，假如没有近便的圣拉撒路骑士团会所可去，患有麻风病的修士就应当单独居住，与健康的修士隔离开来，配上一位仆役，吃圣殿骑士团的食物、穿圣殿骑士团的衣物，以便圣殿骑士团可以继续供养他，但他不能传染其他的修士。患有口臭且无法经医生治愈的修士也应当单独居住，由骑士团供养，直到康复。同样的规定也适用于患有精神错乱症的修士；但发疯的修士不但应当被隔离开来，还须用铁链锁住，以防他们去伤害别人。由于受到了监禁，因此他们的袍服会被收走，直到他们康复并被释放之后，才会还给他们。[72]

统领可以雇用一名内科医生来为生病的修士进行治疗，而医务官也应有充足的资金去购买必要的食物、药品和糖浆(其中可能包括舐剂，即一种用蜂蜜或者食糖调制而成的药粉；但这一点并未具体说明)。治疗措施中可能包括了放血疗法。[73]皮尔斯·米切尔称，圣殿骑士团的医务室和其中提供的护理措施，与其他宗教修会的医务室里提供的极其相似。尽管骑士团设有一种护理制度，但公认的是，许多修士会仅仅因为当时的医疗知识还不足以治愈他们而死去。因此，修士们在进入医务室之前都须忏悔自己的罪过并且领受圣餐，承认这有可能是他们走向死亡的第一步。正如米切尔所言："一位修士若是死在医务室里……人们就会认为他们将前往天堂，因为那是他们在俗世间敛心默祷式的宗教生活的自然发展。"[74]

话虽如此，米切尔还是认为，由于圣殿骑士团也想治愈受伤的修士，因此他们确实曾经希望至少治愈一部分进入医务室的修士。他还指出说，规章制度中为生病的圣殿骑士所规定的食物，与西方流传甚广的医学文献中所推荐的食物并不相同。相反，圣殿骑士团的条令中对病号食物的规定，遵循的是东地中海地区（Eastern Mediterranean）的文献中所推荐的饮食，并且与12世纪90年代开罗的犹太医生兼学者迈蒙尼德（Maimonides）所撰作品中推荐的饮食类似。[75]然而，我们不可能得知西方圣殿骑士团的医务室究竟是遵循着团中条令所规定的饮食原则，还是遵循着地方和地区的饮食习俗。从其惯常做法来看，他们很可能遵循着当地的习俗。

骑士团的条令中还规定了请病假的程序，以便重要的官员生病住进医务室里时，各项事务可以继续进行。官员们进入医务室之前，必须交出他们的印章（印章让他们能够授权签署合同）和钱包（也就是他们的现金供应）。[76]

老年、死亡、葬礼与纪念

1129年的拉丁语《团规》规定，年老的修士应当得到照顾和尊重，并且只要没有违反《团规》，他们就不应受到严苛的对待。[77]体弱、多病和年老的修士，都应当在医务室里就餐。[78]然而，“老修士”（*les freres anciens*）并不一定体弱多病：他们都是经验丰富的修士，能为团长出谋划策，并且协助管理骑士团。1129年的拉丁语《团规》中，此词仅指那些在团长的领导之下管理分团的修士，但法语版《团规》的一份抄本中却明确指出，这些都是年老（即“*anciens*”）的修士。[79]圣殿骑士团后来制定的条例中，有多条提到了分团中的年长修士；他们凭借自己有关骑士团的广博经验就分团的规程提出建议，并且不管大团长在场还是不在场，他们都充当法官的角色。[80]他们在骑士团里的地位很高，因为 3 个“最年长的修士”（*des plus anciens*）相当于 2 个“军师”（*prodeshomes*），即骑士团里那些声誉良好和位高权重、为团长出谋划策而值得尊敬的修士。[81]尽管年长的圣殿骑士无力再去作战，但他们在骑士团里可以发挥出比年轻时更大的影响力。在西方，他们仍然可以担任要职。圣殿骑士团似乎妥善照管着年老的修士，并没有歧视他们。

然而，不管是由于生病还是由于年老，人人都终有一死。尽管在英格兰审判圣殿骑士团期间，有过圣殿骑士团曾把已故骑士转交给他们的女性亲人去安葬的说法，但已故圣殿骑士的安葬准备工作应当由骑士团来进行。[82]其中包括清洗遗体，然后给遗体裹上干净的亚麻布。条规中没有明确规定一位修士应该如何下葬，但圣殿骑士们在 1309—1311 年骑士团受审期间的证言表明，临终之时的圣殿骑士会领受圣餐，而葬礼也会公开举行，修士与普通民众都会参加。[83]圣殿骑士都被安葬在当地的教堂里；所以，奥斯尼的托马斯（Thomas of Osney）修士在沃里克去世之后，参加葬礼的人当中就有当地教堂的教区司铎洛尔·戴维（Lord David）以及同一教区的亚当·唐（Adam Don）和理查·米勒（Richard Miller）两位平信徒。伦敦的新圣殿安葬圣殿骑士时，许多当地百姓都会参加。埃塞克斯郡克雷辛圣殿的统领诺雷斯的罗杰（Roger of Noreys）修士对讯问者称，他曾经看到罗伯特·卡彭特（Robert Carpenter）和 W. 元帅（W. the Marshal）这两位修士被安葬于克雷辛，当时出席葬礼的有约翰·斯提沃德（John Stiward）、神父罗杰·阿特·洛夫特（Roger atte Loft）、威廉·库克（William Cook），以及多达 60 位其他的世俗人士，既有修士们的家人，也有别的人。浅滩的威廉（William of the Ford）做证说，他曾是林肯附近伊格尔管理地医务室的管理人；在他担任管理人的那段时间里，此处有 16 位修士去世并下葬，而出席葬礼的有伊格尔的代牧（Vicar of Eagle）斯凯尔斯的罗伯特（Robert of Skales）、教会的约翰、桑德雷比(Sundreby)的代牧戈内沃德比的罗伯特(Robert of Gonewardeby)和其他的许多人,有时还会多达 100 位。

有些清晰可辨的圣殿骑士的坟墓已经得到了确认,修士们是按照那一时期基督教的标准规程下葬的。[84]他们的安葬仪式曾经颇受世人向往,因为吸引人们成为圣殿骑士团准成员的一个原因就在于,该团的准成员死后会被安葬在神圣的土地上,除非是他们去世之前被逐出了教会。13 世纪 60 年代创作的一部诗歌体传奇《克拉丽斯与拉里斯的罗曼史》(*Li Romans de Claris et Laris*)表明,圣殿骑士团在安葬死者方面尤其享有盛誉。[85]

圣殿骑士团的条规中,还制定了纪念已故修士的规程。一名修士去世之后,其他修士应当为死者做 100 次祷告,连做 7 天,同时应当让一位穷人领受一位修士的饮食,为期 40 天。对于那些只为骑士团服务了一段固定时间的已故修士,每位在世的修士都应为其诵祷 30 遍主祷文,同时让一位穷人领受 7 天的饮食。每天他们都须诵念 60 遍祷文:为逝去的修士念 30 遍,为去世和在世的赞助人念 30 遍,同时还须在每天下午参加一次"为逝者举行的守夜礼"和"为逝者举行的夕祷礼"。[86]圣殿骑士团还创建了书面的纪念文件。所谓的"兰斯讣告"(Obituary of Reims)是用于纪念过去一些大团长的辞世的;迈克尔·佩克索托(Michael Peixoto)认为,圣殿骑士团是利用这种文件,在"他们自己的历史、该抄本以前的拥有者和新的地方赞助人"之间创造出了"一种象征性的联系",从而"将他们的团体认同感包装进一种富有成效地建立新的支持者网络的形式之中":简而言之,就是"维护过去,保障未来"。[87]

然而,这种对逝者的日常纪念并没有在圣殿骑士团的建筑环境中体现出来;那种环境优先考虑的是他们的赞助人而非个别修士。大多数已故修士并无个性化的坟墓来作为纪念:修士们的坟墓之上都只刻有一个十字架,不过,有些统领的坟墓上也立着墓碑,刻有死去修士的形象。[88]

虽然如今存世的圣殿骑士坟墓很少，但西西里岛上有两位圣殿骑士团团长的墓碑却被保存了下来，上面刻有死者的形象。这两位团长就是西西里圣殿骑士团的团长吉贝托（Gioberto，卒于1287年3月13日）和西蒙·德·昆西（Simone di Quincy，卒于1307年6月7日，参见图39），如今两块墓碑都保存在巴列塔博物馆里。[89]另一件幸存品就是圣殿骑士杰拉德·德·维勒（Gerard de Villers，卒于1273年）带有雕刻的墓碑，位于佛兰德斯（Flanders）的维勒圣殿（Villers-le-Temple，参见图40）。英格兰赫里福德郡加尔韦管理地原属圣殿骑士团的教堂里，有一些刻有十字

图39　西西里圣殿骑士团团长西蒙·德·昆西修士的墓碑（卒于1307年6月7日）

图40　圣殿骑士团杰拉德·德·维勒修士的墓碑（卒于1273年）

架的普通石墓碑，当地人都认为是圣殿骑士们的；不过，由于医院骑士团拥有那座教堂的时间从 1313 年一直延续到了 1540 年，比圣殿骑士团久得多，因此它们同样有可能是纪念医院骑士团骑士的墓碑。

军事宗教修会教堂里面装饰华丽的坟墓，通常都属于他们的赞助人或准成员，比如伦敦圣殿教堂那些精美的军事雕像（参见图 41），或者卡斯提尔的帕伦西亚的维拉卡萨德西尔加原属圣殿骑士团的白衣圣母教堂里的唐·费利佩亲王墓。[90] 因此，圣殿骑士团的教堂空间里占据主导

图 41　13 世纪伦敦圣殿教堂里圣殿骑士团一位骑士赞助人的墓碑

地位的是该骑士团的赞助人，而不是逝去的圣殿骑士。这些纪念物既提醒修士们牢记骑士团对赞助人的依赖，也提醒赞助人牢记骑士团要靠他们来继续提供其祖辈们给予过的支持。相比之下，弃绝了自身意志来为骑士团服务的每一位修士，却没有什么纪念他们个人的东西。

正如修士们去世之后在教堂里几乎不占有什么物理空间一样，他们的财物也会被清理一空。《团规》不允许修士们在遗嘱中留下财产，因为他们加入骑士团的时候，就已放弃了自己的个人财产。在东方去世的修士，其装备会送往元帅办公室；司铎修士的财物会转交给此人所在分团的统领；省级统领以及前往西方的巡察官员的财物，则会送往大团长那里。[91]这样做的目的在于，一位修士死后，原本属于骑士团的财产不应散去，而应当归还给合适的权威之人，以便根据需要重新分配。

结　论

有些圣殿骑士在骑士团里生活了 40 多年，这段时间差不多就是他们的整个人生。但是，骑士团内部并无标准化的职业路线可循。修士们的关注焦点应当在于弘扬上帝的荣耀，而不是让自己的职位获得晋升。有少数修士曾经被派往海外作战，但大多数修士一直留在西方，经营管理着圣殿骑士团的地产和事务，为他们在前线的军事活动提供支持。少数圣殿骑士会引起贵族和国王的关注，会被吸纳到地方和国家的行政管理中去，但绝大多数圣殿骑士顶多不过是在当地获有名望而已。无论是生病还是健康的修士，骑士团都进行了妥善看顾；修士们去世之后，当地百姓会出席他们的葬礼，而在世的修士则会在日常的祷告中铭记着他们。

注释

1. Curzon, ed., *La Règle*(1886),有酬侍从的入会仪式:pp. 66, 132(第 67、177 条);司铎修士的入会仪式:pp. 167 - 169(第 274—278 条);普通的入会仪式:pp. 337 - 350(第 657—686 条);前往海外:p. 339(第 661 条);军士修士:p. 339(第 662 条)。Upton-Ward, *Rule*(1992),有酬侍从的入会仪式:pp. 35, 62 - 63;司铎修士的入会仪式:pp. 80 - 81;普通的入会仪式:pp. 168 - 174;前往海外:p. 169;军士修士:p. 169。Amatuccio, ed., *Il Corpus normativo*(2009),有酬侍从的入会仪式:pp. 36, 104(I. 50, III. 124);司铎修士的入会仪式:pp. 146 - 148(VI. 9 - 11);普通的入会仪式:pp. 376 - 392(X);侍从和其他没有立下三大修道誓言的成员的入会仪式:pp. 392 - 394; Upton-Ward, *Catalan Rule*(2003),修士的入会仪式:pp. 30 - 39(第 62—71 条);司铎修士的入会仪式:pp. 26 - 29(第 54—59 条);侍从和其他没有立下三大修道誓言的成员的入会仪式:pp. 98 - 100(第 203—205 条)。

2. Upton-Ward, *Catalan Rule* (2003), pp. 30 - 31(第 62 条);Map, *De nugis curialium*(1983), pp. 58 - 61, Dist. 1 chapter XX。

3. Forey, "Novitiate and Instruction in the Military Orders during the Twelfth and Thirteenth Centuries"(1986), pp. 1 - 17.

4. Upton-Ward, *Rule*(1992), p. 13. 正文: Curzon, ed., *La Règle*(1886), pp. 22 - 23[第 11 条(法语),第 58 条(拉丁语)];Upton-Ward, *Rule* (1992), p. 22; Amatuccio, ed., *Il Corpus normativo* (2009),法语: p. 10(I. 2),拉丁语: pp. 414 - 415(第 56 条);Barber and Bate, *The Templars* (2002), p. 49(第 55 条)。

5. *PATBI*, vol. 2, pp. 504, 528, 530, 558.

6. Schenk, *Templar Families*(2012), pp. 68 - 70 以及 p. 68 的引文。

7. Schenk, *Templar Families*(2012), pp. 67 - 68; *PATBI*, vol. 2, pp. li - liii; Forey, "Recruitment"(1986), pp. 139 - 171 以及 p. 170。

8. Schenk, *Templar Families* (2012), pp. 180 - 181; Forey, "Recruitment" (1986), p. 170.

9. *PATBI*, vol. 1, pp. 188－189; vol. 2, p. 199(MS A, fol. 93v).

10. *PATBI*, vol. 2, p. 36 及注释 138; Michelet, ed., *Procès*, vol. 2(1851), p. 362。

11. *PATBI*, vol. 1, p. 167; vol. 2, p. 170 及注释 79(MS A, fol. 84v)。

12. Burgtorf, *Central Convent*(2008), pp. 429, 625.

13. Barber and Bate, *The Templars*(2002), pp. 292, 289; Barber, *Trial of the Templars*(2006), p. 187(关于日济的拉尔夫的引文); Michelet, ed., *Procès*, vol. 1(1841), p. 80; Michelet, ed., *Procès*, vol. 2(1851), pp. 23, 414。也可参见 Forey, "Recruitment"(1986), p. 170。

14. Michelet, ed., *Procès*, vol. 1(1841), p. 38; 背景细节, pp. 26, 37; 另一种译文见于 Barber and Bate, *The Templars*(2002), p. 291。

15. Curzon, ed., *La Règle*(1886), pp. 153, 228, 385－388(第 224、417、544—549 条); Upton-Ward, *Rule*(1992), pp. 73, 112, 142－143; Amatuccio, ed., *Il Corpus normativo*(2009), pp. 128, 214, 282－284(V. 1, VII. 113, VIII. 1－2)。

16. *PATBI*, vol. 2, p. 201 及注释 83; Forey, "Recruitment"(1985), p. 156。

17. Michelet, ed., *Procès*, vol. 1(1841), p. 38－39; 另一种译文见于 Barber and Bate, *The Templars*(2002), p. 292。

18. Nicholson, "Myths and Reality: the Crusades and the Latin East as presented during the Trial of the Templars in the British Isles, 1308－1311", in Nicholson, ed., *On the Margins of Crusading*(2011), pp. 89－99, 以及 pp. 94－96。

19. Burgtorf, *Central Convent*(2008), p. 427.

20. Burgtorf, Forey and Nicholson, "Conclusion", in Burgtorf and Nicholson, eds., *International Mobility in the Military Orders(12th to 15th Centuries): Travelling on Christ's Business*(2006), pp. 202－205 以及 p. 203。

21. Nicholson, "The Testimony of Brother Henry Danet and the Trial of

the Templars in Ireland"(2007), pp. 422 - 423.

22. Dieter Wojtecki, *Studien zur Personengeschichte des Deutschen Ordens im 13. Jahrhundert* (Wiesbaden: Steiner, 1971); Forey, "Recruitment" (1985), pp. 143 - 148 中进行了探讨。

23. *PATBI*, vol. 1, pp. 130, 174; vol. 2, pp. 125, 177, 178[MS A, fol. 68v: 塔德卡斯特的休修士;MS A, fol. 88v,尤厄尔前统领马尔顿的拉尔夫(Ralph of Malton)修士和克雷辛前统领诺雷斯人罗杰(Roger the Norreis)修士]。

24. *Deeds of James I of Aragon, a translation of the Medieval Catalan Llibre des Fets*(2003), pp. 25 - 29. 其他例子参见 Forey, "Recruitment"(1985), pp. 148 - 149。

25. *PATBI*, vol. 1, p. 67; vol. 2, p. 63(MS A fol. 36r).

26. Forey, "Recruitment"(1985), pp. 149 - 151.

27. Crouch, "Marshal, William (I), fourth earl of Pembroke (c. 1146 - 1219)"(2004).

28. Michelet, ed., *Procès*, vol. 1 (1841), p. 38; Barber and Bate, *The Templars*(2002), p. 291.

29. Curzon, ed., *La Règle*(1886), pp. 337 - 350(第 657—686 条);Upton-Ward, *Rule*(1992), pp. 168 - 174(p. 172 的引文,第 677 条);Amatuccio, ed., *Il Corpus normativo* (2009), pp. 376 - 392 (X); Upton-Ward, *Catalan Rule* (2003),修士们的入会仪式:pp. 30 - 39(第 62—71 条)。

30. Michelet, ed., *Procès*, vol. 1 (1841), p. 38; Barber and Bate, *The Templars*(2002), p. 291.

31. Curzon, ed., *La Règle*(1886), pp. 164, 167 - 169(第 268、274—278 条); Upton-Ward, *Rule* (1992), pp. 79 - 81; Amatuccio, ed., *Il Corpus normativo*(2009), pp. 144, 146 - 148(VI. 1, 9 - 11); Upton-Ward, *Catalan Rule* (2003), pp. 26 - 29(第 54—59 条)。

32. Amatuccio, ed., *Il Corpus normativo*(2009), p. 414,第 53 条;Barber

and Bate, *The Templars*(2002), p. 48(第 52 条)。

33. Curzon, ed. *La Règle* (1886), p. 342(第 669 条); Upton-Ward, *Rule* (1992), p. 170; Amatuccio, ed., *Il Corpus normativo*(2009), pp. 128, 214, 286 - 288(X. 2); Forey, "Recruitment"(1985), pp. 151 - 152; Nicholson, *Knights Templar on Trial*(2009), p. 196。

34. Curzon, ed., *La Règle* (1886), pp. 153, 228, 288(第 225、418、550 条); Upton-Ward, *Rule*(1992), pp. 73, 112, 143; Amatuccio, ed., *Il Corpus normativo*(2009), pp. 128, 214, 286 - 288(V. 2, VII. 114, VIII. 3); Delaville le Roulx, ed., *Cartulaire general de l'Ordre des Hospitaliers de Saint-Jean de Jérusalem, 1100 - 1310* (1894 - 1906), nos. 2213. 82, 3396. 24: vol. 2, p. 546; vol. 3, p. 229; Perlbach, ed., *Die Statuten des Deutschen Ordens nach den ältesten Handschriften*(1890), p. 83, 注释 3。

35. *PATBI*, vol. 2, pp. xix - xx, 注释 59。

36. *PATBI*, vol. 2, p. xxi 及注释。

37. *PATBI*, vol. 1, pp. 113, 192, 200, 202, 203 - 204, 205; vol. 2, pp. 105, 217, 221, 226 (MS A, fols. 60r, 94v, 97r; 98r, 99r); Cheney, *Notaries Public in England in the Thirteenth and Fourteenth Centuries*(1972), pp. 46, 127 - 128; Cole, ed., "Corrodia petita"(1844), pp. 220 - 221; 也可参见 *Calendar of the Close Rolls, 1307 - 1313*(1892), p. 498a。

38. Avignon, "Marché matrimonial clandestin et officines de clandestinité à la fin du Moyen Âge: l'exemple du diocèse de Rouen"(2010), pp. 515 - 549. 感谢露丝·梅佐·卡拉斯(Ruth Mazo Karras)让我注意到了亚维农博士(Dr Avignon)的研究。

39. Forey, "Novitiate and Instruction in the Military Orders during the Twelfth and Thirteenth Centuries"(1986), pp. 1 - 17, 以及 pp. 1 - 9。

40. Schenk, *Templar Families*(2012), pp. 62 - 70.

41. 例如，参见 Corpus Iuris Canonici, *Pars Secunda: Decretalium Collectiones*.

Decretales Gregorii P. IX. Liber Sextus Decretalium(1959), Liber III, Titulus XXXI: de Regularibus and Transeuntibus ad religionem, cap. xvi, pp. 574 - 575。

42. Burgtorf, *Central Convent*(2008), p. 424.

43. Burgtorf, *Central Convent*(2008), pp. 406 - 424, 543 - 547.

44. Burgtorf, *Central Convent*(2008), pp. 470 - 471.

45. Burgtorf, *Central Convent*(2008), pp. 425, 427.

46. Burgtorf, *Central Convent*(2008), p. 428.

47. Burgtorf, *Central Convent*(2008), pp. 430 - 435; Nicholson, "'Nolite confidere in principibus': The Military Orders' relations with the rulers of Christendom", in Josserand, Oliveira and Carraz, eds., *Élites et ordres militaires*(2015), pp. 261 - 276.

48. *Calendar of Documents Relating to Ireland, Preserved in Her Majesty's Public Record Office, London, 1285 - 1292*(1879), p. 30, 注释 57; *PATBI*, vol. 2, p. 558。

49. *PATBI*, vol. 2, p. 548; Nicholson, *Knights Templar on Trial*(2009), p. 211.

50. Forey, "The Careers of Templar and Hospitaller Office-Holders", in Josserand, Oliveira and Carraz, eds., *Élites et ordres militaires*(2015), pp. 202 - 203.

51. *PATBI*, vol. 1, pp. 29, 88, 227, 284, 302, 357; vol. 2, pp. 407[托马斯·托蒂(Thomas Totty)], 502[亨利·达内(Henry Danet)], 508[希姆伯特·布朗(Himbert Blanc)], 536[伯特沙姆的理查(Richard of Burthesham)], 544[苏格兰人罗伯特(Robert the Scot)], 574(威廉·德拉莫尔), 580[温彻斯特的威廉(William of Winchester)](MS A, fols. 16v, 46v, 134r, 140r, 163v, 110v)。也可参见 Forey, "The Careers", in Josserand, Oliveira and Carraz, eds., *Élites et ordres militaires*(2015), p. 204。

52. Forey, "The Careers", in Josserand, Oliveira and Carraz, eds., *Élites et ordres militaires*(2015), pp. 204 - 205.

53. Forey, "The Careers", in Josserand, Oliveira and Carraz, eds., *Élites et ordres militaires*(2015), pp. 205 - 206.

54. Forey, "The Careers", in Josserand, Oliveira and Carraz, eds., *Élites et ordres militaires*(2015), pp. 206 - 210.

55. Forey, "The Careers", in Josserand, Oliveira and Carraz, eds., *Élites et ordres militaires*(2015), pp. 213 - 214, 213 的引文。

56. *PATBI*, vol. 1, p. 327; vol. 2, p. 361(MS A, fol. 150r).

57. Schottmüller, ed., *Untergang des Templerordens* (1887), vol. 2, pp. 176, 191, 263, 323; Gilmour-Bryson, *Trial of the Templars in Cyprus* (1998), pp. 93, 116, 213, 288; Sarnowsky, "Priests in the Military Orders", in Josserand, Oliveira and Carraz, eds., *Élites et ordres militaires*(2015), p. 219.

58. Burgtorf, *Central Convent*(2008), pp. 336 - 338.

59. *PATBI*, vol. 1, p. 109; vol. 2, p. 100(MS A, fol. 58r).

60. Burgtorf, *Central Convent*(2008), p. 337,注释 771。

61. Pressutti, ed., *Regesta Honorii papae III* (1888 - 1895), vol. 2, p. 429,注释 5969; Bulst-Thiele, "Review of *Das Itinerarium peregrinorum, Eine zeitgenössische englishe Chronik zum dritten Kreuzzug in ursprünglicher Gestalt*"(1964), pp. 380 - 387 以及 p. 381。

62. Bulst-Thiele, *Sacrae Domus militiae templi hierosolymitani magistri: Untersuchungen zur Geschichte des Templerordens 1118/19-1314* (1974), p. 254,注释 87。

63. Hamilton, *The Latin Church in the Crusader States: The Secular Church*(1980), p. 279.

64. Curzon, ed., *La Règle*(1886), p. 140(第 194 条);Upton-Ward, *Rule* (1992), p. 66; Amatuccio, ed., *Il Corpus normativo*(2009), p. 112 的第 37—

40 行(III. 143),拉丁语《团规》: p. 414(第 50—51 条); Barber and Bate, *The Templars*(2002), p. 48(第 49—50 条)。

65. Nicholson, *Knights Templar on Trial*(2009), p. 75.

66. Forey, *Templars in the Corona de Aragón*(1973), pp. 292 - 293; Piers Mitchell, "The infirmaries"(2007), p. 228.

67. Piers Mitchell, "The infirmaries"(2007), pp. 228, 229.

68. TNA: E 142/111 mem. 7.

69. Schenk, "Documentary Evidence", in Borchardt, Döring, Josserand and Nicholson, eds., *The Templars and their Sources* (2017), p. 209, 引自 Tarlazzi, ed., *Dei Monumenti Istorici pertinenti alle provincie della Romagna, serie segonda, Carte. no. 1: Appendice ai monumenti ravennati del conte Marco Fantuzzi*(1872), no. 325:2, pp. 502 - 503 以及 p. 502。

70. Curzon, ed., *La Règle*(1886), p. 139(第 192—193 条); Upton-Ward, *Rule*(1992), pp. 65 - 66; Amatuccio, ed., *Il Corpus normativo*(2009), p. 112 (III. 140 - 142)。

71. Curzon, ed., *La Règle*(1886), pp. 140, 210(第 194、374 条); Upton-Ward, *Rule*(1992), pp. 66, 102 - 103; Amatuccio, ed., *Il Corpus normativo* (2009), pp. 112 - 114, 192 的第 27 - 30 行(III. 143, VII. 77)。

72. Upton-Ward, *Catalan Rule*(2003), pp. 20 - 23(第 40—42 条)。

73. Curzon, ed., *La Règle*(1886), pp. 140 - 141(第 195—197 条); Upton-Ward, *Rule*(1992), p. 66; Amatuccio, ed., *Il Corpus normativo*(2009), p. 114 (III. 144 - 148); Piers Mitchell, "The infirmaries"(2007), p. 230。

74. Piers Mitchell, "The infirmaries"(2007), pp. 229 - 232, p. 232 的引文; Curzon, ed. *La Règle*(1886), p. 140(第 194 条); Upton-Ward, *Rule*(1992), p. 66; Amatuccio, ed., *Il Corpus normativo*(2009), pp. 112 - 114(III. 143)。

75. Piers Mitchell, "The infirmaries" (2007), pp. 233 - 234; Mitchell, *Medicine in the Crusades: Warfare, Wounds and the Medieval Surgeon*(2004),

pp. 99 - 103.

76. Burgtorf, *Central Convent*(2008), p. 201,引自 Curzon, ed., *La Règle*(1886), p. 326(第 634 条); Upton-Ward, *Rule*(1992), p. 162; Amatuccio, ed., *Il Corpus normativo*, p. 356(VIII. 102)。

77. Amatuccio, ed., *Il Corpus normativo*(2009), p. 415,第 61 条;Barber and Bate, *The Templars*(2002), p. 50(第 60 条)。

78. Curzon, ed., *La Règle*(1886), p. 138(第 190—191 条);Upton-Ward, *Rule*(1992), p. 65; Amatuccio, ed., *Il Corpus normativo*(2009), p. 112 的第 2—3 行、第 8—12 行(III. 138 - 139)。

79. Curzon, ed., *La Règle*(1886), pp. 39 - 40(第 31 条); Upton-Ward, *Rule*(1992), p. 27; Amatuccio, ed., *Il Corpus normativo*, p. 20 的第 21—23 行以及第 22 行的注释(I. 19):拉丁语《团规》, p. 409,第 17 条;Barber and Bate, *The Templars*, p. 39(第 16 条)。

80. Curzon, ed., *La Règle*(1886), pp. 256, 281, 292, 298, 308, 318, 323, 331, 333, 335, 337(第 485、537、559、574、593、616、626、645、649、655、657 条);Upton-Ward, *Rule*(1992), pp. 127, 140, 146, 148, 153, 158, 161, 165, 166, 167, 168; Amatuccio, ed., *Il Corpus normativo*, pp. 248 的第 27 行,276 的第 47 行,294 的第 31 行,306 的第 22 行,324 的第 21 行,346 的第 12—13 行,352 的第 12—13 行,366 的第 33 行,370 的第 2 行,372 的第 32 行,378 的第 4 行(VII. 154, 188, VIII. 11, 26, 42, 78, 85, IX. 5, 11, 19, X. 1); Upton-Ward, *Catalan Rule*(2003), pp. 14 - 15, 40 - 41, 48 - 49, 78 - 79, 88 - 89, 90 - 91(第 31、84、120、174、184、189 条)。

81. Curzon, ed., *La Règle*(1886), p. 337(第 657 条);Upton-Ward, *Rule*(1992), p. 168; Amatuccio, ed., *Il Corpus normativo*, p. 374 的第 4 行(X. 1)。

82. *PATBI*, vol. 2, pp. xxxiii - xxxiv; Curzon, ed., *La Règle*(1886), pp. 294 - 295(第 563 条);Upton-Ward, *Rule*(1992), pp. 146 - 147; Amatuccio, ed. *Il Corpus normativo*, p. 298(VIII. 15)。

83. *PATBI*, vol. 1, pp. 103 - 104, 160, 161, 163; vol. 2, pp. 94, 159, 160, 161, 165(MS A fols. 54v, 82r, 82v, 83v).

84. Tommasi, "Fonti Epigrafiche dalla Domus Templi di Barletta per la Cronotassi degli ultimi maestri provinciali dell' ordine nel regno di Sicilia" (1994), pp. 167 - 202,此处见 pp. 201 - 202。

85. *Li Romans de Claris et Laris*(1884), vv. 9907 - 9922.

86. Amatuccio, ed., *Il Corpus normativo* (2009), p. 407, 第 3、5 条; Barber and Bate, *The Templars*(2002), pp. 35 - 36(第 2、4 条);Curzon, ed., *La Règle*(1886), pp. 172 - 173, 202(第 286、355—356 条);Upton-Ward, *Rule* (1992), pp. 83, 99; Amatuccio, ed., *Il Corpus normativo*(2009), p. 152 的第 18—20 行,p. 184 的第 24—40 行(VII. 2, 58 - 59)。

87. Peixoto, "Maintaining the Past, Securing the Future in the Obituary of the Temple of Reims"(2014), pp. 211 - 235.

88. Luttrell, "Iconography and Historiography: the Italian Hospitallers before 1530"(2007), article 17.

89. Tommasi, "Fonti Epigrafiche"(1994).

90. Luttrell, "Iconography and Historiography" (2007), p. 25; Park, "Medieval Burials and Monuments", 及 Lankester, "The Thirteenth-Century Military Effigies in the Temple Church", in Griffith-Jones and Park, eds., *The Temple Church in London* (2010), pp. 67 - 134; Josserand, "Le temple et le culte marial" (2000), pp. 313 - 331, 以及 p. 320; *Fuguet and Plaza, Los Templarios en la Península Ibérica*(2005), pp. 157 - 159, 162。

91. Burgtorf, *Central Convent* (2008), p. 347; Curzon, ed., *La Règle* (1886), pp. 93, 294 - 296, 300 - 302(第 107、563、566、578—580 条);Upton-Ward, *Rule*(1992), pp. 46, 146 - 147, 149 - 150; Amatuccio, ed., *Il Corpus normativo*(2009), pp. 66, 298 - 300, 308 - 310(III. 47, VIII. 15, 18, 29 - 30)。

第六章
结　语

本书集中探讨了圣殿骑士团历史末期的圣殿骑士的情况，因为这一时期有大量的证据留存下来；而且，本书是以英格兰的圣殿骑士为重点，那里有大量尚未被世人加以利用的原始资料。然而，圣殿骑士团历史上这个危机时期留下的证据表明，当时圣殿骑士们遵循的做法与 14 世纪早期的其他庄园主相同。这就说明，在圣殿骑士团的整个历史中，修士们遵循着一种类似于同等社会地位的世俗与宗教地主所遵循的生活方式。

书中所描述的圣殿骑士团是一个扎根于社区的宗教组织；在那些社区里，圣殿骑士团都拥有土地。总的说来，圣殿骑士的日常生活与修道士和修女们遵循的生活之间具有诸多的共同之处。圣殿骑士团的《团规》和条规中规定，他们每天应当花大量的时间去做祷告。礼拜堂是各个会所内部的一处重要建筑，其中精心配有旗帜、奢华的织物和贵重的器皿。尽管圣殿骑士没有撰写过神学著作，个别修士却拥有过这样的书籍。虽然单个的会所里都没有建立像传统修道院里那样的大型图书馆，但会所的礼拜堂里大多藏有诸多必要的宗教书籍。一些较大的会所里，还有各种礼拜书籍和涉及教牧关怀的图书。

他们的礼拜堂似乎曾向公众开放：外人曾到他们的礼拜堂来瞻仰圣物和参加礼拜，但教士们还履行了教区职责，并且圣殿骑士团（像其他宗教修会一样，尤其是像医院骑士团一样）常常在其领地范围内创建新的教区。圣殿骑士团似乎严肃认真地承担着照管教区的职责。他们促进了对当地圣徒的崇拜，并且践行着慈善布施。尽管圣殿骑士团没有正式经营过公共医院，但一些档案表明，他们拥有能够创造奇迹的圣物和治愈病人的圣水，这表明他们非常关心教区居民的身心健康。

至于其他方面，他们分布在欧洲各地的会所更像是世俗的农庄，而不像是修道院：各个分团非但没有与世隔绝，还经常有雇工、按日雇用的工人和仆役来去。他们的会所里还住着各种各样的其他人员：有骑士团的准成员和津贴领受人，有客人，有领取圣俸的神父和教士，有雇用的仆役，以及奴隶（至少西班牙的圣殿骑士团拥有奴隶）。在各个分团里，其他人员的数量远远超过了圣殿骑士，每个分团里可能只生活着一两位修士。这些会所都不是一座座遵循着修道理想、静寂无声且与世隔绝的居所，而是一个个熙熙攘攘的社区和作坊。就像世俗领主一样，圣殿骑士团管理着他们的农场，为佃户设立了庄园法庭来审理纠纷，通过贸易来赚钱，并且扮演着保管者和放债人的角色。与外界这种持续不断的接触，就意味着圣殿骑士团的行为始终处在公众的监督之下。1307 年指控圣殿骑士团犯有的那些异端行为，在现实中应该不可能出现，因为那样做会激起公愤，公众会迅速地阻止他们。

虽然圣殿骑士团对新成员没有一种正式的见习制度，但他们似乎鼓励准备加入该团的人在俗之时就与骑士团建立起某种关系，以便熟悉骑士团的规程。许多支持者都获得了领受钱财或者食物的回报，但有些人后来还正式加入了骑士团。加入骑士团之后，他们没有什么固定的职制：修士们可以通过自身的努力，以及凭借骑士团里的家族和社会网络，在骑士团的等级结构中逐步晋升。许多圣殿骑士加入之时，早就有亲友是圣殿骑士团的成员了。绝大多数修士从未去过东方，因此到了 14 世纪早期有些人把派往东方视作一种惩罚，就是可以理解的事情了。

遗憾的是，尽管 1307—1308 年的资产清单中记录了圣殿骑士团的礼拜堂和卧室里的物品，甚至记录了厨房中的锅碗瓢盆，可它们并未说明圣殿骑士是如何打发他们的闲暇时光的。诚如第一章所言，考古学家已经在以前的东方圣殿骑士团会所里发现了棋盘和棋子，比如骨制骰子，这表明修士们曾经在不用工作的时候下棋放松。然而，资产清单中并未记载有棋子。西方的圣殿骑士或许不下棋，但更有可能的是，之所以没有记载棋子，是因为棋子没有什么价值。

资产清单和账目中也没有提及分团内部的人际关系情况。圣殿骑士团的条规中记载的各种案例，让我们得以一窥圣殿骑士团分团内部的问题（主要是东方的圣殿骑士团），但这些案例无疑只是向我们描述了矛盾冲突的情况，而不是日常事件。我们只能假设，若是没有任何记录，那就说明人际关系通常都很和睦。

14 世纪早期圣殿骑士团地产方面的档案，也让我们得以一窥那些在圣殿骑士团的庄园里生活和工作的男男女女的日常：他们的饮食和一年中的饮食变化、他们完成的各项任务，以及一个地方与另一个地方之间在做法上的变化情况。源自英格兰的证据表明，总体而言，圣殿骑士团是善良的雇主，不但用优质粮食和现金向农场雇工支付工资，还在秋天为一些雇工提供手套，在圣诞节和复活节为他们提供额外的饮食。圣殿骑士团属于商业生产者，曾将他们出产的部分产品用于商业销售。他们采用了当时最为先进的农耕制度，投资饲养马匹，将马匹当成犁耕中的一部分；他们的羊毛产量极其巨大，所以开办了漂洗磨坊来加工羊毛布料。尽管如此，佩恩斯管理地的账目却表明，他们对羊圈的照管方式并不符合当时最新的卫生观点。

圣殿骑士团的日常生活远离基督教世界的边境地区，这一点似乎与军事策略、战场上的危险，乃至王室和教廷之间的政治角力相去甚远。然而，这正是绝大多数圣殿骑士的生活；若是没有这种生活，圣殿骑士团就不可能战胜基督教世界的敌人，不可能获得左右国王和教皇的影响力。正是这种平凡之处支撑着他们取得了非凡的成就。

参考书目

档　案

裘园，英国国家档案馆

E 142/11: Knights Templars' lands in Northumberland and Cumberland, 1-2 Edward II

E 142/13: Templars' lands in Berkshire and Oxfordshire, 1-2 Edward II

E 142/15: Templars' lands in Surrey and Sussex, 2-3 Edward II

E 142/16-18: Templars' lands in Yorkshire, 1-2 Edward II

E 142/105: Templars' lands in Leicestershire: inventory of goods at Rothley Temple, 2 Edward II

E 142/111: Templars' lands in Dorset and Somerset, 1 Edward II

E 142/112: Templars' lands in Norfolk and Suffolk

E 142/119: Debts due to the Templars at Christmas 1307

E 199/18/4-5: Particulars of account for Upleadon, Herefordshire, 1308-1309

E 199/33/3: Sheriff's accounts for Templar lands in Northumberland, 2-3 Edward II 1308-1309

E 199/46/21: Particulars of account for Templar lands in Worcestershire, 1308

E 358/18－20: Accounts for the lands of the Templars, confiscated by the crown, 1－7 Edward II

E 368/78 － 79: Lord Treasurer's Remembrancer: Memoranda Rolls, 1－2 Edward II

SC 6/851/10: Templars' lands in Bristol, 1309－1314

SC 6/1202/3: Templars' lands in Llanmadoc, Glamorganshire

伦敦,大英图书馆

Cotton MS Nero E VI: *Registrum ... prioratus hospitalis S. Johannis Jerusalem in Anglia*

Harley Roll A 25－27: Particulars of account for Temple Bulstrode, 1308－1311

书籍与期刊

Acta Sanctorum, Octobris VIII, eds. by J. van Hecke, B. Bossue, V. de Buck and A. Tinnebroek SJ(Brussels: Alphonse Greuse, 1853)

Amatuccio, G., ed., *Il Corpus normativo templare: Edizione dei testi romanzi con traduzione e commento in Italiano*(Galatina: Congedo, 2009)

Andrews, D. D., ed., *Cressing Temple: A Templar and Hospitaller Manor in Essex*(Chelmsford: Essex County Council, 1993)

Annals of the monastery of Burton(“Annales monasterii de Burton,

1094 - 1263"), H. Richards Luard, ed., *Annales Monastici*, RS 36, vol. 1(London: Longman, 1864), pp. 183 - 500

Annals of Dunstable ("Annales prioratus de Dunstaplia, AD 1 - 1297"), H. Richards Luard, ed., *Annales Monastici*, RS 36, vol. 3 (London: Longman, 1866), pp. 3 - 408

Avignon, C., "Marché matrimonial clandestin et officines de clandestinité à la fin du Moyen Âge: l'exemple du diocèse de Rouen", *Revue historique*, 655(2010), pp. 515 - 549

Bailey, M., "The Rabbit and the Medieval East Anglian Economy", *Agricultural History Review*, 36(1988), pp. 1 - 20

Barber, M., "Supplying the Crusader States: the role of the Templars", B. Z. Kedar, ed., *The Horns of Hattin. Proceedings of the 2nd Conference of the Society for the Study of the Crusades and the Latin East: Jerusalem and Haifa 2 - 6 July 1987*(Jerusalem: Yad Izhak Ben-Zvi, 1992), pp. 314 - 326

Barber, M., ed., *The Military Orders: Fighting for the Faith and Caring for the Sick*(Aldershot: Variorum, 1994)

Barber, M., *The New Knighthood: A History of the Order of the Temple*(Cambridge: Cambridge University Press, 1994)

Barber, M., and K. Bate, trans., *The Templars: sources translated and annotated* (Manchester: Manchester University Press, 2002)

Barber, M., *The Trial of the Templars*, 2nd edn (Cambridge: Cambridge University Press, 2006)

Barber, M., and K. Bate, *Letters from the East: Crusaders, Pilgrims and Settlers in the 12th - 13th Centuries*(Farnham: Ashgate,

2010)

Baudin, A., G. Brunel and N. Dohrmann, eds., *Économie templière en Occident: Patrimoines, commerce, finances* (Langres: Dominique Guéniot, 2013)

Baylis, T. H., *The Temple Church and Chapel of St Ann, etc., An Historical Record and Guide* (London: George Philip and Son, 1893)

Bell, A. R., C. Brooks, and P. Dryburgh, *Advance contracts for the sale of wool c. 1200 - c. 1327*, List & Index Society 315 (Kew, Surrey: List and Index Society, 2006)

Bell, A. R, C. Brooks and P. R. Dryburgh, *The English Wool Market, c. 1230 - 1327* (Cambridge: Cambridge University Press, 2007)

Bellomo, E., *The Templar Order in North-west Italy (1142 - c. 1330)* (Leiden: Brill, 2008)

Bennett, M., "*La Règle du Temple* as a Military Manual", C. Harper-Bill, C. Holdsworth and J. L. Nelson, eds., *Studies in Medieval History presented to R. Allen Brown* (Woodbridge: Boydell, 1989), pp. 7 - 19,转载于 J. M. Upton-Ward, *The Rule of the Templars* (1992), pp. 175 - 188

Bernard, Abbot of Clairvaux, "De laude novae militiae",第四章,trans. by Conrad Greenia as "In Praise of the New Knighthood", *The Works of Bernard of Clairvaux: volume seven: Treatises III* (Kalamazoo: Cistercian Publications, 1977), pp. 127 - 167

Blaauw, W. H., "Sadelescombe and Shipley, the Preceptories of the Knights Templars in Sussex", *Sussex Archaeological Collections relating to the History and Antiquities of the County*, 9(1857), pp. 227 - 274

Boas, A. J., *Archaeology of the Military Orders: A survey of the urban centres, rural settlements and castles of the military Orders in the Latin East(c. 1120 - 1291)* (London: Routledge, 2006)

Bonnin, T., ed., *Regestrum visitationum archiepiscopi rothomagensis: journal des visites pastorales d'Eude Rigaud, archevêque de Rouen, MCCXLVIII - MCCLXIX* (Rouen: A. Le Brument, 1852)

Borchardt, K., D. Carraz and A. Venturini, eds., *Comptes de la commanderie de l'Hôpital de Manosque pour les anneés 1283 à 1290* (Paris: CRNS Éditions, 2015)

Borchardt, K., K. Döring, P. Josserand and H. J. Nicholson, eds., *The Templars and their Sources* (London: Routledge, 2017)

Bordonove, G., *La vie quotidienne des Templiers au XIII siècle* (Paris: Hachette, 1975)

Bowsky, W. M., "Liturgy for Nonliturgists: A Glimpse at San Lorenzo", W. J. Connell, ed., *Society and Individual in Renaissance Florence* (Berkeley: University of California Press, 2002), pp. 278 - 292

Brown, S., "Excavations at Temple Church, Bristol: a report on the excavations by Andrew Saunders, 1960", *Transactions of the Bristol and Gloucestershire Archaeological Society*, 126(2008), pp. 113 - 129

Browne, M., OSB and C. Ó Clabaigh OSB, eds., *Soldiers of Christ: The Knights Templar and Knights Hospitaller in Medieval Ireland* (Dublin: Four Courts Press, 2016)

Bulst-Thiele, M. L., "Review of *Das Itinerarium peregrinorum, Eine zeitgenössische englishe Chronik zum dritten Kreuzzug in ursprünglicher Gestalt*, ed., Hans Eberhard Mayer", *Historische Zeitschrift*, 198(1964), pp. 380 - 387

Bulst-Thiele, M. L., *Sacrae Domus militiae templi hierosolymitani magistri: Untersuchungen zur Geschichte des Templerordens 1118/19 - 1314*, Abhandlungen der Akademie der Wissenschaften in Göttingen. Philologisch-Historische Klasse, 3rd series, no. 86(Göttingen: Vandenhoeck und Ruprecht, 1974)

Burgtorf, J., and H. Nicholson, eds., *International Mobility in the Military Orders (12th to 15th Centuries): Travelling on Christ's Business*(Cardiff: University of Wales Press, 2006)

Burgtorf, J., *The Central Convent of Hospitallers and Templars: History, Organization and Personnel(1099/1120 - 1310)*(Leiden: Brill, 2008)

Burgtorf, J., P. F. Crawford and H. J. Nicholson, eds., *The Debate on the Trial of the Templars(1307 - 1314)*(Farnham: Ashgate, 2010)

Burton, J., "Knights Templars in Yorkshire in the twelfth century: a reassessment", *Northern History*, 27(1991), pp. 26 - 40

Calendar of the Charter Rolls preserved in the Public Record Office, vol. II: Henry III-Edward I, A. D. 1257 - 1300,在档案的副保管员的监督下准备的(London: HMSO, 1906)

Calendar of the Close Rolls preserved in the Public Record Office, 在档案的副保管员的监督下准备的(London: HMSO, 1892 - 1963)

Calendar of Documents Relating to Ireland, Preserved in Her Majesty's Public Record Office, London, 1285 - 1292, ed. by H. S. Sweetman(London, 1879)

Calendar of the Patent Rolls preserved in the Public Record Office, 在档案的副保管员的监督下准备的(London: HMSO, 1891 - 1986)

Campbell, B., *English Seigniorial Agriculture, 1250 – 1450* (Cambridge: Cambridge University Press, 2000)

Campbell, B. M. S., *The Great Transition: Climate, Disease and Society in the Late-Medieval World* (Cambridge: Cambridge University Press, 2016)

Carrière, V., *Histoire et Cartulaire des Templiers de Provins* (Paris: Librairie Champion, 1919)

Carraz, D., *L'ordre du Temple dans la basse vallée du Rhône(1124 – 1312). Ordres militaires, croisades et societés méridionales* (Lyon: Presses Universitaires de Lyon, 2005)

Carraz, D., "Archéologie des commanderies de l'Hôpital et du Temple en France(1977 – 2007)", *Cahiers de recherches médiévales*, 15 (2008), pp. 175 – 202

Carraz, D., "Églises et cimetières des ordres militaires. Contrôle des lieux sacrés et *dominium* ecclésiastique en Provence(XIIe – XIIIe siècle)", *Lieux sacrés et espace ecclésial* (IXe – XVe siècle), Cahiers de Fanjeaux 46(Toulouse: Privat, 2011), pp. 277 – 312

Carraz, D., ed., *Les Ordres Militaires dans la Ville Médiévale (1100 – 1350)* (Clermont-Ferrand: Presses Universitaires Blaise-Pascal, 2013)

Carraz, D., and E. Dehoux, eds., *Images et ornements autour des ordres militaires au Moyen Âge: Culture visuelle et culte des saints (France, Espagne du Nord, Italie)* (Toulouse: Presses Universitaires du Midi, 2016)

Cartulaire des Templiers de Richerenches, ed. by le marquis de Ripert-Monclar(Paris: H. Champion, 1905)

The Cartulary of the Knights of St John of Jerusalem in England, Secunda Camera, Essex, ed. by M. Gervers(London, 1982)

Cheney, C. R., *Notaries Public in England in the Thirteenth and Fourteenth Centuries*(Oxford: Oxford University Press, 1972)

Christiansen, E., *The Northern Crusades: The Baltic and the Catholic Frontier, 1100 –1525*, 2nd edn(London: Penguin, 1997)

"Chronique d'Amadi", *Chroniques d'Amadi et de Strambaldi*, ed. by R. de Mas Latrie(Paris: Imprimerie nationale, 1891), vol. 1, p. 286

Clari, R. de, *La conquê te de Constantinople*, ed. by P. S. Noble (Edinburgh: Société Rencevals British Branch, 2005)

Cole, H., ed., "Corrodia petita de domibus Templariorum, annis I° & II° Edwardi II", *Documents Illustrative of English History in the Thirteenth and Fourteenth Centuries, selected from the Records of the Department of the Queen's Remembrancer of the Exchequer* (London: Eyre and Spottiswoode, 1844), pp. 139 – 230

Corpus Iuris Canonici, Pars Secunda: Decretalium Collectiones. Decretales Gregorii P. IX. Liber Sextus Decretalium, ed. by E. L. Richter and E. Friedberg, 2nd edn (Graz: Akademische Druck-U. Verlagsanstalt, 1959)

Coureas, N., and P. Edbury, *The Chronicle of Amadi translated from the Italian*(Nicosia: Cyprus Research Centre, 2015)

Cowan, I. B., P. H. R. Mackay and A. Macquarrie, eds., *The Knights of St John of Jerusalem in Scotland*, Scottish History Society, 4th series, vol. 19(Edinburgh, 1983)

Crouch, D., "Marshal, William (I), fourth earl of Pembroke (c. 1146 – 1219)", H. C. G. Matthew and B. Harrison, eds., *Oxford*

Dictionary of National Biography(Oxford: Oxford University Press, 2004),网络版,ed. by D. Cannadine, May 2007: http://www.oxforddnb.com/view/article/18126(2016 年 6 月 10 日访问)

Curzon, H. de, ed., *La Règle du Temple* (Paris: Librairie Renouard, 1886)

Davis, F. N., ed., *Roturi Roberti Grosseteste, episcopi Lincolniensis, A.D. 1235 - 1253*, Canterbury and York Society, 10(1913)

Davis, F. N., ed., *Rotuli Ricardi Gravesend diocesis Lincolnensis*, Canterbury and York Society, 31(1925)

Deeds of James I of Aragon, a translation of the Medieval Catalan Llibre des Fets, trans. by D. Smith and H. Buffery(Aldershot: Ashgate, 2003)

Delaville le Roulx, J., ed., *Cartulaire general de l'Ordre des Hospitaliers de Saint-Jean de Jérusalem, 1100 - 1310*, 4 vols(Paris: Ernest Leroux, 1894 - 1906)

Delisle, L., ed., "Inventaire du mobilier des Templiers du baillage de Caen", *Études sur la condition de la classe agricole et l'état de l'agriculture en Normandie en moyen-âge* (Paris: Honoré Champion, 1903), no. xvi, pp. 721 - 728

Demurger, A., *Jacques de Molay: le crépuscule des templiers* (Paris: Payot & Rivages, 2002)

Demurger, A., *Les templiers: une chevalerie chrétienne au Moyen Âge*(Paris: Seuil, 2005)

Demurger, A., *La Persécution des Templiers: Journal (1307 - 1314)* (Paris: Payot 2015)

Dixon-Smith, S., "The Image and reality of alms-giving in the great halls of Henry III", *Journal of the British Archaeological Association*, 152(1999), pp. 79 – 96

"Documents relatifs aux croisades", *Le Chevalier au Cygne et Godefroid de Bouillon, poëme historique publié pour la première fois avec de nouvelles recherches sur les légendes qui ont rapport à la Belgique, un travail et des documents sur les croisades*, ed. by Le Baron F. A. F. T. de Reiffenberg(Brussels: M. Hayez, 1846 – 1854), vol. 1

Dondi, C., "Manoscritti liturgici dei templari e degli ospedalieri: le nuove prospettive aperte dal sacramentario templare di Modena (Biblioteca Capitolare O. II. 13)", *I Templari, la Guerra e la santità*, ed. S. Cerrini(Rimini: Il Cerchio, 2000), pp. 85 – 131

Dondi, C., *The Liturgy of the Canons Regular of the Holy Sepulchre of Jerusalem: A Study and a Catalogue of the Manuscript Sources*(Turnhout: Brepols, 2004)

Duggan, L. G., *Armsbearing and the Clergy in the History and Canon Law of Western Christianity*(Woodbridge: Boydell, 2013)

Dyer, C., "Changes in Diet in the Late Middle Ages: The Case of Harvest Workers", *Agricultural History Review*, 36(1988), pp. 21 – 37

Dyer, C., *Everyday Life in Medieval England*(London: Hambledon, 1994)

Dyer, C., *Standards of Living in the Later Middle Ages: Social Change in England, c. 1200 – 1520*, 修订版(Cambridge: Cambridge University Press, 1998)

Edbury, P., "The Templars in Cyprus", M. Barber, ed., *The Military Orders: Fighting for the Faith and Caring for the Sick*(Aldershot: Variorum, 1994), pp. 189 – 195

Finke, H., ed., *Papsttum und Untergang des Templerordens*, 2 vols (Münster: Aschendorff, 1907)

Forbrooke, T. H., ed., "Rothley: I: The Preceptory", *Transactions of the Leicestershire Archaeological Society*, 12(没有日期)

Forey, A. J., *The Templars in the Corona de Aragón* (London: Oxford University Press, 1973)

Forey, A., "Recruitment to the Military Orders (twelfth to mid-fourteenth centuries)", *Viator*, 17(1986), pp. 139 – 171

Forey, A., "Novitiate and Instruction in the Military Orders during the Twelfth and Thirteenth Centuries", *Speculum*, 61(1986), pp. 1 – 17

Forey, A., *The Military Orders: from the 12th to the early 14th* Centuries(Basingstoke: Macmillan, 1992)

Forey, A. J., "Rank and Authority in the Military Orders during the Twelfth and Thirteenth Centuries", *Studia Monastica*, 40(1998), pp. 291 – 327

Forey, A., *The Fall of the Templars in the Crown of Aragon* (Aldershot: Ashgate, 2001)

Forey, A., "The Charitable Activities of the Templars", *Viator*, 34 (2003), pp. 109 – 141

Fuguet, J., and C. Plaza, *Los Templarios en la Península Ibérica* (Barcelona: ElCobre, 2005)

Fuguet, J., and C. Plaza, *Els Templers, Guerrers de Déu: entre Orient e Occident* (Barcelona: Rafael Dalmau, 2012)

Gerrard, C., "Opposing Identity: Muslims, Christians and the Military Orders in Rural Aragon", *Medieval Archaeology*, 43(1999), pp. 143 – 160

Gerrard, C., *Paisaje y señorío: La casa conventual de Ambel (Zaragoza). Arqueología, arquitectura e historia de las Órdenes militares del Temple y del Hospital*(Saragossa: Institución "Fernando el Católico", 2003)

Gervers, M., *The Hospitaller Cartulary in the British Library (Cotton MS Nero E VI): A Study of the Manuscript and its Composition with a critical edition of two fragments of earlier cartularies for Essex*(Toronto: Pontifical Institute of Medieval Studies, 1981)

Gilmour-Bryson, A., *The Trial of the Templars in Cyprus: A Complete Edition*(Leiden: Brill, 1998)

Goering, J., "Chobham, Thomas of(d. 1233x6)", H. C. G. Matthew and B. Harrison, eds., *Oxford Dictionary of National Biography*(Oxford: Oxford University Press, 2004),网络版,ed. by L. Goldman, May 2005: http://www.oxforddnb.com/view/article/5007 (2016年5月6日访问)

Goldberg, P. J. P., "Masters and Men in Late Medieval England", D. M. Hadley, ed., *Masculinity in Medieval Europe*(London: Routledge, 1999), pp. 56 – 70

Goldberg, P. J. P., "What was a servant?", A. Curry and E. Matthew, eds., *Concepts and Patterns of Service in the Later Middle Ages*(Woodbridge: Boydell, 2000), pp. 1 – 20

Gooder, E., *Temple Balsall: The Warwickshire Preceptory of the Templars and their Fate*(Chichester: Phillimore, 1995)

Griffith-Jones, R., and D. Park, eds., *The Temple Church in London: History, Architecture, Art*(Woodbridge: Boydell, 2010)

Hamilton, B., *The Latin Church in the Crusader States: The Secular Church*(London: Variorum, 1980)

Hiestand, R., ed., *Papsturkunden für Templer und Johanniter*, 2 vols(Göttingen, Vandenhoeck & Ruprecht, 1970 - 1984)

Higounet-Nadal, A., "L'inventaire des biens de la commanderie du Temple de Sainte-Eulalie du Larzac en 1308", *Annales du Midi*, 68 (1956), pp. 255 - 262

Hodgson, J., "Temple Thornton farm accounts 1308", *Archaelogia Aeliana*, 17(1895), pp. 40 - 53

Holt, R., "Mechanisation and the Medieval English Economy", E. Bradford Smith and M. Wolfe, eds., *Technology and Resource Use: Cathedrals, Mills and Mines*(Aldershot: Ashgate, 1997), pp. 139 - 157

Jacques de Vitry, "Sermones Vulgares",发表于 J. B. Pitra, ed., *Analecta novissima spicilegii Solesmensis: altera continuatio 2, Tusculana*(Paris: Roger et Chernowitz, 1888)

Jefferson, Joseph Michael, "The Templar Lands in Lincolnshire in the early fourteenth century",未发表的博士论文,University of Nottingham, 2016

Jocelin of Brakelond, *Chronicle of the Abbey of Bury St. Edmunds*, trans. by D. E. Greenway and J. E. Sayers(Oxford: Oxford University Press, 1989)

Joinville, Jean sire de, *Histoire de Saint Louis*, ed. Natalis de Wailly(Paris: Fimin Didot Frères, Fils et co., 1874)

Josserand, Philippe, "Le temple et le culte marial au long du chemin de Saint-Jacques: la commanderie de Villalcàzar de Sirga", *Religion et Société urbaine au moyen âge. Études offertes à Jean-Louis Biget par ses anciens élèves*, ed. by Patrick Boucheron and Jacques Chiffoleau (Paris: Publications de la Sorbonne, 2000), pp. 313 - 331

Josserand, P., L. F. Oliveira and D. Carraz, eds., *Élites et ordres militaires au moyen âge: recontre autour d'Alain Demurger* (Madrid: Casa de Veláquez, 2015)

Knowles, D., and R. N. Hadcock, *Medieval Religious Houses: England and Wales*, 2nd edn(Harlow: Longman, 1971)

Larking, L. B., ed. (J. M. Kemble 所作引言), *The Knights Hospitallers in England: Being the Report of Prior Philip de Thame to the Grand Master Elyan de Villanova for A. D.* 1338, Camden Society 1st ser. 65(London: Camden Society, 1857)

Lee, J. S., "Weedley not Whitley: Repositioning a Preceptory of the Knights Templar in Yorkshire", *Yorkshire Archaeological Journal*, 87(2015), pp. 101 - 123

Lees, B. A., ed., *Records of the Templars in England in the Twelfth Century: The Inquest of 1185 with Illustrative Charters and Documents*(Oxford: Oxford University Press, 1935)

Leys, A. M., ed., *The Sandford Cartulary*, 2 vols., Oxfordshire Record Society 19, 22 (Oxford: Oxfordshire Record Society, 1937 - 1941)

Le livre des Juges. Les cinq textes de la version française faite au XII siècle pour les chevaliers du Temple, ed. by le marquis d'Albon (Lyons: Société des bibliophiles Lyonnois, 1913)

Lizerand, G., ed., *Le dossier de l'affaire des Templiers* (Paris: Librairie ancienne Honoré Champion, 1923)

Lord, E., *The Knights Templar in Britain* (Harlow: Pearson,

2002)

Luttrell, A. T., "Two Templar-Hospitaller preceptories north of Tuscania", A. T. Luttrell, ed., *The Hospitallers in Cyprus, Rhodes, Greece and the West, 1291 –1440* (London: Variorum, 1978), article 10

Luttrell, A., and H. Nicholson, eds., *Hospitaller Women in the Middle Ages* (Aldershot: Ashgate, 2006)

Luttrell, A., "Iconography and Historiography: the Italian Hospitallers before 1530", A. Luttrell, ed., *Studies on the Hospitallers after 1306: Rhodes and the West* (Aldershot: Variorum, 2007), article 17

MacNiocaill, G., ed., "Documents Relating to the Suppression of the Templars in Ireland", *Analecta Hibernica*, 24(1967), pp. 183 – 226

Matthew Paris, *Chronica Majora*, ed. by H. Richards Luard, RS 57, 7 vols(London: Longman, 1872 – 1883)

Mayes, P., ed., *Excavations at a Templar Preceptory: South Witham, Lincolnshire, 1965 –67* (Leeds: Society for Medieval Archaeology, 2002)

Mechtild of Magdeburg, *The Flowing Light of the Godhead*, trans. by F. Tobin(New York: Paulist Press, 1998)

Michelet, J., ed., *Procès des Templiers*, 2 vols(Paris: Imprimerie royale, 1841 – 1851)

Migne, J.-P., ed., *Patrologus Cursus Completus, Series Latina*, 221 vols(Paris: Migne, 1844 – 1864)

Miret y Sans, J., "Inventaris de les Cases del Temple de la Corona d'Aragó en 1289", *Boletín de la Real Academia de Buenas Letras de Barcelona*, 11(1911), pp. 61 – 75

Mitchell, P., *Medicine in the Crusades: Warfare, Wounds and the*

Medieval Surgeon(Cambridge: Cambridge University Press, 2004)

Mitchell, P., "The infirmaries of the Order of the Temple in the medieval kingdom of Jerusalem", *The Medieval Hospital and Medical Practice*, ed. by Barbara S. Bowers(Aldershot: Ashgate, 2007), pp. 225 – 234

Morton, N., *The Medieval Military Orders: 1120 –1314*(Harlow: Pearson, 2013)

Nicholson, H., *Templars, Hospitallers and Teutonic Knights: Images of the Military Orders, 1128 –1291*(Leicester: Leicester University Press, 1993)

Nicholson, H., ed., *The Military Orders*, volume 2: Welfare and Warfare(Aldershot: Ashgate, 1998)

Nicholson, H. J., *The Knights Templar: a New History*(Stroud: Sutton, 2001)

Nicholson, H., "The Head of St Euphemia: Templar Devotion to Female Saints", S. Edgington and S. Lambert, eds., *Gendering the Crusades*(Cardiff: University of Wales Press, 2001), pp. 108 – 120

Nicholson, H. J., *Knight Templar 1120 –1312*(Oxford: Osprey, 2004)

Nicholson, H., "Saints venerated in the Military Orders", J. Sarnowsky and R. Czaja, eds., *Selbstbild und Selbstverständnis der geistlichen Ritterorden*, Ordines Militares: Colloquia Torunensia Historica XII(Toruń, 2005), pp. 91 – 113

Nicholson, H. J., "Relations between houses of the Order of the Temple in Britain and their local communities, as indicated during the trial of the Templars, 1307 – 12", N. Housley, ed., *Knighthoods of*

Christ: Essays on the History of the Crusades and the Knights Templar presented to Malcolm Barber (Aldershot, Hants and Burlington, VT: Ashgate, 2007), pp. 195 – 207

Nicholson, H., "The Testimony of Brother Henry Danet and the Trial of the Templars in Ireland", I. Shagrir, R. Ellenblum and J. Riley-Smith, ed., *In Laudem Hierosolymitani: Studies in Crusades and Medieval Culture in Honour of Benjamin Z. Kedar* (Aldershot: Ashgate, 2007), pp. 411 – 423

Nicholson, H., *The Knights Templar on Trial: The Trial of the Knights Templar in the British Isles, 1308 – 1311* (Stroud: History Press, 2009)

Nicholson, H. J., *The Knights Templar: A Brief History of the Warrior Order* (London: Constable and Robinson, 2010)

Nicholson, H. J., ed., *On the Margins of Crusading—The Military Orders, the Papacy and the Christian World* (Farnham: Ashgate, 2011)

Nicholson, H. J., ed. and trans., *The Proceedings Against the Templars in the British Isles*, 2 vols(Farnham: Ashgate, 2011)

Nicholson, H. J., "The Hospitallers' and Templars' involvement in Warfare on the Frontiers of the British Isles in the Late Thirteenth and early Fourteenth Centuires", *Ordines Militares: Colloquia Torunensia Historica: Yearbook for the Study of the Military Orders*, 17(2012), pp. 105 – 119

Nicholson, H. J., "'Martyrum collegio sociandus haberet': Depictions of the Military Orders' Martyrs in the Holy Land, 1187 – 1291", S. John and N. Morton, eds., *Crusading and Warfare in the*

Middle Ages: Realities and Representations. Essays in Honour of John France, Crusades Subsidia 7 (Farnham: Ashgate Publishing, 2014), pp. 101 - 118

Nicholson, H. J., "St Ursula and the Military Religious Orders", J. Cartwright, ed., *The Cult of St Ursula and the 11, 000 Virgins* (Cardiff: University of Wales Press, 2016), pp. 41 - 59

Overton, M. and B. M. S. Campbell, "Norfolk livestock farming 1250 - 1740: a comparative study of manorial accounts and probate inventories", *Journal of Historical Geography*, 18(1992), pp. 377 - 396

Peixoto, M., "Maintaining the Past, Securing the Future in the Obituary of the Temple of Reims", *Viator*, 45. 3(2014), pp. 211 - 235

Perkins, C., "The Wealth of the Knights Templars in England and the Disposition of it after their Dissolution", *The American Historical Review*, 15(1910), pp. 252 - 263

Perkins, C., "The Knights Templars in the British Isles", *English Historical Review*, 25(1910), pp. 209 - 230

Perlbach, M., ed., *Die Statuten des Deutschen Ordens nach den ältesten Handschriften*(Halle: Max Niemeyer, 1890)

Perman, R. C. D., "Henri d'Arci: the shorter works", E. A. Francis, ed., *Studies in Medieval French presented to Alfred Ewert in Honour of his seventieth birthday* (Oxford: Oxford University Press, 1961), pp. 279 - 321

Pétel, A., ed., "Comptes de régie de la commanderie de Payns, 1307 - 1308", *Mémoires de la Société d'Agriculture, Sciences et Arts du département de l'Aube*(1907), pp. 283 - 372

Placita de quo warranto temporibus Edw. I. II. and III. in curia receptae scaccarij Westm. asservatae, ed. by W. Illingworth and J. Caley(London: G. Eyre and A. Strahan, 1818)

Powicke, F. M. and C. R. Cheney, eds., *Councils and Synods with Other Documents Relating to the English Church, II: A.D. 1205 - 1313, part 2: 1265 - 1313*(Oxford: Oxford University Press, 1964)

Pressutti, P., ed., *Regesta Honorii papae III*, 2 vols(Rome: Vatican, 1888 - 1895)

Prutz, H., *Entwicklung und Untergang des Tempelherrenordens* (Berlin: G. Grote, 1888)

Die Register Innocenz' III, vol. 13: 13. Pontifikatsjahr, 1210/1211: Text and Indices, ed. by A. Sommerlechner and H. Weigl with O. Hageneder, R. Murauer and R. Selinger(Vienna: Österreichische Akademie der Wissenschaften, 2015)

Ricci, V., "La precettoria di Santa Maria de Templo de Lecce: un esempio di domus agricola. Un'analisi comparativa", Libera Associazione Ricercatori Templari Italiani(LARTI), ed., *Atti del XXIX Convegno di Ricerche Templari, Casamari(FR), 4 - 5 settembre 2011*(Tuscania: Edizioni Penne & Papiri, 2012), pp. 151 - 196

Li Romans de Claris et Laris, ed. by J. Alton (Tübingen: Litterarischer verein in Stuttgart, 1884)

Rostanh Berenguier, "Pos de sa mar man cavalier del Temple", P. Meyer, ed., "Les derniers troubadours de la Provence d'après le chansonnier donné à la Bibliothèque impériale par M. Ch. Giraud", ed. by P. Meyer, *Bibliothèque de l'école des chartes*, 5, 6ème série(1869), pp. 245 - 297, 461 - 531, 649 - 687

Rotuli hundredorum temp. Hen. III & Edw. I in Turr' Lond' et in curia receptae scaccarij Westm. asservati, ed. by W. Illingworth and J. Caley(London: G. Eyre and A. Strahan, 1812 - 1818)

The Rule of Saint Augustine with introduction and commentary, intro. and commentary by Tarsicus J. van Bavel OSA, trans. by R. Canning OSA(London: Darton, Longman & Todd, 1984)

The Rule of Saint Benedict in Latin and English, ed. and trans. by J. McCann OSB(London: Burns Oates, 1952)

Rush, I., "The Impact of Commercialization in Early Fourteenth-Century England: from Evidence From the Manors of Glastonbury Abbey", *Agricultural History Review*, 49. 2(2001), pp. 123 - 139

Salvadó, S. E., "The Liturgy of the Holy Sepulchre and the Templar Rite: edition and analysis of the Jerusalem Ordinal(Rome, Bib. Vat., Barb. Lat. 659) with a Comparative Study of the Acre Breviary (Paris, Bib. Nat., MS. Latin 10478)"(未出版的博士论文,Stanford University, 2011)

Sandys, A., "The Financial and Administrative Importance of the London Temple in the Thirteenth Century", A. G. Little and F. M. Powicke, eds., *Essays in Medieval History presented to Thomas Frederick Tout* (Manchester: Manchester University Press, 1925), pp. 147 - 162

Sarnowsky, J., *Die Templer*(Munich: C. H. Beck, 2009)

Schenk, J., "Some Hagiographical Evidence for Templar Spirituality, Religious Life and Conduct", *Revue Mabillon*, new series 22(2011), pp. 99 - 119

Schenk, J., *Templar Families: Landowning Families and the Order of the Temple in France, c. 1120 - 1307*(Cambridge: Cambridge

University Press, 2012)

Schenk, J., "The cult of the Cross in the Order of the Temple", I. C. F. Fernandes, ed., *As Ordens Militares. Freires, Guerreiros, Cavaleiros Actas do VI Encontro sobre Ordens Militares*, 2 vols(Palmela: GEeOS/Município de Palmela, 2012), pp. 207 – 219

Schenk, J., "Aspects and Problems of the Templars' Religious Presence in Medieval Europe from the Twelfth to the Early Fourteenth Century", *Traditio*, 71(2016), pp. 273 – 302

Schnürer, G., *Die ursprüngliche Templerregel* (Freigburg im Breisgau: Herdersche, 1908)

Schofield, P. R., *Peasant and Community in Medieval England 1200 – 1500*(Basingstoke: Palgrave Macmillan, 2003)

Schottmüller, K., ed., *Der Untergang des Templer-Ordens mit urkundlichen und kritischen Beiträgen*, 2 vols(Berlin: Ernst Siegfried Mittler & Sohn, 1887), vol. 2

Schüpferling, M., *Der Tempelherren-orden in Deutschland. Dissertation zur Erlangung der Doktorwürde*(Bamberg: Dr J. Kirsch, 1915)

Selwood, D., *Knights of the Cloister*(Woodbridge: Boydell, 1999)

Sève, R., and A.-M. Chagny-Sève, eds., *Le Procès des Templiers d'Auvergne, 1309 – 1311: Edition de l'interrogatoire de juin 1309* (Paris: Editions du Comité des Travaux historiques et scientifiques, 1986)

Shaw, M. R. B., trans., *Chronicles of the Crusades*(Harmondsworth: Penguin, 1963)

Slavin, P., "Landed Estates of the Knights Templar in England and Wales and their Management in the Early Fourteenth Century", *Journal of Historical Geography*, 42(2013), pp. 36 – 49

Smith, K. A., *War and the Making of Medieval Monastic Culture* (Woodbridge: Boydell, 2011)

Statutes of the Realm(1101 – 1713), ed. by A. Luders *et al.*, 11 vols(London: Eyre and Strahan, 1810 – 1828), vol. 1

Stephens, H., *The Book of the Farm, Detailing Labours of the Farmer, Farm Steward, Ploughman, Shepherd, Hedger, Cattle-man, Field-worker and Dairy-maid*, 3 vols (Edinburgh: Blackwood, 1844; repr Cambridge: Cambridge University Press, 2010)

Stephenson, M. J., "Wool Yields in the Medieval Economy", *Economic History Review*, 2nd series, 41. 3(1988), pp. 368 – 391

Stiles, P., *Templar Convivencia: Templars and their Associates in 12th and 13th Century Iberia* (Amazon Kindle, 2012)

Stone, D., *Decision-Making in Medieval Agriculture* (Oxford: Oxford University Press, 2005)

"Sur les états du monde", *Anglo-Norman Political Songs*, ed. and trans. by Isabel S. T. Aspin, Anglo-Norman texts 11(Oxford: Blackwell, 1953)

Tarlazzi, A., ed., *Dei Monumenti Istorici pertinenti alle provincie della Romagna, serie segonda, Carte. no. 1: Appendice ai monumenti ravennati del conte Marco Fantuzzi*, 2 vols (Ravenna: G. Angeletti, 1872)

Tipton, C. L., "The 1330 Chapter General of the Knights Hospitallers at Montpellier", *Traditio*, 24(1968), pp. 293 – 308

Tommasi, F., "Uomini e donne negli ordini militari di Terrasanta: per il problema della case doppie e miste negli ordini giovannita, templare e teutonico (secc. XII－XIV)", K. Elm and M. Parisse, eds., *Doppelklöster und andere Formen der symbiose männlicher und weiblicher Religiosen in Mittelalter*(Berlin: Duncker & Humblot, 1992), pp. 177－202

Tommasi, F., "Fonti Epigrafiche dalla *Domus Templi* di Barletta per la Cronotassi degli ultimi maestri provinciali dell' ordine nel regno di Sicilia", E. Coli, M. De Marco and F. Tommasi, eds., *Militia Sacra: Gli ordini militari tra Europa e Terrasancta* (Perugia: Società Editrice S. Bevignate, 1994), pp. 167－202

[Torigni, R. of], "The chronicle of Robert of Torigni, abbot of the monastery of St. Michael-in-peril-of-the-sea", Richard Howlett, ed., *Chronicles of the Reigns of Stephen, Henry II and Richard I*, 4 vols., RS 82(London: Longman, 1884－1889), vol. 4

Upton-Ward, J. M., trans., *The Rule of the Templars: the French Text of the Rule of the Order of the Knights Templar* (Woodbridge: Boydell, 1992)

Upton-Ward, J., ed. and trans., *The Catalan Rule of the Templars* (Woodbridge: Boydell, 2003)

Victoria County History: A History of the County of York, ed. W. Page, vol. 3(London: Constable, 1913)

Vilar Bonet, M., ed., *Els béns del Temple a la Corona d'Aragó en suprimir-se l'ordre(1300－1319)* (Barcelona: Fundació Noguera, 2000)

Villehardouin, G. de, *La conquête de Constantinople*, ed. by Edmond Faral(Paris: Société d'Édition Les Belles Lettres, 1973)

Walter Map, *De nugis curialium: Courtiers' trifles*, ed. and trans. by M. R. James, C. N. L. Brooke and R. A. B. Mynors(Oxford: Oxford University Press, 1983)

Webster, P., *King John and Religion*(Woodbridge: Boydell, 2015)

Wendover, R. of, *Flores historiarum*, ed. H. R. Hewlett, RS 84, 3 vols(London: Longman, 1886 - 1889)

Werner, A., *London Bodies: Changing Shape of Londoners from Prehistoric Times to the Present Day*(London: Museum of London, 1998)

William, Archbishop of Tyre, *Chronicon*, ed. by R. B. C. Huygens, Corpus Christianorum continuatio medieaualis 63, 63[a] (Turnhout: Brepols, 1986)

Wireker, N., *Speculum Stultorum*, ed. by J. H. Mozley and R. R. Raymo(Berkeley and Los Angeles: University of California Press, 1960)

Wojtecki, D., *Studien zur Personengeschichte des Deutschen Ordens im 13. Jahrhundert*(Wiesbaden: Steiner, 1971)

Wood, H., "The Templars in Ireland", *Proceedings of the Royal Irish Academy. Section C: Archaeology, Celtic Studies, History, Linguistics, Literature,* 26(1906/1907), pp. 327 - 377

Young, Craig, "The Knights Templar and Knights Hospitaller in Northumberland 1256 - 1338"(未出版的文学学士学位论文，University of Sunderland, 2013)

图书在版编目(CIP)数据

圣殿骑士的日常生活 / (英) 海伦·尼科尔森著 ；欧阳瑾译 .— 上海 ：上海社会科学院出版社，2024

书名原文 ：THE EVERYDAY LIFE OF THE TEMPLARS ：THE KNIGHTS TEMPLAR AT HOME

ISBN 978-7-5520-4195-8

Ⅰ. ①圣… Ⅱ. ①海… ②欧… Ⅲ. ①骑士(欧洲中世纪)—历史 Ⅳ. ①D59

中国国家版本馆 CIP 数据核字(2023)第 133752 号
THE EVERYDAY LIFE OF THE TEMPLARS ：THE KNIGHTS TEMPLAR AT HOME
Copyright © by Helen J.Nicholson
Originial English edition © 2017 published by Fonthill.
This Simplified Chinese edition © 2023 published by Shanghai Academy of Social Sciences Press.
All Rights reserved.

上海市版权局著作权合同登记号：图字 09-2022-0449

圣殿骑士的日常生活

著　　者：[英] 海伦·尼科尔森
译　　者：欧阳瑾
责任编辑：张　晶
封面设计：周清华
出版发行：上海社会科学院出版社
上海顺昌路 622 号　邮编 200025
电话总机 021-63315947　销售热线 021-53063735
https://cbs.sass.org.cn　E-mail：sassp@sassp.cn
照　　排：南京理工出版信息技术有限公司
印　　刷：上海盛通时代印刷有限公司
开　　本：890 毫米×1240 毫米　1/32
印　　张：8.75
字　　数：228 千
版　　次：2024 年 1 月第 1 版　　2024 年 10 月第 2 次印刷

ISBN 978-7-5520-4195-8/D·696　　定价：58.00 元
审图号：GS(2023)3045 号

版权所有　翻印必究